Julie Moir Messervy

Beseelte Gärten

Wie ein heiliges Reich wirkt ein Garten wie dieser in Sussex, wenn er von einer Mauer umschlossen ist – weit entrückt in Zeit und Raum.

Julie Moir Messervy
Fotografien von Sam Abell

Beseelte Gärten

Der Garten als Ausdruck des Selbst

Aus dem Amerikanischen
von Barbara Hörter und Irene Meyer

Europaverlag München · Wien

Die Deutsche Bibliothek – CIP Einheitsaufnahme
Messervy, Julie Moir
Beseelte Gärten : Der Garten als Ausdruck des Selbst ;
Julie Moir Messervy.
Aus dem Amerik. von Barbara Hörter und Irene Meyer
München ; Wien : Europaverl., 1997
ISBN 3-203-80045-4

Originalausgabe
The Inward Garden
Little, Brown and Company, New York

Lektorat: Afra Margaretha

Umschlaggestaltung: Wustmann und Ziegenfurter, Dortmund

Herstellung: IMAGO, New York (USA)
ISBN 3-203-80045-4

INHALT

Danksagung

Dieses Buch zu schreiben, war eine Quelle großer Freude für mich. Ich habe mein Inneres erforscht, um meinen eigenen kreativen Prozeß in bezug auf Gartendesign und Schreiben zu verstehen. Das Ergebnis ist eine, wie ich hoffe, reizende Hybride: teils persönliche Erinnerung, teils Designerhandbuch und teils philosophischer Text.

Zwei Jahre lang schenkten mir meine Herausgeber Catherine Crawford und Roger Donald Zeit und Vertrauen. Ihre Ratschläge und ihre Unterstützung ermutigten mich, einen durch und durch persönlichen Text hervorzubringen. Mein Agent, Lew Grimes, ist eine große Bereicherung meines Lebens, ein kluger Berater und allzeit verfügbarer Freund. Gael Love vom *Connoisseur* und Cheryl Weber von *Garden Design* haben viele meiner Ideen als erste in Aufsätzen veröffentlicht. Marilyn Appleby, meine Graphikerin, und der außergewöhnliche Fotograf Sam Abel geben die Vorstellungswelt des Buches in einer wunderbaren visuellen Interpretation wieder. Kirsten Gay hat Gartenpläne gezeichnet und half dabei, meine Beschreibung der Archetypen in eine graphische Form zu bringen.

Allen voran hat mich Kinsaku Nakane aus Kyoto, Japan, mein japanischer Meister in der Gartenkunst, beeinflußt. Ed Allen, Sheila Brady, Margaret Hensel, Jack Myer, Shiro Nakane, Gunter Nitschke, Susan Ryley, David Slawson, Marco Polo Stufano, Elizabeth ten Grotenhuis, Gere Trask, Jan Wampler und besonders A. E. Bye, Gary Koller, Nobby Mawby, Tom Paine und Peter Welanetz haben mir geholfen, meine Gedanken zu unserem Thema zu umreißen. Ich danke auch Callie West und Steve Harris dafür, daß sie mir ein Refugium zum Schreiben zur Verfügung stellten, als ich es am nötigsten brauchte. Der Gartenbauunternehmer Donald B. Curran und seine Truppe haben mich vieles gelehrt in den vergangenen vierzehn Jahren unserer Zusammenarbeit. Ich hoffe, daß auch meine zahlreichen Kunden und Schüler ihren Anteil an der Entstehung dieses Buches erkennen werden.

Eine schreibende und gärtnernde Mutter kann nur mit der Unterstützung ihrer Familie existieren. Mein Mann John Messervy ist ein guter Kollege beim Zeichnen, ein liebevoller Kritiker und mein bester Freund. Unsere Kinder Max, Lindsey und Charlotte liefern die ständigen Unterbrechungen, die mein Denken inspirieren. Sie sind meine größte Freude. In guten wie in schlechten Tagen hatte meine Schwester, Allison Moir, immer ein offenes Ohr für mich.

Die Kreativität meiner Mutter – in ihrem Garten, ihrer Malerei und ihrem Leben – hat meinen Sinn für Geistiges geschult; die Sensibilität meines Vaters – für seine Kinder, seine Enkel und die Werte, nach denen wir leben – hat mein Selbstwertgefühl gefördert. Ich widme dieses Buch meinen Eltern in Liebe.

Kurven bieten Gelegenheit zu einem Tempowechsel, zur Orientierung und machen neugierig. Das Ziel eines Weges sollte geheimnisvoll umhüllt sein, das Interesse des Besuchers anstacheln und Freude über die Ereignisse längs des Weges bereiten.

VORWORT

ZEIG MIR DEINEN GARTEN
UND ICH SAGE DIR, WER DU BIST.

ALFRED AUSTIN, *DER GARTEN, DEN ICH LIEBE*

ICH LADE SIE ZU EINER REISE EIN. Eine vergnügliche Reise; eine Expedition zum Sammeln, die Sie zu vielen liebgewordenen Orten Ihres Lebens führt, Orte aus Ihrer frühesten Kindheit bis heute und sogar bis in Ihre Zukunftsträume. Der Ausgangspunkt der Reise ist dieses Buch; ihr Ziel ist ein Garten aus persönlich erfüllenden Bildern, der in Ihrem Geist und auf Ihrem Stück Land gedeiht.

Zweck dieser Reise ist eine Bestandsaufnahme Ihres »Inneren Gartens« und die Neuschöpfung seiner charakteristischen Merkmale auf Ihrem Grundstück. Ich werde Sie führen; Sie sagen, wo es lang geht. Wir unternehmen gemeinsam faszinierende Exkursionen, abseits von den gewohnten Pfaden, in bekanntem, aber manchmal unerforschtem Gelände.

Einen Garten anzulegen ist eine lebenslange Herausforderung, nichts, was man in ein paar Wochenenden erledigen kann oder auch nur in ein paar Jahren. Der innere Garten ist Ihr persönlicher Ort zum Träumen, den Sie immer weiter ausgestalten werden, je mehr Sie wachsen, sich verändern und je mehr Sie in Ihrem Leben dazulernen.

Diese verträumte Landschaft mit einem im Dunst liegenden Wasserlauf wird Teil unseres visuellen Gedächtnisses und liefert uns ein Bild, das uns beim Design unseres Gartens anleitet. Der Umweltpsychologe Robert Sommer schreibt: »Für den sensorisch orientierten Denker hat die Welt des Geistes eine direkte physische Ähnlichkeit mit der äußeren Welt.«

Little Thakeham, Sussex, England.

Einführung

In jedem von uns liegt tief im Inneren ein Garten. Als ein höchst persönlicher Ort erwächst diese Landschaft aus einer vielfältigen Mischung von Zutaten – Vorstellungskraft, Erinnerungsvermögen, Charakter und Träume, die sich auf wunderbare Weise in unserem innersten Selbst miteinander verbinden.

Abgesehen von kurzen Augenblicken, wenn wir tagträumen oder nachdenken, fällt bei den meisten ihr Leben lang kaum ein Blick in diesen Garten. Aber viele von uns möchten diesen phantasievollen Garten Wirklichkeit werden lassen: sie wollen darin sitzen, darin spazieren gehen, ihn greifbar auf dem eigenen Land besitzen. Wir sind bestrebt, unserem inneren Garten Form zu verleihen, als eine dekorative Landschaft – einen äußeren Garten vor unserer Haustür.

Ihr innerer Garten entfaltet sich in Ihrer Vorstellung; Ihr äußerer Garten breitet sich auf Ihrem Grundstück aus – eine private Landschaft zum Wandern, Tanzen, Tagträumen. Beide Gärten zusammen stellen Ihr persönliches Paradies dar – ein wunderschöner Ort, der einzig und allein dazu da ist, die positivsten und erfrischendsten Landschaftserinnerungen einzufangen; Zufluchtsort vor der Hektik des Alltags und Jungbrunnen zugleich und jederzeit für Sie erreichbar.

Mein eigener innerer Garten erwächst aus frühesten Kindheitserinnerungen, früheren Wohnorten und Reisezielen ebenso wie aus intellektuellen, emotionalen, ästhetischen und geistigen Erfahrungen, die mich beeinflußt haben. Hinzu kommen mein besonderer Charakter, meine Vorlieben, meine Träume.

Ich wuchs als eines von sieben aufgeweckten Kindern in einer Vorstadt im mittleren Westen Nordamerikas auf. Unser Haus war umgeben von Wäldern, Teichen und Feldern. Ich habe früh gelernt, meinen Platz in dieser Welt zu finden, an den äußersten Rändern unserer riesigen Grasfläche herumzustreifen, zu entkommen, indem ich hoch hinaus auf einen Johannisbrotbaum kletterte oder mich ganz klein in einer weichen braunen Decke aus Nadeln unter einer Lieblingskiefer zusammenkauerte. Als ich elf Jahre alt war, zogen wir nach Osten, in eine Hügellandschaft, auf deren Hängen Felsen verstreut waren, mit Flüssen und Wasserfällen. Hier kauften wir ein Haus mit einem fertig angelegten Garten. Mit siebzehn ging ich als Austauschschülerin in das ländliche Österreich; dort verliebte ich mich in die sanften Hügel und Täler, die nebelverhangenen Kirchen und die Waldstücke.

Meine latente Faszination für die visuelle Welt entdeckte ich im College. Während des Grundstudiums erhielt ich eine solide Ausbildung in Kunstgeschichte und studierte anschließend Architektur. Ich wurde in Theorie und Praxis für Design unterrichtet und lernte, wie man Gebäude in Landschaften baut. Eines Tages öffnete ich für eine Arbeit in einem Kursus über ostasiatische Architektur ein Buch über japanische Gärten und kannte plötzlich meine Bestimmung. Diese Bilder perfektionierter Natur hallten in meinen Kindheitserinnerungen wider und überfluteten mich mit Glücksgefühlen. Obwohl ich gern gelernt hatte, wie man Häuser baut, wußte ich nun, was ich wollte: ich wollte lernen, Landschaften zu entwerfen.

Also ging ich nach Japan. Ich wurde als Lehrling in einer traditionellen Garten- und Landschaftsbaufirma aufgenommen – vielleicht als erste Frau in einem so männlich orientierten Beruf. Dort lernte ich während meines zweijährigen Aufenthaltes die Kunst des Gartenbaus von einem echten Meister. Bei meiner ersten Aufgabe mußte ich achtzig Gärten besichtigen und »mein Herz für ihre Schönheit und ihren Geist« öffnen. Danach wurde ich der Bautruppe zugeteilt und lernte, wie man Ahorn beschneidet, Moos an der richtigen Stelle pflanzt, Schubkarren schiebt und Tee serviert.

Es war harte Arbeit. Aber ich habe es auf die beste Art und Weise gelernt: durch meinen Körper, während ich baute, durch meinen Geist, während ich studierte und durch mein Herz, indem ich die kulturelle Tradition um mich herum aufsog. Ich studierte Japanisch, praktizierte Zen-Meditation, übte die Teezeremonie und wohnte in einem buddhistischen Nonnenkloster. Schließlich begann ich zu verstehen, was die Seele eines Gartens ausmacht, worin die Ästhetik der Anordnung von Felsen und die Abstraktion der Natur auf sehr kleine Flächen bestand: dies waren erste Erkenntnisse, die meine Art, die Welt wahrzunehmen, veränderten.

Nach meiner Rückkehr schloß ich das Architekturstudium ab und begann danach, Design und Gartenbau zu unterrichten, um meine eigene Ausbildung auf meine Weise, in meiner eigenen Kultur und in meiner eigenen Landschaft fortzusetzen. Nach fünf Jahren kehrte ich zu meinem Meister zurück, um mehrere Monate dort zu arbeiten und zu forschen und etwa fünf Jahre später kam der Meister zu mir. Zusammen schufen wir Tenshin-en, den Garten des Herzens des Himmels im Museum of Fine Arts in Boston – er als Designer und ich als Koordinatorin und Design-Assistentin. Was für ein Vergnügen, ihn mit meinen Materialien arbeiten zu sehen, mit meiner Truppe, meinem Land!

Während der vergangenen fünfzehn Jahre habe ich Gärten für Wohnungsbaugesellschaften und öffentliche Bauträger entworfen. Das Budget der meisten Kunden war nicht allzu groß, und sie verfügten oft nur über ein kleines Stück Land. Obwohl viele Kunden ursprünglich wegen eines »Japanischen Gartens« zu mir kamen, lernte ich bald, daß sie etwas anderes wollten: eine natürlich wirkende Anlage zum Tagträumen auf ihrem eigenen Grundstück. Sie sehnten sich nach dem, was ich inzwischen einen kontemplativen Garten nenne, einen persönlichen Ort, schon vom Empfinden her weit weg vom hektischen Tagesplan ihres ausgefüllten Lebens, ein Platz, an dem sie sich vielleicht sogar wie in eine andere Welt versetzt fühlen.

Ich habe die Idee des kontemplativen Gartens in meinem ersten Buch entwickelt, in dem ich unserem Bedürfnis nach Orten der Träumerei und des Nachdenkens in Form eines Gartens nachging. Um die Allgemeingültigkeit dieser Idee zu zeigen, habe ich sieben »Gartenreiche« auf der ganzen Welt besucht und eine Palette von geographischen, historischen und kulturellen Bedingungen zusammengestellt, die Voraussetzung für die Anlage eines kontemplativen Gartens sind. Dabei habe ich herausgefunden, daß alle Anlagen, trotz der unterschiedlichen Art des Ausdrucks, gemeinsame Elemente enthielten: Archetypus, Abgeschlossenheit, Weg, Aussichtspunkt, Fokus und Rahmen, um nur einige zu nennen. Diese erste Veröffentlichung erweiterte mein eigenes Verständnis von Gartendesign und bildet die Basis für die Ideen in den *Beseelten Gärten.*

Bei meiner Arbeit als Lehrerin und Gartendesignerin habe ich den einzigartigen Prozeß, der zur Schaffung eines Gartens gehört, schätzen gelernt. Dieses Buch wird Sie Schritt für Schritt durch die Entwurfsphase begleiten, von der Form in Ihrer Vorstellung – Ihrem inneren Garten – bis hin zum äußeren Garten auf Ihrem Gelände. Jedes Kapitel steht für einen Schritt in einem siebenteiligen Prozeß:

– Im 1. Kapitel erforsche ich die *Bedeutung, die der Garten für uns hat.* Hier formuliere ich die Ziele, die Ihnen am Beginn des Entwurfsprozesses helfen herauszufinden, warum Sie einen Garten anlegen möchten.

– Im 2. Kapitel fordere ich Sie auf, sich Ihre *archetypischen Orte*, die ersten Gärten in Ihrem Leben, bildhaft vorzustellen. Indem Sie diese allgemeingültigen räumlichen Bilder erforschen, werden Sie die grundlegendsten Gefühle und Formen begreifen, die Sie in Ihrem Garten umsetzen möchten.

– Im 3. Kapitel helfe ich Ihnen, *innere und äußere Plätze* nach Anregungen für das Design zu durchforsten. Hier machen Sie eine Bestandsaufnahme der Attribute und Eigenschaften, die das Design Ihres Gartens prägen.

– Im 4. Kapitel diskutiere ich die sieben *Grundelemente*, welche die Bausteine eines Gartens ausmachen. In diesem Abschnitt werden Sie anfangen, den Attributen und Eigenschaften, die Sie im vorigen Kapitel ausgemacht haben, Form zu verleihen.

– Im 5. Kapitel erkläre ich die zwei unterschiedlichen Formen der *Gartenkomposition* – die »Fußreise« und die »Gedankenreise«. Hier werden Sie lernen, wie Sie die verschiedenen Grundelemente in eine zusammenhängende Struktur bringen.

– Im 6. Kapitel schlage ich Ihnen mit Hilfe einer Reihe von Fallstudien einige »große Ideen« vor, mit denen Sie aus den Eigenschaften, Elementen und der Struktur Ihrer Komposition ein *inneres Gartendesign* erstellen. Mittels bestimmter Vorstellungstechniken werden Sie anfangen, sich Ihren Garten als einen vollständigen Entwurf vorzustellen.

– Schließlich schlage ich Ihnen im 7. Kapitel Perspektiven vor, mit denen Sie Ihr inneres Gartendesign in einen *äußeren Garten auf Ihrem Gelände* projizieren können. Mit einer klaren Vorstellung von Prozeß, beteiligten Personen, Materialien, Kosten für die Anlage des Gartens und Aufwand für die Erhaltung werden Sie erkennen, daß das Gärtnern eine vergnügliche Beschäftigung ist, die sich entwickelt und fortwährend verändert.

Einen Garten zu entwerfen ist immer eine Entdeckungsreise. Wenn Sie diesen sieben Schritten folgen, werden Sie sich selbst für die Welt in Ihnen und um Sie herum öffnen und Sinn in den Hochgefühlen, Wahrnehmungen und längst vergessenen Erinnerungen finden. Sie werden wie ich entdecken, daß Sie, unabhängig von Ihrer Ausbildung, Erfahrung, der Größe und Form Ihres Geländes, die Kreativität besitzen, ein Gartenkunstwerk zu schaffen. Ich habe dieses Buch für den Gärtner in uns allen geschrieben: für diejenigen, die einen Garten besitzen und für diejenigen, die vielleicht keinen haben; für diejenigen, die es schon versucht haben und deren Versuch fehlgeschlagen ist und für diejenigen, die aus Angst gar nicht erst angefangen haben; für diejenigen, die nach neuen Ideen suchen und für diejenigen, die einfach nur träumen wollen.

Mein Vorschlag: legen Sie während des Lesens ein Heft oder Skizzenbuch neben sich, und halten Sie Ihre Ideen und Bilder zur Verwendung in Ihrem eigenen Design darin fest. Im ganzen Buch werde ich Fragen stellen, Übungen vorschlagen und Techniken auflisten, die ich in meinem Unterricht und in meiner Entwurfspraxis anwende. Gartenpläne am Ende des Buches veranschaulichen einen graphischen Prozeß, der Sie Schritt für Schritt zu einem fertigen Design führt. Fotografien liefern Ihnen Bilder zum Nachdenken und ermöglichen visuelle Verknüpfungen zwischen Ideen im Text und Ihrem Grundstück. Im Anhang finden Sie Literaturhinweise, die Ihnen helfen, Ihren Garten anzulegen und die passenden Pflanzen auszuwählen. Am Ende des Buches werden Sie gelernt haben, wie Sie ein Künstler in Ihrem Garten werden.

Der persische Dichter Rumi schrieb »Dieser Frühling und der Garten draußen sind das Spiegelbild des inneren Gartens«. Ihren eigenen Garten zu entwerfen, gehört zu den kreativsten Dingen, die Sie jemals tun werden. Ich hoffe, Ihnen das Vertrauen geben zu können, Ihr Grundstück in einen Ort der Erholung für Ihre Seele zu verwandeln. Dies verlangt, daß Sie Ihre Erinnerungen wachrufen, damit Sie Ihre schönsten Orte des Glücks, der Freude, des Trostes, der Meditation und der Transzendenz wiedererschaffen können. Ganz nebenbei werden Sie einen Garten gestalten, strukturiert in seiner Gesamtheit, ein Labsal für die Sinne und für den Geist.

Eine Wasserlilie (Nymphaea sp.) *treibt in einem spiegelnden Teich.*

Von meinem Meister Professor Kinsaku Nakane gebaut, beherbergt der Garten von Korin-in, Teil des Kaitoku-ji Tempel-Komplexes, ein glockenförmiges Fenster, das wie ein Rahmen wirkt und den Blick des Betrachters auf die bemoosten Berge, die vom Wildwuchs befreiten Kiefern und sorgfältig gesetzten Felsen lenkt. Drinnen entfaltet sich eine Miniaturlandschaft aus Felsinseln, Bergen, Häfen und Vorsprüngen, von einem geharkten Kieselsee umgeben.

Kapitel I

Die Kunst der Gartengestaltung

ICH WERDE NIE VERGESSEN WIE ICH MICH AN DEM TAG FÜHLTE, an dem ich meinen ersten Garten anlegte. Die Fläche war einen halben Morgen groß und gehörte zum Sommerhaus eines Kunden. Das Haus stand hoch oben auf einer Klippe und man hatte einen weiten Blick über den Ozean. Der Kunde wünschte sich eine Landschaft im japanischen Stil. Während meines Aufenthaltes in Japan hatte ich zwar beim Bau einiger Gärten geholfen, ich hatte jedoch noch keinen nach eigenem Design geschaffen.

An diesem Morgen war ich ganz schön eingeschüchtert. Der Kunde hatte das Gartenbauunternehmen ausgesucht. Das Material, Felsbrocken, die ein früherer Designer hinterlassen hatte, war schon da. Er hatte sie zu zwei Hügeln aufgetürmt, die mit den Kreationen, die ich aus Kyoto kannte und liebte, kaum Ähnlichkeit hatten. Es war also an mir, aus konturlosen Steinhaufen eine Landschaft zu machen.

Ich hatte einen Plan. Bei einem früheren Besuch des Anwesens war mir aufgefallen, daß der Hausbesitzer einen Weg brauchte, der zur Eingangstür seines derzeitigen Wohnhauses führte. Außerdem erhoffte er sich von einigen Aussichtspunkten den Blick auf eine attraktive Szenerie. Er hatte nur ein kleines Budget und keinerlei Erfahrung als Gärtner. Sein Grundstück fiel sanft vom Parkplatz oberhalb des Hauses ab und war direkt vor dem Haus ganz flach. Das waren meine Anhaltspunkte. Der Rest blieb meiner Phantasie überlassen.

Ich wollte im *karesansui*-Stil arbeiten, einem Stil, der kein Wasser verwendet und damit die Pflege erleichtert und das schmale Budget entlastete. Den Eindruck von Wasser wollte ich stattdessen durch die Anordnung der Felsen und die Art, den Kiesel zu rechen, vermitteln. Ich wollte eine Steintreppe bauen, die hinunter zum Hügel ganz in der Nähe des steinigen Wasserfalls führte und in einem Teich mit einer

Schildkröte und einer Kranichinsel endete. Alles in allem traditionelle Höhepunkte des japanischen Gartens, die dann auch das Interesse des Betrachters vom Haus des Kunden aus anziehen würden. Ich erklärte den Leuten von der Gartenbaufirma meine Vorstellungen und zeigte ihnen eine grobe Skizze. Dann begannen wir mit der Arbeit.

Zuerst suchte ich die Brocken aus, die als Blickpunkt dienen sollten, und wählte den Standort. Dann schafften die Arbeiter den Felsbrocken mit dem Schaufelbagger an diese Stelle. Dort gruben sie ein Loch, das gerade so groß war, daß es den Teil des Steines freigab, den ich zeigen wollte. Dann senkten wir den Stein in das Loch ab, lagerten ihn, so daß er gerade richtig saß und gingen zu dem Steinhaufen zurück, um den nächsten Felsbrocken zu holen. Die Arbeit war schmutzig, intensiv und anstrengend. Dennoch hatte ich mich nie zuvor so gut gefühlt. Es ist schon eine berauschende Sache, aus einem Felshaufen eine Miniaturlandschaft zu machen. Aber eine Komposition zu schaffen, Stein für Stein, Pflanze für Pflanze, die nicht nur von

Aus der Spalte zwischen zwei Steinen scheint in diesem Garten in Boston immerfort eine Quelle zu fließen. Wasser aus einem künstlichen Kreislauf quillt auch durch ein winziges Loch, das in den bemoosten Stein links gebohrt wurde, und sickert als Rinnsal in den von Menschenhand gemachten und mit Felsen ausgekleideten Fluß, der sich durch den Garten zieht.

Früher war dies einmal der Sommersitz des Landschaftsarchitekten Joseph Henry Curtis. Thuya Garden in Northeast Harbor, Maine, besitzt diesen förmlichen, gemauerten Garten, der den Zielpunkt eines aufsteigenden Gehweges aus Granitstufen bildet. Er führt an verschiedenen szenischen Ausblicken, Balkonen und Lauben vorbei, die einen vergnüglichen und immer weiteren Blick auf Seal Harbor und seine Inseln bieten.

Ein Garten kann für unterschiedliche Menschen viele verschiedene Dinge bedeuten. Dieser Kräuter- und Schnittblumengarten in Emmaus, Pennsylvania, huldigt dem Wachsen- und Gedeihenlassen und bietet gleichzeitig einen Ort der Gemeinsamkeit, an dem man mit anderen deren Reichtum an Lilien teilt.

mir, sondern auch von meinem Kunden als schön empfunden wurde und für uns beide Bedeutung hatte, war faszinierend. An jenem ersten langen, staubigen und heißen Sommertag veränderte sich mein Leben. Ich wurde zur Garten-Designerin.

Während der fünfzehn Jahre, in denen ich mich nun damit beschäftige, habe ich immer wieder die Erfahrung gemacht, daß Gartenarbeit eine Art Kunst ist. Es ist ein kreativer Akt, ein Zusammenspiel zwischen der Hand des Designers, seinem Herzen und seinem Geist. Der ganze Körper kommt zum Einsatz, wenn man schleppt, gräbt, Erde umschichtet oder sogar pflanzt, Unkraut jätet oder Bäume beschneidet. Es ist eine Herausforderung für den Intellekt, Layouts oder Bepflanzungspläne zu zeichnen oder Details für eine Plattform, eine Wand oder Wasserstelle auszuarbeiten. Entscheidend dabei ist, daß man bei diesem Prozeß von Anfang bis Ende mit dem Herzen bei der Sache ist, auf die eigene Intuition hört, die eigene ästhetische Sensibilität und die eigenen Gefühle zum Zug kommen läßt. Kaum eine andere Beschäftigung vereinigt diese verschiedenen Aspekte des Selbst so effektiv, wie das Entwerfen eines Gartens.

Um Ihr Haus soll eine Landschaft entstehen, die ihre Wurzeln tief in Ihrem Inneren hat, die Ihre Gefühle auf jedem Quadratzentimeter Boden, den Sie besitzen, ausdrückt. Ich will Ihnen die Gartenbaukunst vermitteln. Ich möchte in Ihnen die Leidenschaft für Ihren Garten wecken, indem ich Ihre intellektuelle, Ihre physische und geistige Seite mit neuem Leben erfülle. Ihr Garten soll Sie von der ersten Idee für einen Entwurf bis zum Schneiden der letzten Sommerrose fesseln.

Was ist ein Garten?

Für die meisten Leute ist der Garten der Teil ihres Grundstücks, der bepflanzt, gehegt oder gestaltet wird. Das kann ein kleines Gemüsegärtchen sein, eine breite Blumenrabatte oder ein landschaftlich sorgfältig gestalteter Raum im Freien. Die Bedeutung eines Gartens geht in diesem Buch über einen bepflanzten Platz weit hinaus. Er ist ein Prüfstein; als Fundgrube für Erinnerungen wird der Garten zu einem Ort der Freude in Ihrem Leben. Der Garten ist nicht nur Teil Ihrer häuslichen Umgebung, sondern er hat seinen festen Platz in Ihrer Phantasie, ist eine Sammlung aus persönlich erfüllenden Bildern, die auf Ihrem Grundstück Form annehmen können.

Ein Garten verbindet Phantasie und Wirklichkeit. Wenn Sie viele Stunden gewandert sind und endlich an der Hütte auf dem Berg ankommen, schweift Ihr Blick über die entfernten Hügel wie über einen Garten, den Sie überschauen können. Wenn Sie Kieselsteine über einen Teich hüpfen lassen, entsteht durch die sich kräuselnden Wellen eine abstrakte Landschaft aus Glas. In solchen Augenblicken kommt uns die Welt wie ein Garten vor, und ihr Anblick bereichert unsere Seele.

Ich habe festgestellt, daß die Menschen gärtnern, weil sie etwas wachsen lassen wollen. Sie möchten mit der Natur umgehen, teilen, ein Heiligtum finden, die Erde würdigen oder ein Zeichen setzen. Durch die Gartenarbeit fühlen wir uns als Ganzes, während wir unser persönliches Kunstwerk auf unserem Grundstück gestalten.

Wachsen lassen

Eine Pflanze groß zu ziehen ist ein ganz wesentliches Vergnügen bei der Gartenarbeit: man fängt mit der Aussaat oder einem Setzling an, nährt und pflegt das Pflänzchen, um es gedeihen zu lassen oder seinen Ertrag zu steigern. Man erntet es als ausgewachsenes Exemplar oder läßt es bis zur vollen Reife stehen und freut sich an seinen Blüten, seinem Duft und Geschmack, seiner Farbe, Beschaffenheit und Form.

Wir finden auch Gefallen daran, Pflanzen zu kombinieren, die zur selben Zeit blühen oder verwandte Blütenfarben haben, deren Struktur sich ähnelt oder deren Formen sich gegenseitig ausstechen. Pflanzen groß zu ziehen, kann eine sehr anspruchsvolle Kunst sein.

Mit der Natur rechnen

Für viele ist ein Garten auch einer der wenigen Orte, an denen sie Erfahrungen mit der Natur machen können. Wie förmlich er auch ausgelegt ist, wie künstlich seine Sehenswürdigkeiten auch scheinen mögen, der Garten ist und bleibt der Ort, wo wir uns mit unseren Grenzen in bezug auf die Beherrschung der Natur auseinandersetzen müssen. In großem Rahmen fühlen wir uns hilflos gegenüber Stürmen, die Bäume entwurzeln oder Flutwellen, die Land verwüsten. In kleinerem Rahmen kämpfen wir mit Unkraut oder Nacktschnecken und Maulwürfen. Wenn wir auf die Natur einfühlsam reagieren, werden wir auch erfolgreiche Gärtner.

Ein Platz zum teilen

Ein Garten ist ein Ort, den man mit anderen teilen sollte. Er ist ein Ort für Gespräche, tête-à-têtes, Kinderspiele, Einladungen zum Tee, Geburtstagsfeiern, Hochzeiten und andere Feste, ein Ort wo Strohhüte im Sommerwind flattern und Skulpturen aus Eis im Winter schimmern.

Eine Zuflucht

Ein Garten kann auch ein Zufluchtsort sein, ein heiliger Ort, zu dem der Alltag keinen Zutritt hat. Nach einem langen Arbeitstag hasten wir durch das Gartentor und lassen alles hinter uns und wenden uns den Bedürfnissen unseres Gartens (und unseren eigenen) zu: die Blumen gießen, den Rasen mähen, seinen Duft atmen und nachdenken und träumen. Wenn wir uns in der Pflege unseres Gartens verlieren, tun wir etwas für uns selbst durch die Zeit, die wir alleine verbringen.

Ein Ort der Heilung

Ein Garten ist ein Ort behaglicher Bilder. Er kann zu einem Ort der Heilung werden, an dem wir zerstörerische Bilder durch wohltuende ersetzen können.

Einer meiner Freunde, der als Kind mißbraucht worden war, meditiert jeden Morgen. Er ruft das Bild eines geliebten Strandstückes in der Nähe seines Elternhauses hervor. Im Geist steht er auf einer Düne und stellt sich vor, wie die Wellen heranrollen. Dieses Bild hilft ihm dabei, sich »emotional gehalten« zu fühlen, gibt ihm einen positiven Ausgangspunkt für den Tag und hilft ihm durch sein Leben.

Forschungen haben ergeben, daß Patienten im Krankenhaus, die von ihrem Fenster aus auf einen Baum sehen können, sehr viel schneller gesund werden, als solche, die kein natürliches Objekt in ihrem Blickfeld haben. Stellen Sie sich vor, wieviel schneller Heilung eintreten könnte, wenn es vor jedem Fenster einen Garten gäbe. Es gibt in der Tat kein Bild, das eine positivere Wirkung hätte als ein Garten.

Der Erde huldigen

Einen Garten zu schaffen ist der direkteste Weg, die Erde zu ehren. Wenn Sie Ihre Hände in den Grund tauchen, beleben Sie unbewußt die Erde. Wenn Sie im Frühjahr aussäen, reaktivieren Sie die Energie des Bodens. Indem Sie Ihre Pflanzen den Sommer über hegen und pflegen, kümmern Sie sich auch um die Erde. Wenn Sie im Herbst die Ernte einbringen, ernten Sie die Früchte der Erde und wenn Sie die Beete im Herbst mulchen, bereiten Sie die Erde für den Winterschlaf vor.

Ein Zeichen hinterlassen

Gärten anzulegen ist eine Art, unser Zeichen auf der Erde zu hinterlassen. Jeder Baum, den wir pflanzen und jedes Gebäude, das wir errichten, birgt in sich die Möglichkeit, die Erde im Geist unserer Vorfahren zu würdigen. Eine Gartenmauer kann einen persönlichen Raum definieren. Eine Skulptur kann einer Idee huldigen oder etwas Natürliches symbolisieren, etwas Persönliches, das in einer Landschaft mitschwingt. Ein Schild mit der Aufschrift »Stille« deutet auf Heiligkeit und Versenkung hin. Diese Zeichen sind bewußte Wege, die Erde und unseren Platz darin zu verehren. Je mehr Zeichen wir setzen, um so mehr Bedeutung erlangt unser Garten – für uns und für unsere Nachkommen.

Der Garten als Kunstwerk

Ihr Garten birgt die Möglichkeit, eine persönliche, künstlerische Vision darzustellen – Ihr eigenes dreidimensionales Kunstwerk. Genauso, wie Sie Ihre Gedanken, Gefühle und Träume durch den Stil Ihres Hauses mitteilen, beschreiben Sie Ihr Selbst, wenn Sie einen Garten schaffen.

Ihr Garten ist der Ausdruck innerer Bedürfnisse. Er unterliegt keiner Mode. Er ist zeitlos, aber veränderbar, archetypisch, aber eigenwillig. Keine zwei Gärten sind gleich. Jeder birgt die Freude, die wir empfinden, wenn wir einen Zufluchtsort oder einen Spiegel unseres Charakters schaffen, wenn wir Erfahrungen machen und Träume sammeln.

Genau wie das Leben, entwickelt sich Ihr Garten ständig weiter. Ihre Arbeit dort ist niemals getan. Immer gibt es noch eine Saat, die ausgesät werden muß, noch eine Furche zu stecken, noch ein Feld zu ernten, noch eine Blüte zu pflücken. Indem Sie Ihren Garten kultivieren, bilden Sie Ihre Seele; indem Sie ihre Seele nähren, können Sie auf dieser Erde großzügiger geben.

Joanna Reed aus Malvern, Pennsylvania, bearbeitet ihren siebzehn Morgen großen Garten und stickt noch immer sehr feine Blumenmotive, trotz ihrer fortgeschrittenen Arthritis. Mein Meister pflegte zu sagen: »Eine Kunst meint alle Künste«, – was bedeutet, daß man von allen Künsten ein bißchen etwas versteht, wenn man die Prinzipien verstanden hat, nach denen in einer Kunst ein Werk geschaffen wird.

Medersa ben Youssef, Marrakesch, Marokko

Ein Bild aus dem Paradies

JEDE KULTUR STATTET IHRE GÄRTEN MIT EINEM UNVERWECHSELBAREN DESIGN AUS. Das beruht auf vielen Faktoren und ist eine Mischung aus geographischen, klimatischen, gartenbaulichen, geologischen, religiösen und ästhetischen Einflüssen. Sie laufen in einem Landschaftsdesign zusammen, das charakteristisch für diese Gegend ist. Dennoch sehen die Gärten verschieden aus, sind nach individuellen Ideen gestaltet, die Auskunft darüber geben, wie eine transzendente Welt aussehen und sich anfühlen könnte. Kaiser Jahangir von Kaschmir, Monet in Frankreich und Prinz Toshihito in Japan, sie alle verwirklichten ihren Traum vom Paradies als sie Shalimar, Giverny und Katsura bauten. Jeder dieser Gärten ist Ausdruck einer Persönlichkeit – in dreidimensionaler Form wird eine Mischung aus poetischen, philosophischen, psychologischen und geistigen Bedürfnissen festgehalten.

Wenn wir einen Blick auf die Geschichte werfen, können wir vier grundlegend verschiedene Bilder vom Garten als Abbild des Paradieses festhalten. Jedes Bild vermittelt eine unverwechselbare Vorstellung davon, in welcher Beziehung der Garten zur Erde steht: indem er sich daraus erhebt – das transzendente Paradies; indem er sie zähmt – das geordnete Paradies; indem er mit ihr harmoniert – das natürliche Paradies; indem darin bestimmte Aspekte versammelt werden – das gestaltete Paradies. Jedes dieser Bilder stellt einen anderen Zugang zur Ästhetik und zur allgemeinen Ausführung eines Gartens dar. Welches deckt sich mit Ihrer Vorstellung?

Das transzendente Paradies

In früheren Zeiten wollte man mit der Anlage von Gärten religiöse Ideale dreidimensional darstellen. Die islamischen Hofgärten wurden zum Beispiel nach Grundsätzen, die im Koran, dem heiligen Text der Muslime, dargelegt werden, entworfen. Gärten verkörperten das Paradies. Sie wurden in vier Teile gegliedert, waren von dicken Mauern umschlossen, »Flüsse aus Honig« durchzogen den Garten, Blumen und Bäume spendeten den »breiten Schatten«, den man brauchte, um eine kühle Oase im Wüstenklima der islamischen Welt zu schaffen. In Europa zielten mittelalterliche Klostergärten darauf ab, einen Entwurf des Himmels durch die Aufteilung in vier Teile darzustellen. Die »Paradiesgärten« des frühen Japan waren zu Ehren der buddhistischen Gottheit Amida entworfen worden, um ein Land der Reinheit und

Villa Balbianello, Lenno, Italien

Villa Melzi, Bellagio, Italien

Castle Drogo, Drewsteignton, England

Güte mittels Kunst und Gartenbau zu würdigen. Der berühmte Garten Saiho-ji in Kyoto, bekannt unter dem Namen Moss Temple, ist ein klassisches Beispiel.

Das geordnete Paradies

Die weltlichen Gärten Italiens und Frankreichs wollten eine andere Vorstellung vom Paradies verdeutlichen: das Bild des Menschen, der die Naturkräfte beherrscht. Man wollte das Paradies in einer Anordnung der Designelemente finden, die festen Regeln gehorcht: orthogonale Linien, weite Perspektiven, symmetrische Pflanzungen, kanalisierte Wasserläufe und axiale Ausrichtung. Eine Ordnung, die sich mehr nach der Architektur richtete als nach der Natur.

Das natürliche Paradies

Englische Landschaftsgärten basieren auf der Wirkung des Gartens als natürliches Paradies, auf einer Ordnung, die zwar mit der Natur harmoniert, aber sich von ihr unterscheidet. Die in Kurven verlaufenden Linien, eingerahmte Perspektiven, die kleinen Gartenpavillons, die in Abständen entlang eines Rundweges aufgestellt wurden, unterstrichen, daß die Beziehung des Menschen zur Natur nicht in ihrer Beherrschung besteht, sondern daß der Mensch ihr ebenbürtig (wenn nicht untergeordnet) ist. Der empfindsame Designer versuchte mit dem »Genius des Ortes« zu arbeiten, um die natürlichen Besonderheiten zu unterstreichen und malerische Reisen durch Gartenanlagen zu ermöglichen, die Schäferbildern glichen.

Das gepflanzte Paradies

Hier beherrscht die Pflanze die anderen Aspekte des Landschaftsdesigns. Botanische Gärten und Baumgärten hatten ihre Blütezeit im 19. Jahrhundert. Sie schufen einen Kult der Einzelexemplare, Klone, Hybriden oder Kreuzungen. Zu Beginn des 20. Jahrhunderts erlangte die englische ganzjährig blühende Rabatte ihren Höhepunkt. Viele amerikanische Gärten beruhen auf diesem Bild: dies ist das Paradies des Sammlers, in dem jede neu eingeführte Pflanze sorgfältig plaziert und gekennzeichnet wird; oder das Staudenparadies in der Farbe der jeweiligen Jahreszeit, von »weißem Gartenlaub« oder »grauem Gartenlaub« und jede Farbe von einer Backsteinmauer umschlossen.

Als Kinder hatten wir keine Angst, die Welt durch unseren Körper zu erforschen. Wir rannten frei herum, versteckten uns unter Büschen, kletterten auf Bäume. Als Erwachsene verlassen wir uns oft auf unsere Erinnerung an diese Erfahrungen und erforschen die Welt mit unserem Geist.

Kapitel II

Archetypische Orte

Die ersten Gärten unseres Lebens

ALS ICH NOCH EIN KIND WAR, schien die Welt voll von heiligen Orten zu sein. Mein Elternhaus prunkte mit einem riesigen Rasen, Gemüse- und Blumenbeeten, Schaukeln und einem Spielhaus. Größeres Vergnügen als diese »offiziellen« Spielplätze bereiteten meinen Geschwistern, meinen Freunden und mir jedoch die weitläufigen Wälder um unser Haus, die Weiden und Wiesen dahinter, der Teich im Nachbargarten, die Apfelbäume an der Landstraße. Diese »wilden« Terrains besaßen eine weit größere Anziehungskraft als die zahme Welt, die unsere Eltern zu unserem Vergnügen errichtet hatten.

Tatsächlich waren diese Stellen unsere wirklichen Gärten. Wir wanderten zum Beispiel von unserem ganz speziellen »Indianerbaum« in den Wäldern zu dem Baumstamm, der eine Brücke über den Bach schlug. In einem alten Obstgarten kletterte jeder von uns auf seinen Apfelbaum, wir steckten Gebiete ab und kämpften darum, wer nun den höchsten Baum hatte. Wir versteckten uns unter den weißen Kiefern am äußersten Zipfel unseres Grundstücks und hielten Ausschau nach sogenannten Unbefugten wie dem Milchmann oder dem Mann, der die Windeln brachte. Im Mai saugten wir den Nektar aus den Blüten von hohen lilafarbenen Büschen; im Juni steckten wir unsere Köpfe in die wuchtigen Pfingstrosen; im August plünderten wir die Reben und verzogen dabei das Gesicht wegen des sauren Geschmacks der Trauben. Die schönste Zeit verbrachten wir draußen, in den natürlich belassenen und den gestalteten Landschaften, die sich unter dem Einfluß unserer jugendlichen Phantasie mit einem Zauber verbanden, den sie für den Rest unseres Lebens behalten sollten.

In jenen Tagen war ein Garten nicht nur ein bepflanztes umzäuntes Stück Land, sondern ein Ort für Entdeckungen und verzauberte Träume. Turnübungen im Urwald, Kissenschlachten, Baumhäuser und

Alices Abenteuer im Wunderland hatten alle eine ähnliche Qualität für uns. Eine Kiste war eine Höhle, ein Felsen ein Schiff; ein Fußabtreter wurde zum magischen Teppich. Wir gaben Einladungen zum Tee unter unserem Eßtisch und bauten unter den Sträuchern Miniaturdschungel für unsere Soldaten. Für mich waren die ruhigen Zeiten die besten, wenn ich mir unter meinem Bett einen Platz zum Träumen einrichtete oder mich auf dem Speicher versteckte. Das waren meine ganz speziellen kontemplativen Orte – geheime, magische, lebendige Reiche, die meine ersten Erfahrungen mit und in Gärten prägten.

Wir alle haben Erinnerungen an Lieblingsplätze unserer Vergangenheit und verknüpfen mit ihnen einen Gefühlszustand: Orte, an denen wir uns wohl fühlen, wo wir gern sitzen, spazierengehen, uns gern aufhalten. Sie werden zu Symbolen, die unsere Vorstellung von Schönheit und Bedeutung eines Gartens beeinflussen.

Ob Sie auf dem Land oder in der Stadt aufgewachsen sind, in einer Kleinstadt oder einer Vorstadtsiedlung, Sie werden magische Orte in der Umgebung Ihres Hauses finden, in Ihrem Zimmer, auf Ihrem Speicher, im Keller, im Park oder auf der Straße. Sie machen die Landschaft Ihrer frühen Kinderjahre aus. Ich habe viele Menschen nach ihren Plätzen zum Tagträumen in ihrer Kindheit gefragt. Die Antworten sind voller erstaunlicher Einzelheiten und bemerkenswert ähnlich, was ihren Inhalt angeht. Ich habe herausgefunden, daß Erwachsene sich sehr lebhaft an ihre kontemplativen Orte erinnern und daß sie sich nach solchen Räumen in ihrem jetzigen Leben sehnen. Die Bilder aus unseren frühen Kindheitstagen haben zeitlebens eine starke physische, psychologische und geistige Bedeutung.

Erst als ich selbst Mutter wurde, begann ich diese Sehnsucht zu verstehen. Als ich meine eigenen Kinder dabei beobachtete, wie sie die Magie des Raumes erforschten, begriff ich nach und nach, daß es sieben archetypische Aussichtspunkte gibt, von denen aus wir die Freude am Raum erleben. Diese Aussichtspunkte entsprechen: Meer, Höhle, Hafen, Vorsprung, Insel, Berg und Himmel.

Ihre erste Landschaft

Der Körper Ihrer Mutter war die erste und vielleicht unauslöschbare Landschaft. Stellen zu bewohnen, die innerhalb oder außerhalb einer großen beschützenden Form liegen, führt zu guten Gefühlen, die zu den wichtigsten Assoziationen von Sicherheit, Wärme, Behaglichkeit und Schutz werden.

Wenn wir wachsen und fragen, wie wir die Welt erforschen können, verbinden wir unsere ersten Empfindungen mit der Landschaft um uns herum und betrachten sie beinahe als ein lebendiges Wesen. Diese ursprüngliche Bindung zur Erde verlieren wir nie ganz. Diese Gefühle leben in uns fort, hin und wieder gespeist von Bildern natürlicher Schönheit – wenn wir ehrfürchtig vor den Niagarafällen stehen oder still vor einer kleinen Quelle sitzen, die aus dem Boden hervorblubbert. In solchen Augenblicken sehen wir die Welt wieder wie Kinder, offen, frisch, neugierig und ehrfürchtig. Wir empfinden die Macht von Mutter Erde als lebendigen Geist.

Ein Kind begreift die Welt durch seine körperlichen Erfahrungen. Drinnen sein, innen und außen sein, eingeschlossen sein, ganz oben stehen, draußen sein, oben sein und dahinter sein: dies sind pränatale Erfahrungen, sie werden vom Säugling, Jugendlichen und Erwachsenen weiterentwickelt. Ein Ort, der diese Gefühle in uns anspricht, erscheint uns als Bild aus dem Paradies.

Notieren Sie Ihre Reaktionen auf die nachfolgend beschriebenen, archetypischen Orte in Ihrem Heft. Lassen Sie Erinnerungen und Bilder beim Lesen zu. Sie werden von den Einzelheiten und den Geschichten, die Ihnen einfallen, überrascht sein. Diese Orte sind das Herzstück Ihres inneren Gartens.

Die See

Jeder von uns empfindet im Innersten eine Sehnsucht nach der See. Sie rührt vielleicht von der Sicherheit her, die wir als Embryos durch das Gefühl des Eingetauchtseins in den Bauch unserer Mutter empfanden. Immer wieder erneuern wir dieses Gefühl, wenn wir uns im heißen Badewasser durchweichen lassen, beim Tiefseetauchen, bei der morgendlichen warmen Dusche, im Dampfbad oder in der Sauna.

Viele mögen das Gefühl, vollständig umhüllt zu sein. In einer natürlichen Landschaft zieht es uns dann in einen tiefen Wald oder wir legen uns in ein riesiges Kornfeld. Atmosphärische Phänomene umhüllen uns: ein Nebel wie in einer Waschküche, ein Schneesturm, ein Wolkenbruch, ein Sandsturm. Die Elemente wirbeln um uns herum, überwältigen uns mit ihrer größeren Macht. Im Gefühl des

DIE SEE

Unsere früheste Erinnerung an einen kontemplativen Ort ist vielleicht die »See« im warmen Mutterleib; als winzige Embryos hatten wir das Gefühl, dort eingetaucht zu sein, umgeben von Weichheit und friedvoller Einsamkeit. Wenn wir in einem Teich schwimmen, uns unter eine Wasserquelle stellen oder in eine Sauna gehen, oder wenn wir von den weichen Ästen eines Kiefernwaldes umgeben sind, erinnern wir uns daran, wie sich die erste See in unserem Leben anfühlte. Ein Teich in Minnesota.

Eingetauchtseins kommen wir mit einer einfachen, ganz und gar nach innen gerichteten Welt in Kontakt, die uns an unsere allerersten Erfahrungen des Raumes erinnern.

Die Höhle: innen und aussen

Oft mögen wir höhlenähnliche Räume, Ausgucke auf die Welt, wie durch ein Schlüsselloch. Vielleicht kommt das aus der Zeit kurz vor und direkt nach der Geburt. Die Erfahrung mit Höhlen im Körper und außerhalb, läßt uns Sicherheit an kleinsten Plätzen empfinden, in die wir gerade mal hineinpassen und von wo aus wir einen Blick hinaus auf die Welt werfen können. Die älteste Architektur beruht auf dem Modell der behaglichen Höhle: Wiege, Krippe und Kinderwagen sind alles Höhlungen, die kleine Körper eng umschließen.

Wir suchen Orte, in die wir uns hineinschmiegen können; wir sammeln Höhlen. In Ecken und Winkeln, Iglus, Kojen, Löchern und Vertiefungen fühlen wir uns wohl. Unser Haus oder unsere Wohnung ist wie eine Höhle im Vergleich zur Nachbarschaft. Im Haus kann man das Schlafzimmer, das Arbeitszimmer, Winkel oder eine Mansarde als unterschiedliche Arten von Höhlen empfinden, draußen kann die Pergola, das Spielzeughaus oder die Veranda so gesehen werden. Offensichtlicher ist das für uns, wenn wir uns vorstellen, wie wir uns nachts unter einer weichen Decke zusammenkugeln. Oder wenn wir von unserem Liebsten in den Arm genommen, wenn wir wie ein Kind fest in einer wohligen Höhle gehalten werden.

Der Hafen – umschlossenes Gebiet mit Ausblick

Als wir stark genug wurden, um unseren Kopf zu heben, haben wir einen sicheren Ausblick von einem neuen Standpunkt aus gefunden, dem Schoß unserer Eltern. Von diesem *Hafen* aus genossen wir einen geschützten Blick auf die Welt, im Rücken vom Körper unserer Eltern gestützt und von ihren Armen umschlossen.

Der Hafen ist ein Ankerplatz, ein umschlossener Zufluchtsort, den wir überall dort finden, wo ein Landschaftselement ein anderes vor dem Rest der Welt beschützt. In Landschaftsbegriffen gesprochen sind dies das Tal, das Wäldchen oder die Lichtung, die alle einen »schützenden Kreis« bieten, von dem aus man auf die Welt draußen schauen kann. Ein Kloster, ein Hof, eine Piazza oder ein Square sind architektonische Äquivalente des Schaukelstuhls, der Bude, des Laufstalls oder des eingezäunten Gartens. Sie waren die Häfen unserer kindlichen Landschaften. Einfriedungen – Hecken, Mauern, Zäune, Gebäude oder Arkaden werden als »umschließende Arme« empfunden. Sie vermitteln uns die Sicherheit, mit der wir uns als das Zentrum jeder Landschaft, in der wir sitzen, begreifen. Wenn wir uns sicher umschlossen fühlen, haben wir das Gefühl, das Zentrum der Welt zu sein. Ein Weg, unseren Platz in der Welt zu finden, besteht darin, Häfen zu entdecken, in denen wir uns entspannen und sicher fühlen können.

Der Vorsprung – am äussersten Rand

Nachdem wir krabbeln und dann laufen gelernt haben, wurden wir in der Landschaft unserer Kindheit zu einer Art Vorsprung, indem wir uns mit unserem Körper weit hinaus bis an die äußersten Grenzen unserer Welt wagten. Dieser waghalsige Aussichtspunkt, der uns fast einen Panoramablick auf die Welt bot und dazu die Sicherheit, weiterhin mit dem von unseren Eltern und Aufsichtspersonen verkörperten Mutterland in Verbindung zu stehen, regte die meisten von uns an.

Vorsprünge kommen in der natürlichen und der konstruierten Umgebung häufig vor. Felswände, Klippen, Cañons, Riffe, Kaps oder Landzungen sind Abwandlungen ebenso wie Balkone, Balustraden, Aussichtstürme und Laufstege. Wenn wir am äußersten Rand von etwas stehen, sind wir oft begeistert vom 270° umfassenden Winkel und gleichzeitig erschreckt uns dieser Blick. Deshalb ist die Brüstung, das niedrige Geländer oder die Mauer an der Peripherie eines Gebäudes oft unabdingbar für unser Sicherheitsbedürfnis am Rande eines Vorsprungs.

Die Insel – weg sein

Wenn wir älter werden, sehnen sich viele von uns nach einem abgelegenen Ort. Wir streben nach Unabhängigkeit und stellen uns vor, wie es ist, über die Grenzen unserer bekannten Welt hinaus zu reisen.

Inseln können sichere und geheime Zufluchtsorte darstellen und symbolisieren völliges »Wegsein« von der Welt. Eine Insel zu bewohnen heißt Zentrum eines Kreises zu sein, umgeben von einem endlosen Horizont. Der Insulaner hat das Gefühl, daß er sein Blickfeld rundum unter Kontrolle hat. Hier können wir uns in die Betrachtung

DIE HÖHLE
Die Höhle ist das Heiligtum unserer Gärten. Mit einer kleinen Öffnung zur Welt draußen, ist sie oft der angemessene Ort für einen Rückzug in die Einsamkeit. Das Gartenhaus, Devon, England.

Der Hafen

Ein Hafen ist ein umschlossenes Gebiet mit »Armen«, die ein Refugium festlegen und einen weiten Blick nach draußen zulassen. Diese U-förmige Exedra – ein Raum zur Konversation mit Bänken bestückt – schafft einen ausgezeichneten Platz, um die vergoldete Statue zu betrachten, die Pan darstellt, den griechischen Gott der Schafhirten. Augustus Saint-Gaudens' Garten, Cornish, New Hampshire.

Der Vorsprung

Wenn wir an der Kante einer Landschaft wie auf einem Balkon, Belvedere oder einer Klippe stehen oder sitzen, befinden wir uns auf einem Vorsprung – ein anregender Aussichtspunkt, der das Gefühl vermittelt, über der Welt zu schweben. Ansicht des Comer Sees, Villa Melzi, Bellagio, Italien.

Die Insel

Eine Insel ist wie ein Vorsprung, von allem anderen losgelöst, nur um eine ganz eigene Landschaft zu werden. Mit einem Rundumblick auf die Welt und Blick auf den darüber liegenden Himmel, fühlt man sich selbst wie eine Insel, die im Meer treibt, oder als läge man mitten in einer Wiese. Saiho-ji Tempel, Kyoto, Japan.

Der Berg

Ganz oben auf einem Berg zu sein, bedeutet, einen Platz an einem Aussichtspunkt einzunehmen, der hoch über einer vertrauten Landschaft liegt. Chasma Shahi, Srinagar, Kaschmir.

DER HIMMEL

Im Himmel läßt unser Geist die gewohnte Landschaft weit hinter sich und betritt das grenzenlose Reich über uns. Sonnenuntergang über dem Dal-See, Srinagar, Kaschmir.

des Himmels, der Wolken und des gesamten Himmelsgewölbes versenken, mit der gesamten Erde als Stütze im Rücken. Nachts werden wir selbst zu kleinen Inseln auf einem schwebenden Eiland im sternenübersäten Universum.

Es gibt zahlreiche Formen von Inseln in der Landschaft: ein großer allein stehender Baum umgeben von Rasen, ein Plateau mitten im Wald, eine Picknickdecke auf einem Feld, ein Haus in einem Hof. Manch einer, der auf eine solche Stelle trifft, sehnt sich danach, sich dort hinzulegen und einfach nur in den Himmel zu schauen und sich wie auf irgendeinem Meer treiben zu lassen.

Der Berg – oben sein

Wenn wir heranwachsen wird uns klar, daß ein Berg eine Quelle der Einsamkeit sein kann. Hohe, abgelegene Orte erlangen Bedeutung als Zuflucht vor einer Welt hochfliegender Emotionen und turbulenter Gefühle. Türmchen, Kuppeln, Baumwipfel, Türme, sie alle haben die Qualität eines Berges.

Für Erwachsene kann das Besteigen eines Berggipfels zum Symbol für das Streben nach Weisheit, den Zustand von Erleuchtung und innerem Frieden werden. Auf dem Gipfel werden wir zum Berg auf dem Berg und haben einen umfassenden Blick auf die profane Welt zu unseren Füßen und zu der heiligen Welt über uns: zum Himmel.

Der Himmel – jenseits sein

Von Kindheit an träumen wir davon zu fliegen, leichter zu sein als Luft, über die Erde hinwegzusegeln. Wir schaukeln, reiten, fahren Ski, fliegen mit Drachen, springen mit dem Fallschirm, werden Astronauten und hoffen, daß wir uns irgendwie von schwerfälligen Körpern in reinen Geist verwandeln. Ein großes blaues Gewölbe, die Himmelslandschaft wurde zum Symbol für das himmlische Paradies, dem Ideal einer transzendenten Welt. Es inspirierte verschiedene Kulturen, sich von diesem Ideal ein Bild in Form von Gärten zu machen.

Meer und Himmel verkörpern in unserer Welt das Fließende. Vielleicht werden wir im Himmel wiedergeboren und danach erneut ins Meer getaucht. Der Lebenszyklus ist vielleicht eine endlose Spirale.

Die archetypische Landschaft

Was hat das nun alles mit Gärten zu tun? Wenn wir uns die prägenden Orte in unserem Leben ins Gedächtnis rufen, bauen wir uns im Geist einen Garten. Diese Erinnerungen sind beinahe dreidimensional und emotional aufgeladen. Wir versetzen uns im Geist an die Orte der Kindheit zurück und durchleben die Empfindungen von damals noch einmal: Freude, Ehrfurcht, Romantik, Melancholie und Vergnügen. Diese Orte sind der Grundstein für die räumlichen Erfahrungen, die wir danach machen. Jede neue wird an denen der Vergangenheit gemessen. In diesem Sinne erhalten diese frühen Orte räumlichen Erforschens archetypischen Charakter.

Raum ist wie Luft: er umgibt uns ohne Grenzen. Ein Raum wird erst dann zu einem Ort, wenn wir darin eine bewohnbare Stelle finden. Die Archetypen schlagen sieben verschiedene bewohnbare Ausgangspunkte vor, die einen Ort inmitten des grenzenlosen Raumes festlegen. Zwei Arten gibt es, wie wir diese sieben Ausgangspunkte bewohnen können: durch unseren Körper oder durch unseren Geist. Wenn wir also eine Straße entlang gehen, »lesen« wir die Landschaft um uns herum wie eine Aneinanderreihung von kontemplativen Aussichtspunkten, wählen hier einen höhlenartigen Winkel und eine bergähnliche Turmspitze da; eine hafenähnliche Einfriedung hier und eine inselähnliche Terrasse dort. Im Vorbeigehen stellen wir uns jeweils flüchtig vor, wie wir uns darin aufhalten und nehmen Kenntnis von seinem Vorhandensein als einem Ort der Sicherheit und Ruhe inmitten einer geschäftigen Welt.

Die Archetypen verbinden unsere Gefühle, Erinnerungen und Assoziationen mit einer bestimmten räumlichen Form. Wenn Sie aus dem Fenster Ihres Büros in einem Wolkenkratzer schauen, empfinden Sie vielleicht jene Freude wie damals in Ihrem Baumhaus. Es ist für Sie das gleiche Vergnügen unter der Pergola Ihres Gartens Tee zu drinken, wie damals, als Sie Kekse unter einem bestimmten Rhododendronbusch aßen. Vielleicht hat ein archetypischer Raum besondere Bedeutung für Sie. (Ich bin zum Beispiel Typ für Vorsprünge; mein Mann mag am liebsten Häfen.) Wenn Sie das wissen, fangen Sie an zu verstehen, warum eine bestimmte Landschaft sie besonders berührt – weil sie hügelig ist, am Meer liegt oder weil sie bewaldet ist. Sie beginnen zu verstehen, warum Sie gerade dieses Apartment gemietet oder dieses

Haus gekauft haben – Sie wollten gerne irgendwo oben wohnen oder unten sein, Sie mochten die Gemütlichkeit oder den Panoramablick. Wenn Sie die archetypischen Orte in Ihrem Leben erforschen, werden Sie deren Spuren überall wiederfinden. Die sieben Archetypen geben uns die Sicherheit, über uns selbst und unseren Platz in der Unendlichkeit nachzudenken.

Wie läßt sich das auf Ihren inneren Garten anwenden? Schauen Sie Ihr Grundstück genau an und versuchen Sie, die archetypischen Gefühle zu verstehen, an die Sie sich dort erinnern. Es ist vielleicht bewaldet (die See), hebt sich in mehreren Stufen vom Haus ab (die Höhle), ist von Bäumen umschlossen, die eine Lichtung bilden (der Hafen), steht ganz nah an einer Schlucht (der Vorsprung), ist offen und grasig (die Insel), liegt hoch oben auf einem Hügel (der Berg) oder an einem reflektierenden Gewässer (der Himmel). Auf manchen Grundstücken sind verschiedene Archetypen vorhanden, während es auf anderen fast keine gibt. Ein gerodetes Grundstück oder ein Bauplatz in der Stadt erinnern möglicherweise gar nicht an Archetypen. Das hat den Vorteil, daß Sie sich aussuchen können, welchen Sie bevorzugen.

Eine meiner Freundinnen ist eine begeisterte Anfängerin beim Gärtnern. Wir sprachen über meine Theorie bezüglich der räumlichen Archetypen und sie bemerkte, daß Vorsprünge und Häfen sie am meisten anzogen, obwohl sie sich zunächst von allen Archetypen angesprochen fühlte. Das Problem lag darin, daß ihr Garten klein war und lediglich den Blick auf das benachbarte Wohnhaus freigab. Was sollte sie tun?

Zuerst schlug ich ihr vor, ihren Garten einzuzäunen, um ihm die Eigenschaft eines Hafens zu verleihen. Neben der Terrasse, also in der Nähe des Hauses, könnte der Zaun höher sein (und dadurch mehr Schutz bieten) und an der Rückseite des Grundstücks etwas niedriger. Dann schlug ich ihr vor, ein paar Bäume in einer leichten Kurve vor das Nachbarhaus zu setzen. Sie konnten als Hintergrund für etwas anderes dienen, was sie gerne sehen wollte – einen Baum, eine Wasserstelle, noch eine Bank. Wenn Zaun und Bäume mit Bedacht gesetzt würden, hätte meine Freundin den Ausblick und das Refugium, wonach sie sich sehnte.

Eine andere Methode, wie die Archetypen auf Ihren Besitz angewendet werden können, besteht darin, sich vorzustellen, wie Sie ihre Umgebung verändern würden, um darin die Gegebenheiten widerzuspiegeln, auf die Sie am meisten ansprechen. Mein Mann und ich haben unseren Wohnsitz zum Beispiel deshalb gewählt, weil die abwechslungsreiche Landschaft unsere Phantasie beflügelte. Wir mochten dieses schrullige Jagdhaus, das von einem Architekten 1926 gebaut worden war. Drinnen wirkt es wie eine dunkle Höhle mit dem Kamin, dem Bleiglas und einer Reihe von Fenstern im Stil des Palladio in Richtung Süden. Alle Veränderungen, die wir an dem Haus vornehmen, dienen dazu, in diesem Stil mehr Licht durch die dicken Mauern dringen zu lassen.

Der halbe Morgen Land beherbergt andere Archetypen. Der gesamte Wohnsitz liegt auf einem Vorsprung, von dem aus wir über dazwischenliegende Hügel hinweg bis zu den höchsten, sieben Meilen entfernten Bostoner Gebäuden, dem Hancock und dem Prudential, schauen können. Sie ragen wie Zwillingstürme aus einer niedrigen Ligusterhecke hervor. Wir haben auch »Berge«: zwei fünfzehn Fuß hohe Gletschersteine, die eine Seite unseres Besitzes begrenzen. Unser Grundstück ist von Hemlocktannen eingeschlossen und wirkt dadurch wie ein Hafen, wenn man es betritt. Wenn man unter dem breiten Streifen aus Eichen und Hickorybäumen sitzt, hat man das Gefühl, in ein kühles, schattiges Laubmeer getaucht zu sein. Und wenn man auf einer Chaiselongue auf unserem Rasen liegt, fühlt man sich wie auf einer Insel und kann in den weiten Himmel schauen.

Im Gegensatz zu den meisten Wohnsitzen, die ich kenne, enthält unser Grundstück alle sieben Archetypen; die wenigsten Parzellen sind so groß und so vielfältig. Ob es sich jedoch um den kleinsten Lichtschacht der Stadt handelt oder einen Landbesitz, der sich über hunderte von Morgen ausdehnt, bietet ein Grundstück immer mehrere archetypische Ansichten in der Vorstellung seines Besitzers, und es liegt in seiner Verantwortung, diese Besonderheiten als Grundlage für einen Gartenentwurf zu verwenden.

Begehen Sie Ihr Gelände und achten Sie auf alle archetypischen Stellen und darauf, welche Gefühle sie in Ihnen wachrufen. Stellen Sie sich vor, wo Sie neue archetypische Stellen anlegen könnten und schreiben Sie sich die Orte auf. Die Kenntnis der Archetypen wird Ihnen das nötige Vertrauen geben, Ihren inneren Garten zu entwerfen.

Der Landschaftsarchitekt Fletcher Steele entwarf diesen, von der Klassik inspirierten Gartenthron für den Afternoon Garden seiner Kundin Miss Mabel Choate.

Ein schüchterner, aber entschlossener Bekannter versuchte mehrmals vergeblich, eine Terrasse für seinen kleinen bewaldeten Garten zu entwerfen. Er hatte seinen Besitz ausgemessen, viele Handbücher gelesen und Zeichnungen angefertigt, die irgendwie nie richtig passen wollten.

Ich ermutigte ihn, über die Orte nachzudenken, die als Kind für ihn wichtig waren. Ihm wurde klar, daß er sich immer zu Nischen und Winkeln hingezogen fühlte, die gewöhnlich am äußersten Rand eines ausgedehnten, offenen Platzes lagen. Er dachte, daß er irgendwo auf seinem Grundstück einen kleinen Flecken finden würde, um sich einen Hafen zu bauen. Er beschloß, alle Pläne wegzuwerfen, einfach durch seinen Garten zu gehen, sich an verschiedene Stellen zu setzen und zu schauen, wie er sich dabei fühlte, herauszufinden, wo er eigentlich sein wollte. Er fand einen Flecken ganz hinten in der Ecke. Dort fand er die richtige Kombination von Vordach, Ausblick und Licht – eine Stelle, die er zuvor nie in Betracht gezogen hatte. Dorthin baute er seine Terrasse – seinen Platz zum Tagträumen, der die Bilder seiner Kinderzeit widerspiegelte.

Dieser geduldige Mann fand einen Platz in seinem Garten, der genau zu dem Bild in seinem Herzen paßte. Er baute seinen Garten im Vertrauen auf sich, seine Gefühle und seinen Besitz. Damit Sie sich einen Platz in dieser Welt schaffen können, müssen Sie die Bedeutung archetypischer Plätze zum Träumen verstehen und sie dann erneut in Ihrer Umgebung interpretieren.

Doug Gosling, der den Garten im Occidental Arts and Ecology Center in Occidental, Kalifornien geschaffen hat, mischt biologisch-dynamisch gezogenes Gemüse mit Zier- und Eßblumen zu einem wunderbaren optischen Effekt.

Kapitel III

Bestandsaufnahme ihres inneren und äusseren Reiches

Die Seele denkt
nie ohne ein geistiges Bild
Aristoteles

Von den ersten Kindheitstagen an tragen Sie einen Garten in sich, der Ihnen allein gehört. Auch Ihr Grundstück ist einzigartig, denn seine Besonderheiten und die Assoziationen, die es hervorruft, unterscheiden es von jedem anderen. Um einen Garten von persönlicher Bedeutung zu schaffen, der Sie magisch anzieht, sollten Sie alles auflisten, was Sie und Ihr Grundstück zu etwas Besonderem macht. Wenn diese Eigenschaften erst einmal aufgedeckt sind, werden sie Ihnen den Weg zum Design Ihres Gartens weisen.

Ihre inneren und äußeren Orte sind Ihre beiden größten Inspirationsquellen zur Schaffung eines Gartenkunstwerks. Sie bieten das Konzept Stimmung und das Aussehen des Gartens, den Sie gerne gestalten wollen. Sie schlagen geistige Bilder vor, die besondere Gefühle mit einer bestimmten Form verbinden und an denen Sie sich durch den ganzen Entwurfsprozeß orientieren können.

Ihr inneres Reich

Mein erstes Treffen mit neuen Kunden verbringe ich damit, etwas über ihr Leben und ihr Grundstück zu erfahren. Zuerst versuche ich, ihre Persönlichkeit in ihrer Art zu sprechen, sich zu kleiden und das Haus einzurichten, kennenzulernen; ich beobachte ihren Geschmack bei Kunst und Musik und ihre Art, mit anderen Menschen umzugehen: mit ihren Partnern, Kindern, Nachbarn und Haustieren. Ich stelle Fragen, die so angelegt sind, daß sie ihre Erinnerungen und Vorlieben wachrufen. Aus diesem Fundus schöpfe ich dann die Ideen

Der Landschaftsarchitekt Fletcher Steele hat dieses Tal mit Petasiten bepflanzt. Dieses immergrüne Kraut, das ein undurchdringliches, hüfthohes Dickicht aus rhabarberähnlichen Blättern bildet, kann über drei Meter groß werden.

für das Design ihres Gartens. In gewisser Weise muß ein guter Designer eine Art Therapeut sein: er muß darin geschult sein, Feinheiten, Nuancen und Bedeutungen aufmerksam aufzunehmen und darf keine Angst davor haben, präzise Fragen zu stellen. Die Fragen haben einzig und allein den Zweck, etwas über eine bestimmte Kombination von Assoziationen zu erfahren. Es geht um die positiven Bilder des reinen Vergnügens, die ein bestimmter Ort in unser Leben bringen kann: Freude, Zufriedenheit und kontemplative Einsamkeit. Der Designer verwendet dieses Wissen um persönliche Dinge dazu, einen Garten anzulegen, der positive Elemente aus dem Leben des Kunden enthält.

In diesem Buch sind Sie beides, Kunde und Designer. Nachfolgend zähle ich Ideen und Bilder auf, die Ihnen helfen können, zu den Quellen Ihrer Inspiration vorzustoßen, die in Ihrem Inneren verborgen sind.

Mit Wasserlinsen »bestreut«, sieht dieser Sumpfgarten völlig natürlich aus, und nur ein paar wenige Anhaltspunkte lassen auf etwas anderes schließen. Die großen Blätter der Gunnerapflanze sind kultivierte Zusätze, ebenso wie die breitblättrigen Pflanzungen, die riesigen Bäume und der Rasen, der die Umgebung schmückt.

Bilder

Ihr inneres Reich wird geprägt von Eindrücken und Erfahrungen, die Sie positiv berühren. Anlaß hierfür können bedeutende Ereignisse sein (eine Reise, die Geburt eines Kindes oder die Schaffung eines Kunstwerkes) oder kleine Geschehnisse (ein Abendessen bei Kerzenlicht, ein langes heißes Bad oder ein Spaziergang im Wald). Sie können sich dieses Erlebnis unmittelbar danach mit großer Klarheit in Erinnerung rufen und Ihre Empfindungen wiedererstehen lassen. Aber wenig später verblassen die Einzelheiten, was bleibt ist ein Eindruck – *ein Bild*, das in Ihrer Erinnerung gespeichert wird.

Wenn ein besonderer Sinnesreiz aus Ihrer Sammlung an Erinnerungen wachgerufen wird, drückt sich dies oft in einem Bild aus.

Solch ein Bild kann eine Inspirationsquelle für Ihre Entwürfe sein. Zum Beispiel entsteht aus einem Ereignis (Ihr Waldspaziergang) ein Bild (Wald), das bestimmte Merkmale ausdrückt (Tiefe, etwas Gesprenkeltes, Kühle) und damit verwandte Gefühle (Zufriedenheit, Gelassenheit), die in diesem Bild mitschwingen. Das Bild verknüpft dann die Gefühle mit einer bestimmten Form. Wenn Sie also einen Garten wünschen, der Gelassenheit ausdrückt, könnte er die Merkmale des Waldes aufweisen: Tiefe, Dunkelheit und Kühle. Das heißt nicht, daß Sie einen Wald in Ihrem Garten anlegen müssen. Wichtig ist nur, die Merkmale eines Waldes einzufangen. Die Bilder, aus denen Ihr innerer Garten besteht, werden Sie in die Lage versetzen, die Merkmale zu finden, nach denen Sie sich in Ihrem äußeren Reich sehnen.

Welche Bilder könnten sich nun auf das Design Ihres inneren Gartens auswirken? Das wollen wir zusammen herausfinden. Orte aus der Kindheit, Reisen, Bücher, die Künste, Ausbildung und Familie sind Inspirationsquellen für Ihren Gartenentwurf. Jedes Bild, das Sie in ein Gartenelement überführt haben, kann für eine Szene, eine Gestalt oder Geste oder ein Ereignis stehen, das Ihnen Freude bereitet hat. Dazu müssen Sie zuerst Ihr Leben durchforsten.

Landschaft und visuelle Vorstellungen – welche Besonderheiten hat Ihr inneres Reich?

Genau wie die Stellen zum Tagträumen Ihrer Kindheit hinterlassen auch Landschaften starke Eindrücke. Sie können zu inspirierenden Bildern für Ihr Gartendesign werden. Die Gärten, in denen Sie gespielt haben, die Gegenden, die Sie bereist haben, haben Ihnen Landschaften auf eine bestimmte Weise näher gebracht. Möglicherweise kennen Sie einen bestimmten Ort nur aus Büchern, von Fotografien oder Zeitschriften her; ein solcher Ort kann zur Traumlandschaft werden, die eine kraftvolle Bedeutung für Sie hat.

Manche hatten Glück und wuchsen in Gärten auf, die Bilder für das eigene Design liefern. Der Garten der Kanadierin Susan Ryley, der für Bücher und Zeitschriften in der ganzen Welt fotografiert wurde, liegt in Victoria, British-Columbia. Sie pflegt dort Hunderte von Pflanzen in einem Klima, das für den Gartenbau geradezu perfekt ist. »Was ich über Pflanzen weiß, habe ich im Garten meiner Eltern und von anderen gelernt«, sagt sie. In dem berühmten viktorianischen Garten mit Rhododendren, Azaleen, Primeln, Rosen, Lilien und einem alpinen Steingarten, kam Ms. Ryley fast durch Osmose zu ihrem Wissen. Als sie ihr eigenes Haus kaufte, fing sie an, das anzupflanzen, was auch ihre Eltern gezüchtet hatten. Aber bald merkte sie, daß sich ihr Geschmack veränderte: »Meine Mutter hat mich einmal in den Garten einer sehr alten Frau mitgenommen, die hatte all die wunderbaren altmodischen, entzückenden Sachen – Nelken, Glockenblumen, Lilien und überall Kletterpflanzen: Rosen, cremegelbe Klematis und Kartoffelpflanzen. Im Vergleich dazu war mein Garten eine Wüste, so aufgeräumt und sauber. Ihr habe ich es zu verdanken, daß mein Garten wilder geworden ist, es gibt Pflanzen in Hülle und Fülle, alles geht ineinander über. Ich schnappe alles auf, was ich sehe, ich probiere manches und ich lese viel.«

Versuchen Sie, sich an Details aus Gärten, die Sie bewußt wahrgenommen habe, zu erinnern. Skizzieren Sie die verschiedenen Aspekte ihres Layouts, der Pflanzen und Materialien, die Ihnen am besten gefielen. Besuchen Sie, wann immer es Ihnen möglich ist, die Gärten von Freunden, um Ideen zu sammeln, und sehen Sie sich Bücher und Zeitschriften an.

Denken Sie als nächstes über Landschaften nach, die Ihnen Ihr Leben lang besonders gefallen haben, über die Bilder, die Sie damit verbinden und die Eigenschaften, die Sie gerne mit aufnehmen würden. Diese Bilder von Landschaften kommen als Höhepunkte für verschiedene Teile Ihres Gartens in Frage. Vor kurzem betreute ich Kunden, deren Geschichte ein gutes Beispiel dafür ist.

Eine Allee von japanischen Birken, die der Bildhauer zur Jahrhundertwende selbst gepflanzt hat, ziert ein sonniges Feld in Augustus Saint-Gaudens' Garten in Cornish, New Hampshire. Auf seinem 65 Hektar großen Besitz, der unter dem Namen Aspet bekannt wurde, verschmolz Saint-Gaudens seine Ehrfurcht vor dem klassischen Design mit seiner Liebe zur dramatischen Landschaft Neuenglands und ihren Ausblicken über Felder und Wälder hinüber zum Mt. Ascutney und der Hügelkette der Green Mountains.

Mit den Herbstfarben kommen im Oktober auch die Laubfans in den ländlichen Nordosten der USA. Um diesen künstlichen Wasserfall und den Teich in einem New Yorker Garten wurden einheimische mit exotischen Pflanzen vermischt, um damit die Wirkung eines natürlichen Flusses in den Wäldern zu erzielen, ein Bild, das von den leuchtenden Farben des Eichen- und Hickorywaldes im Hintergrund »eingerahmt« wird.

Meine Kunden emigrierten vor Jahren aus Osteuropa in die Vereinigten Staaten. Kürzlich kauften sie ein Haus in einem Waldgebiet. Beide bewunderten Steingärten und wollten, daß ich einen anlege. Bei unserem ersten Treffen befragte ich sie unter anderem nach ihren Plätzen zum Tagträumen in ihrer Kindheit, den Landschaften, die sie mochten. Ich erfuhr, daß er in den Bergen aufgewachsen war und sie in der Ebene, obwohl beide im gleichen Land geboren waren.

Dann begingen wir ihren Besitz. An einem Ende schloß ihr Grundstück mit Steinwänden aus Felsbrocken ab. Das war genau das Material, das ich für einen Garten brauchte. Der Ehemann fürchtete, daß diese geschichteten, überdimensionalen Steine das Grundstück erdrücken würden und bat mich, kleinere, runde Steine zu beschaffen. Eine Woche nach unserem Treffen, als ich gerade mit dem Plan zu ihrem Garten beginnen wollte, erhielt ich zwei Postkarten von dem Paar. Auf einer Karte stand: »Wir schicken Ihnen zwei Postkarten – zwei verschiedene Seiten von uns!« Der Ehemann schickte eine Fotografie von Ansel Adams, die an der Küste von Monterey in Kalifornien aufgenommen worden war, mit dem Titel *Brandung und Felsen* – eine Szene mit mächtigen, senkrecht aus der See aufschießenden Steinen. Seine Frau schickte mir eine Postkarte mit einem Gemälde von Matisse – eine Flußlandschaft mit Bäumen, die sich über eine unbewegte Wasserfläche biegen. Meine Kunden schickten mir diese Bilder in der Hoffnung, daß sie mir damit das übermitteln konnten, was sie bei unserem Gespräch nicht hatten ausdrücken können.

Sie hätten es nicht treffender sagen können. Im Gegensatz zur Besorgnis, die er geäußert hatte, wollte dieser Mann eine wirklich mächtige Landschaft mit riesigen Felsen, die ihn an das zu Hause seiner Kindheit in den Bergen erinnert. Seine Frau, die sich zuvor nur wenig zu dem Garten geäußert hatte, hegte ein starkes inneres Bild – sie suchte einen weichen, grünen Ort, der zu ihren Erinnerungen von der Ebene paßte. Dank dieser Postkarten wußte ich, wie ich ihren Garten gestalten mußte. In den nun folgenden Monaten baute ich im Vordergrund eine Komposition aus zerklüfteten, vertikal aufgerichteten Felsen mit einem »Sumpfbecken« im Hintergrund und Kirschbäumen, die das entferntere Ende des Grundstücks säumten. Einige Bilder der inneren Landschaft meiner Kunden gibt es nun dreidimensional auf ihrem äußeren Besitz.

Seit dieser Erfahrung bitte ich meine Kunden, Bilder zu sammeln, die ihre Gefühle in bezug auf Gärten ausdrücken. Das sollten Sie auch tun. Legen Sie ein Notizbuch an mit einer losen Sammlung von Skizzen, Bildern aus Zeitschriften, Postkarten von schönen Orten, Reisefotografien und Gartenillustrationen – und halten Sie die Sachen während des Designprozesses immer griffbereit. Die Bilder können sich aber auch auf tatsächlich bestehende, fesselnde, imaginäre Orte aus Literatur, Musik, Kunst und Film beziehen oder ein Produkt Ihrer eigenen Werkstatt sein. Bleiben Sie allen verbalen Bezügen auf der Spur, die Eigenschaften eines Gartens beschreiben: Lyrik, Textpassagen aus der Literatur. Lesen Sie Ihre liebsten Kinderbücher noch einmal und richten Sie Ihr Augenmerk auf zauberhafte Orte und reiche, ins Detail gehende Illustrationen – manche Kunden erwähnten, daß sie von Landschaften, wie sie in einigen Märchen beschrieben wurden, beeinflußt waren: von Szenen aus *Pu der Bär* oder *Tom Sawyer* und Beatrix Potters wunderschönen Zeichnungen. Sobald Sie die Eigenschaften des Gartens kennen, den Sie gestalten möchten, haben Sie den ersten großen Schritt dazu schon getan.

Bilder der Empfindung – wie wird eine bestimmte Stimmung erreicht?

Ein gutes Gartendesign stellt durch die Erinnerung an Sinneswahrnehmungen eine Stimmung her, die den Besucher berührt. Sich in einem bezaubernden Garten aufzuhalten kann so sein, wie wenn Sie Ihr liebstes Musikstück hören. Sie tauchen in eine Welt ein, wo bestimmte Gefühle mit einem besonderen Spiel des Lichts, einer Kadenz, einem Duft oder einem Lied zusammenklingen. Wie ein Musikstück ist ein Garten dazu geschaffen, uns zu rühren.

Wie Marcel Proust es uns mit seiner Madeleine nahegebracht hat, weisen auch Wissenschaftler darauf hin, daß Sinneseindrücke aus der Vergangenheit durch Stimulation bestimmter Gehirnregionen wiederbelebt werden können. Jeder hat die Fähigkeit, sich Sinneserfahrungen in Erinnerung zu rufen und sie in kreativer Weise als Grundlage seines Gartendesigns zu verwenden.

Die Schwierigkeit besteht darin, sich zu erinnern. Erinnerungen an Sinneswahrnehmungen können nur schwer über den Intellekt wiederbelebt werden. Wir müssen sie dadurch wachrufen, daß wir Orte aufsuchen, an denen wir erneut in das Licht, die Farben, Klänge und Gerüche eintauchen, die wir besonders mochten. Besuchen Sie Landschaften, Parks und Gärten, die Sie anziehend finden, und begehen Sie diese Orte mit hellwachen Sinnen. Versuchen Sie, eine Art »Meditation im Gehen« zu praktizieren. Beachten Sie dabei ein paar einfache Regeln: (1) Gehen Sie alleine oder mit einem nahen Freund und beobachten Sie still. Sie können besser sehen, wenn Sie schweigen. (2) Öffnen Sie Ihr Herz für die Schönheit und Bedeutung Ihrer Umgebung, so wie mein Meister mich das in meinem ersten Lehrjahr lehrte. Sie sollten sich der Landschaft nicht intellektuell nähern. (3) Gehen Sie immer wieder zu einer Stelle, zu unterschiedlichen Tages- und Jahreszeiten und bei unterschiedlicher Wetterlage. Lernen Sie, was Ihnen ein Ort im Laufe der Zeit vermitteln kann. (4) Achten Sie auf Ihre Reaktionen, die Bilder, die Ihnen in den Sinn kommen und die Eigenschaften und Details, die Ihnen auffallen. Indem Sie sich Ihre Sinneswahrnehmungen ins Gedächtnis rufen, werden Sie in der Lage sein, diese in Ihrem Garten wiedererstehen zu lassen. Damit bereichern Sie ihn um eine persönliche Note, die Sie mit Freude erfüllen wird. Wir wollen jede dieser Wahrnehmungen in Augenschein nehmen.

Ein Gänseblümchen, vielleicht aus der Compositae-Familie, das versucht, unter den harten Bedingungen des Zion-Nationalparks zu überleben.

Das Licht. Licht erhellt die Landschaft um uns. Unser Sehvermögen erhalten wir durch das Licht, das unser Gehirn mit Informationen versorgt. Es wird absorbiert, reflektiert oder von Molekülen auf seinem Weg gebrochen, läßt Gegenstände blendend, glitzernd, strahlend und glühend erscheinen. Je nachdem, wie intensiv die Lichtquelle ist und wo sie sitzt, leuchtet sie auf, wirft ein Schlaglicht, zeichnet Schattenrisse, überflutet, sprenkelt oder badet alle Elemente in seinen Strahlen.

Licht beeinflußt das Design unseres Gartens auf viele Arten. Erstens bestimmt die Menge an Licht, welcher Typ Pflanzen an einer bestimmten Stelle gedeiht: Sonnenblumen wachsen nicht im Schatten; Moos wird nichts im Sonnenlicht. Wir müssen an jeder Stelle seine Qualität und Quantität erfassen. Je nach Wetter möchten wir uns mal im Licht und mal im Schatten aufhalten. Zweitens suchen wir uns an einem heißen Sommertag lieber einen schattigen Fleck und setzen uns nicht in die pralle Sonne; an einem stürmischen Nachmittag im Frühling wählen wir lieber einen Platz in der Sonne und nicht im vollen Schatten. Drittens wirkt sich unsere Beziehung zum Licht auf unsere Fähigkeit aus, Pflanzen und Gegenstände in der Landschaft zu sehen. Ob Licht von einer Lichtquelle vor oder hinter einem Gegenstand ausgeht, ob es durch Nebel, Regen, Schnee oder Dunst dringt, hat Einfluß darauf, wie wir unseren Garten und die Dinge darin wahrnehmen.

Die Qualität des Lichts bestimmt auch unsere Emotionen. Denken Sie über die drei grundlegenden Arten von Licht nach und darüber, wie Sie auf jeden Typ reagieren. *Pralle Sonne* kann das Gefühl völligen Eingetauchtseins vermitteln. Ihre Augen werden zu schmalen Schlitzen, Ihre Pupillen ziehen sich eng zusammen, um die Menge an Licht, die auf die Retina fällt, zu verringern, und Ihr Körper erwärmt sich als Antwort auf die Sonnenstrahlen. Abhängig von vielen Faktoren – der Intensität, der erforderlichen Anstrengung, der Gegenwart von Freunden, der Größe des Platzes – können Sie sich in der prallen Sonne angeregt oder ausgedörrt fühlen.

Auch im *tiefen Schatten*, kühl und dunkel, können Sie Eingetauchtsein erfahren. Sobald sich Ihre Augen an die Dunkelheit gewöhnt haben, können Sie nur noch direkt vor sich ganz klar sehen. Obwohl sich die Pupillen erweitert haben und mehr Licht auf die Netzhaut gelangt, können Sie nur sehen, was in Ihrem Gesichtsfeld liegt.

Rittersporn, Margeriten, Bienenbalsam, Sedum und Perowskien vermischen sich in diesem Garten in Colorado wunderbar mit Koniferen und Gräsern. Die niedrigwachsenden Stauden und Bodendecker verbinden Vorder- und Hintergrund.

Dichter Farn und moosbeladene Baumstämme kennzeichnen einen schattigen Platz, zu dem die Sonne nur gelegentlich mit Lichtstrahlen vordringt. Eine Stelle wie diese, tief in der kanadischen Wildnis, erinnert uns an Longfellows berühmte Zeilen: »Das ist der Urwald. Die murmelnden Kiefern und die Hemlocktannen … / Da stehen sie, wie alte Druiden.«

Die Blüten einer Japanischen Iris – Iris ensata – *stehen aufrecht in einem kräftigen Lichtschacht der Nachmittagssonne.*

An Stellen, wo kein Licht durchdringt, tritt ein besonderes, reduziertes Ökosystem auf; immergrüne Bodendecker und Moose wuchern dicht am Boden, während ein Baldachin aus turmhohen Koniferen oder Laubbäumen das Wachsen von halbhohen Büschen verhindert. Solch ein Schatten bietet eine ursprüngliche Umgebung, still, mit subtilen Farben und einer oft frischen Atmosphäre.

Halbschatten gibt Anlaß zu einer anderen Erfahrung des Raumes, den er beherrscht. Er entsteht dadurch, daß Licht von oben durch das Blätterdach der Bäume dringt. Er gibt dem darunter liegenden Boden eine schimmernde, durchsichtige Qualität, wirft dabei ein Schlaglicht auf Dinge, die sich in seinen Strahlen fangen, und pickt sich die unzähligen Grünschattierungen und wechselnden Schattenmuster auf dem Waldboden heraus. In dieser Mischung aus hellem Sonnenlicht und tiefem Schatten kann man sehr klar sehen: die Pupillen öffnen sich, um Licht einzulassen und seine Leuchtkraft läßt die Umgebung erstrahlen und unterstreicht Strukturen und Farben rundherum. Stellen Sie sich vor, wie Gegenstände in unterschiedlichem Licht aussehen – wenn Licht von hinten auf einen Gegenstand geworfen und er dadurch zur Silhouette wird; wenn Licht von vorne einfällt und einen Gegenstand direkt anstrahlt; wie Licht in verschiedenen Jahreszeiten und bei unterschiedlichen Tageszeiten aussieht – ein Sonnenuntergang im Winter, ein Spätnachmittag im Sommer, ein trockener Herbstmorgen, Dämmerung im Frühling. Erinnern Sie sich, wie Licht unterschiedliche atmosphärische Bedingungen durchdringt: Dunst, Wolken, Regenbogen, Mondlicht.

Die Qualitäten des Lichts zu beobachten und mit seinen Effekten zu arbeiten, wird Ihnen helfen, die Stimmung in Ihrem Garten zu gestalten.

Farben. Die meisten meiner Kunden haben ausgeprägte Vorlieben für bestimmte Farben. Einige lehnen gelbe, malven- oder pinkfarbene Pflanzen ab; andere wünschen sich eine wilde Mischung strahlender Farbtöne und wieder andere möchten nur verschiedene Grünschattierungen.

Welche Farben bevorzugen Sie? Strahlende oder gedeckte Farben, Erdtöne oder Grundfarben? Eine limitierte Auswahl von Schattierungen einer Farbe oder eine kontrastreiche Mischung aller Regenbogen-

Das Gelb der Lilien und Coreopsis paßt wunderbar zu den weißen Lilien, dem Phlox und dem Rittersporn in dieser sorgsam zusammengestellten winterharten Rabatte in einem Garten in Maine. Beachten Sie, wie diese beiden strahlenden Farben das sonnige Zentrum des Designs beherrschen und zu den schattigen Rändern hin in dunklere Schattierungen von Pink und Rot übergehen.

farben? Welche der vielen möglichen Farbtöne von Grün ziehen Sie an: Hell- und Dunkelgrün, Gelb-, Grau- und Blaugrün? Überlegen Sie Ihre Vorlieben, damit Ihre Pflanzungen Ihrem inneren Bild entsprechen.

Wie Sie eine Farbe aufnehmen, hängt von dem Licht ab, in dem Sie die Farbe wahrnehmen. In praller Sonne wirkt die Farbe eines Gegenstandes wie ausgewaschen, weshalb sonnige Stellen kräftige Farben brauchen, damit sie klar gesehen werden. In tiefem Schatten können wir nur Weiß wirklich deutlich sehen. Aus einer dunklen, stillen Umgebung leuchtet es hervor. Farben können am besten in gesprenkeltem Licht, am frühen Morgen und an bewölkten und regnerischen Tagen wahrgenommen werden.

Farbe wirkt auch auf Ihre eigene Stimmung und die Atmosphäre in Ihrem Garten. Allgemein werden Rot-, Orange-, Gelb- und Brauntöne den warmen Farben zugeordnet, während man Blau-, Grün- und Grautönen eine kalte Wirkung zuschreibt. (Ein blaßblau gestrichener Raum beansprucht eine höhere Temperatur als ein blaßorange bemalter.) Rot-, Orange- und Gelbschattierungen sollen anregen, erheitern, stimulieren oder aggressiv machen, während von Blau- und Grüntönen gesagt wird, daß sie Sicherheit, Ruhe und Frieden ausstrahlen würden. Braune, graue und schwarze Farbtöne sollen dagegen Traurigkeit, Depression und Melancholie auslösen. Das sind keine unumstößlichen Regeln. Die Vorlieben für bestimmte Farben können sich mit dem Alter ändern, hängen von Kultur, Stimmung und geistiger Gesundheit ab. Farben haben auch Einfluß auf die Wahrnehmung der Größe. Weiß oder andere kühle Farben lassen einen Raum größer wirken als wenn derselbe in dunklen oder warmen Farben gehalten ist. Schwarz und sehr dunkle Farbschattierungen haben die Eigenschaft, Räume optisch zu verkleinern.

Forscher haben herausgefunden, daß die positive Wirkung, die von der Betrachtung einer angenehmen Farbe ausgeht, verstärkt wird, wenn der Blick zuvor auf eine Farbe gerichtet war, die als unangenehm empfunden wird. Die Wirkung ist deutlich stärker als wenn die angenehme Farbe allein betrachtet wird. Stellen Sie sich vor, wie Sie den Anblick einer strahlenden Rabatte mit Ihren liebsten blauen Stauden genießen würden, nachdem Sie zuvor an einem graubraunen Komposthaufen vorbeigelaufen sind! Dies ist unter der Bezeichnung

Glockenblumen haben sich in einem Waldstück selbst ausgesät und unterstreichen den leuchtend pinkfarbenen Rhododendron und das frühlingsgrüne Farnkraut.

verstärkte kontrastive Wirkung bekannt und grundlegendes Prinzip jeden Designs.

Töne. Sie können sich an Töne genau so erinnern, wie an Gesehenes. Ihr inneres Ohr kann »hören«, was Sie in der Vergangenheit einmal vernommen haben. In einem Garten gehen die meisten Geräusche von ein paar wenigen Quellen aus: Vögel und andere Tiere, Wind und Wasser. Erstere verfügen natürlich über ein riesiges Repertoire. Jede Spezies hat ihren eigenen Gesang, und mit frucht- und beerentragenden Sträuchern können Sie einen ganzen Chor von Sängern anziehen. Sie können Ochsenfrösche, Grillen und Laubfrösche in ein Feuchtgebiet oder einen Sumpfgarten locken. Sie können sogar so weit gehen, Schafe, Pferde oder Kühe auf einem angrenzenden Feld unterzubringen und ihr Blöken, Wiehern oder Muhen genießen.

Wenn Sie die Elemente in Ihrem Garten einfühlsam manipulieren, können Sie weitere natürliche Geräusche erzielen. Wind, der über Bäume und Büsche hinweggeht, hindurchstreicht oder -pfeift, schafft ein bleibendes Hintergrundgeräusch, das mal beruhigt und mal aufwühlt, je nach der Kraft, die dahinter steckt. Das Klacken und Zischen von Bambushalmen in einer leichten Brise kühlt den, der es hört. Wasser in Form von Regen kann schwer oder sachte auf verschiedene Oberflächen fallen. Ein Strom, ein Wasserfall oder eine Quelle können gurgeln, plätschern, murmeln, trillern oder einen Kanal entlangglucksen. Auch die Stille hat ihren Platz. Durchforsten

Die strenge Förmlichkeit dieses gefliesten Gartens im Hotel Mamounia in Marrakesch, Marokko, wird gelockert, wenn Rosenblätter im Wasser der Fontäne treiben. Der persische Dichter Rumi betrachtete jedes Element als eine Manifestation der Gegenwart Gottes, als er schrieb: »Jedes Tier und jede Pflanze muß zur Bewunderung von Gärten göttlicher Schönheit führen.«

Sie Ihr Gedächtnis nach vertrauten Tönen, die Sie in Ihrem Garten wiedererschaffen wollen.

Gerüche. Sie durchdringen einen Garten. Vom feuchten Geruch der frischen Erde zum übel riechenden Gestank von kompostiertem Dünger, über die nach Heu duftende Schärfe von frisch gemähtem Gras und den wohlriechenden Duft von Kletterrosen, sind wir von erdigen bis hin zu sublimen Gerüchen umgeben. In dem Maße, wie wir in unserem Garten Pflanzen anordnen und neue hinzufügen, vermehren wir die Zahl der Aromen, die unsere Nase unterscheiden kann.

Die genaue Kenntnis der Pflanzen hat Gärtner dazu bewogen, »duftende Gärten« anzulegen. Diese werden aus einjährigen und perennierenden Pflanzen mit wunderbarem Duft zusammengesetzt – Rosen, Tabakpflanzen, Nelken, Maiglöckchen, Pfingstrosen und Lilien, um nur einige zu nennen.

Pflanzen. Einige Pflanzen rufen ganz bestimmte Erinnerungen wach. Denken Sie an Bäume, Sträucher und Blumen, die Sie als Kind, auf Reisen oder in anderen bedeutenden Augenblicken Ihres Lebens beeindruckt haben. Schreiben Sie diese auf. Pflanzen, insbesondere Blumen, üben eine nostalgische Macht auf uns aus und überfluten uns mit sinnlichen, ästhetischen und gefühlsbetonten Reaktionen aus unserer Vergangenheit.

Besondere Eigenschaften einer bestimmten Pflanze verführen uns, sie zu lieben: die Schmiegsamkeit eines Wegerich; die gekräuselte Taufeuchte des Frauenmantels; das Leuchten einer Sonnenblume. Die Jahreszeiten werden von bestimmten Pflanzen symbolisiert; das Aufrollen der Farnwedel zu Beginn des Frühlings, das einfache Gänseblümchen mit dem Zupfritual »Er liebt mich, er liebt mich nicht« im Sommer, die blaßblaue Aster, die das kühle Herbstwetter ankündigt und die strahlend roten Beeren der Stechpalme, die sich gegen den winterlichen Schnee abheben, sind nur einige der klassischen Assoziationen.

Einige Blumen stehen in direkter Verbindung mit einer Reise. Für mich ist Bergenia der Comer See; Jasmin erinnert mich an Marrakesch; Rittersporn an England und Lotus an Kaschmir. Chrysanthemen erinnern mich an die aromatischen Blätter, mit denen meine Lieblingsspeisen in Japan garniert waren. Jeder muß seine Liste von Lieblingspflanzen zusammenstellen. Als Gärtner sollten wir uns fragen: »Welche Pflanzen regen meine Sinne an und rufen Erinnerungen in mir wach, die dem Blühen meines Gartens Bedeutung verleihen?« Die Antwort sollte sorgfältig überlegt sein.

Farnwedel rollen sich neben einem pinkfarbenen Rhododendronbusch auf und bringen die flüchtigen Freuden des Frühlings zum Ausdruck.

Persönliche Ästhetik

Sie treffen täglich ästhetische Entscheidungen. Sehen Sie sich zum Beispiel zwei Wohnzimmer an. Eines hat unberührte weiße Wände, moderne Möbel und ein paar sorgfältig plazierte Bilder. Das andere hat eine gemusterte Tapete, antike Möbel und Perserbrücken, überall Familienfotos, Bilder und Schnickschnack. Jeder Raum spiegelt die persönliche Ästhetik seines Schöpfers wider. In gleicher Weise sollte Ihr Garten Ihren Geschmack, Ihre Vorlieben wiedergeben. Ihre Reaktion auf die nachstehenden Möglichkeiten wird Ihnen helfen, Ihr Gartendesign zu »sehen« und zwar auf der Grundlage der persönlichen Ästhetik, die Sie im Lauf der Jahre – bewußt oder unbewußt – entwickelt haben.

Geometrische Ordnung vs. natürliche Ordnung. Einige bevorzugen ein geregeltes Dasein, in dem alles seinen Platz hat. Die Klarheit von Linie, Layout und Ausblickspunkt und geometrische Prinzipien verleihen manchen Menschen ein Gefühl der Sicherheit. Sie lieben gerade Linien, symmetrische Arrangements, axial angeordnete Wege und rechte Winkel.

Andere ziehen eine weniger geordnete Existenz vor. Dies kann ein lockeres, scheinbar zufälliges Gartendesign ergeben, das sich auf natürliche Gegebenheiten stützt. Dieses Design wird kurvige Linien enthalten, der Raum asymmetrisch gegliedert. Es wird stellenweise wie zufällig wirken und keinen klaren Mustern unterworfen sein.

Einheitlichkeit vs. Vielfalt. Einheitlichkeit bedeutet Ganzheit, Einfachheit, Unteilbarkeit und das mag Ihr Lebensziel sein. In einem Garten vermittelt Einheitlichkeit ein vollständiges, umfassendes Konzept, eine einfache Pflanzenpalette, eine einheitliche Behandlung des Materials und ein Layout, das ein unteilbares Ganzes ergibt.

Vielfalt dagegen ermöglicht eine Komplexität, die möglicherweise besser zu Ihrem Charakter paßt. In einem Garten umfaßt Formenvielfalt ein vollständiges Konzept, das eben verschiedene Formen und Stile und eine komplexe und vielfältige Pflanzenpalette zuläßt. Die Aufteilung des Raumes ergibt kleine selbständige Einheiten, die unverbunden aneinander grenzen.

Räumliche Kombinationen. Man kann durchaus räumliche Gestaltungsarten in einem Garten kombinieren. Meine Mutter neigt zum Beispiel eher zum Übersichtlichen und hat deshalb den Hauptteil ihres

Die leuchtend purpurrote Farbe dieser losen Gruppe aus Baldrian (Centranthus ruber) *sticht aus der Förmlichkeit dieses Boskettgartens in Bodysgallen Hall in Wales hervor. Eine natürliche Anordnung einer geometrischen als Kontrast gegenüberzustellen oder Einheit der Vielfalt, betont die Eigenschaften von beiden.*

Dieser Vorgarten in Neuengland wird von einem ordentlichen weißen Palisadenzaun umschlossen, in dem eine Menge liebenswerter Gegenstände – Vogelhäuschen, Blumenkästen, Spaliere und Vogeltränken – in einem wundervollen Gewirr farbenfroher, strukturreicher Pflanzen hausen.

Grundstücks, ihren Kräutergarten, als eingezäuntes Quadrat mit symmetrisch gezogenen Beeten unterhalb des Hauses angelegt. Aber andere kleinere Flächen entlang der Straßenseite ihres Hauses gehören zu einer Kombination von drei eigenständigen Gärtchen. Jeder Fläche liegt ein eigenes asymmetrisches Arrangement zugrunde. Der kontemplative Garten stellt einen mit Funkien und Farnen geschmückten Weg in den Mittelpunkt, der sich durch ein Ysandrabeet zu einer Bank schlängelt, an deren Rückseite Berglorbeer wächst. Daneben und parallel zum Haus liegt ein langer, schmaler Liliengarten mit einem geraden Weg, der von steinernen Tierfiguren gesäumt wird und zu ihrem Garten vor dem Haus führt. Dort ragt ein Holzapfelbaum aus einem Vorbau und bildet das asymmetrische Mittelstück für die Staudenbeete drum herum. Während der Kräutergarten vielleicht der fotogenste dieser Gruppe ist, finde ich ihre kleineren, natürlich belassenen Gärtchen charmanter.

Manchmal enthüllt eine Gartengestaltung den Charakter des Besitzers oder der Besitzerin; manchmal den Charakter, den er oder sie gerne hätte. Eine meiner Freundinnen führt ein einfaches, meditatives Leben. Sie hat genügend Zeit und Raum zum Nachdenken und abgesehen von ihrer Arbeit wenig Ablenkung. Dagegen spiegelt ihr Garten eine andere Seite ihrer Natur wider: ein Bauerngarten, voll gepackt mit Blumen jeder Größe, Form, Farbe und Struktur. Im Gegensatz zu ihrem Leben ist meines randvoll mit Kindern, einem Ehemann, einer Unzahl von Freunden, Nachbarn, Haustieren, Aktivitäten in der Schule und einer Vielfalt unterschiedlicher Projekte ausgefüllt. Während mein Haus das Chaos meines Lebens widerspiegelt, entspricht mein Garten einem anderen Ideal: offene, ruhige Flächen, einige naturbelassen, einige geometrisch angelegt ohne unnötiges Durcheinander, mit einem weiten Blick auf die Umgebung. Vielleicht wollen wir, daß unser Garten eher unser Ideal als unsere wahre Natur wiedergibt, unseren Traumzustand eher als die Realität unseres Alltags.

Typologie des Gärtners

Stellen Sie sich vor, wie Sie in einem Garten stehen. Womit beschäftigen Sie sich? Schneiden Sie Blüten für eine Vase? Pflanzen Sie Stauden? Stecken Sie Rittersporn? Ernten Sie Gemüse?

Schauen Sie von einem Rosengärtchen aus in die Ferne? Dösen Sie in einer Hängematte? Schlendern Sie einen schattigen Pfad entlang? Lauschen Sie einem Wasserfall?

Welche Art Gärtner sind Sie? Wenn Sie ein **erdverbundener Gärtner** sind, dann sind Sie ein Gärtner der Hände; ein leidenschaftlicher Arbeiter, der sich intensiv der Frage widmet, welches die genau richtige Stelle für Rittersporn oder welches das beste organische Abschreckungsmittel für Japankäfer ist. Sie fühlen sich am wohlsten, wenn Sie Ihren Garten aus nächster Nähe betrachten, jede Blüte, jedes Blättchen, und jeden Wurm. Sie machen sich Gedanken über die Gruppierung von Pflanzen, den Auswirkungen von Frost auf die frühen Erbsen und welche Art von Schößling gekauft werden sollte. Und Ihre Arbeit ist niemals getan, einmal abgesehen von der kurzen Zeitspanne zwischen dem Einwintern des Gartens und dem Auftauchen des ersten Saatkatalogs im Briefkasten. Sie sind der Typ Gärtner, der eine Bank benutzt, um Blumentöpfe zu stapeln oder einjährige Pflanzen auszustellen, statt – Gott bewahre – darauf zu sitzen. Ihr Garten muß mit Pflanzen vollgestopft und Sie mitten drin sein.

Wenn Sie ein **Gärtner im Geiste** sind, dann ziehen Sie es vor, die erlesenste Rose abzuknipsen, den Duft der Pfingstrose einzuatmen oder einen Stein richtig zu setzen, statt sich beim Unkraut jäten die Finger schmutzig zu machen. Dies zu wissen bedeutet, daß Sie vielleicht am glücklichsten sind, wenn Sie einen Garten von einfacher Eleganz besitzen, der leicht zu pflegen ist oder daß Sie jemanden anstellen sollten, der sich mit Unkraut, verwelkten Blüten und Heckenschneiden befaßt. Als ein echter Gärtner im Geiste sind Sie vielleicht vollauf zufrieden, wenn Ihr Garten nie fertig gestaltet ist, weil Sie sich so lebhaft vorstellen können, wie er einmal sein wird. Für Sie wartet jedes ungegrabene Loch auf eine exotische Spezies, jeder unschöne Anblick regt Ihre Phantasie an. Sie brauchen möglicherweise keinen realen Garten, weil ein voll entwickeltes Paradies in Ihrer Seele blüht.

Mariii Lockwood und ihre Tochter Azzurra Merlino pflücken Partytomaten in ihrem Gemüsegarten. Früher war hier der vordere Rasen, jetzt ernährt der Garten Familie und Freunde.

Die meisten Gärtner verbinden beides. Mein Mann nennt das »Schmutzige-Phantasie-Gärtner«. Wir sehen einen Garten als einen Ort, der die Verbindung von Geist und Erde erfordert: Kunst und Wissenschaft in Design und Gartenbau ausgedrückt. Selbst wenn unsere eigenen Talente vielleicht zur einen oder anderen Seite tendieren, müssen wir von beidem etwas wissen, um erfolgreich zu sein. Der japanische Gartenmeister weiß nach seiner harten Lehrzeit, wie er einen Stein setzen muß oder eine Kiefer auszugraben hat. Der englische Staudengärtner, der großzügige weiße, blaue oder graue Rabatten anlegt, muß die unzähligen Anforderungen an Boden und Licht jeder Pflanze kennen und dabei eine Vorstellung von der Ästhetik der gesamten Komposition haben.

Der Gärtner im Geiste sucht sich Plätze, an denen er die Landschaft kontemplativ betrachten kann. Dieses Haus in Knightshayes Court in Devon, England, das sich zum Garten hin öffnet, lenkt den Blick auf eine Grünfläche im Vordergrund, einen Gürtel von vierhundert Jahre alten Bäumen in der Mitte und eine grasende Schafherde im Hintergrund.

Das äussere Reich

Nach dem ersten Gespräch mit meinen Kunden, das mir deren Innenwelt erschließen soll, gehe ich dazu über, ihre Umgebung zu erforschen, um die Eigenschaften des Geländes, auf dem ihr Garten angelegt wird, herauszufinden. Wir begehen den Besitz gemeinsam, halten hier und da an, besprechen die bestehende Gestaltung, die Pflanzungen und Eigenheiten des Bodens und die Möglichkeiten, die sich bieten. Ich achte auch auf jede Assoziation, die das Gelände bei meinen Kunden und mir auslöst. Diese Bestandsaufnahme der Informationen, die Assoziationen und Bilder liefern die Grundlage für das Design eines kunstreichen und individuellen Gartens, das zu dem Gelände paßt.

Ihr Grundstück ist Ihr eigenes heiliges Reich auf dieser Erde. Als sein Besitzer sind Sie sein Treuhänder für einen winzigen, aber bedeutsamen Moment in der zwei Milliarden Jahre langen Existenz unseres Planeten. Sie können Ihrem Besitz gegenüber verschiedene Haltungen einnehmen: erhalten, was ist; einfach planlos drauflos bauen; oder ihn in einen schönen Zufluchtsort verwandeln – ein heiliges Reich auf einer heiligen Erde.

Wenn Sie Ihren Besitz als Heiligtum behandeln, ehren Sie seine Eigenschaften, die ihn zu etwas Besonderem machen. Nur wenn Sie das gut verstehen, sollten Sie den kühnen aber wichtigen Schritt unternehmen, Ihr Land nach Ihren Träumen zu verändern.

Besondere Merkmale

Jedes Mitglied einer Familie hat eine oder mehrere Lieblingsstellen in einem Garten. Die archetypischen Voraussetzungen, die anfangs aufgezählt wurden, stellen eine Art besonderer Kennzeichen dar. Ein Kind schätzt vielleicht einen Strauch, weil er im Herbst weiße Beeren trägt. Ihre Frau mag möglicherweise einen Ausblick besonders gern, einen Baum oder einen möglichen Sitzplatz, an den Sie selbst vorher nie gedacht hatten. Sogar der Hund hat vielleicht ein Lieblingsplätzchen. Die Gesichtspunkte jedes einzelnen müssen in Betracht gezogen werden, bevor Sie damit beginnen, Veränderungen in Angriff zu nehmen.

Ihr Besitz ist eine einzigartige Kombination von Merkmalen. Was entlockt Ihren Besuchern begeistertes Lob? Was zeigen Sie ihnen voller Stolz? Diese Stellen zu kennen heißt, sie sorgsam in Ihr Gartendesign einzubeziehen oder sie absichtlich unverändert zu lassen.

Ihr Besitz und seine Merkmale bieten die Hauptanhaltspunkte für die Überlegungen zur Gestaltung Ihres Gartens. Nachteile (zuviel Schatten, schlechte Entwässerung, unfruchtbare Böden) und Vorzüge (malerische Ausblicke, uralte Bäume, ein Wasserlauf) zu erkennen ist die Voraussetzung für jedes Design.

Kürzlich bat mich eine Kundin um einen Entwurf für einen Weg. Der Weg sollte von einem Bürgersteig auf einen Hügel neben einer riesigen Buche zu ihrem großen Steinhaus führen. Der steile Abhang, die flachen Wurzeln und die tiefen Schatten des hundert Jahre alten Baumes waren problematisch. Es war eine Herausforderung für mich, einen Fußweg anzulegen, der die Schwierigkeiten ästhetisch überwand. Die Lösung war ganz einfach: eine Reihe von überdimensionalen, naturbelassenen Trittsteinen aus grauem Granit, die sich in Form einer leichten S-Kurve den Hang hinaufwanden.

Gehen Sie durch Ihren Garten und fragen Sie sich, welche Elemente Sie mögen und welche nicht und warum. Dann stellen Sie jedem Familienmitglied dieselben Fragen. Fassen Sie die Reaktionen auf einem einzigen Blatt Papier zusammen und werfen Sie häufig einen Blick darauf, während Sie weiterlesen. Jedes Familienmitglied frühzeitig nach seiner Meinung zu fragen, wird Ihnen helfen, den Merkmalen des Grundstückes den »richtigen Wert« beizumessen.

Muster auf dem Gelände

Wenn Sie Ihre Umgebung genau anschauen, werden Sie ihre Vielfalt als verwirrend, komplex oder sogar unordentlich empfinden. Bei näherer Besichtigung werden Sie feststellen, daß Ihr Gelände ein Muster hat und über eine Ordnung verfügt, die auf den prägenden Merkmalen der jeweiligen regionalen Landschaft beruhen. Jedes Stück Land ist eine lebendige, sich verändernde Gemeinschaft von Pflanzen und Tieren, die in Verbindung mit der größeren Landschaft der Region steht.

Die Muster auf dem Grundstück – seine landschaftlichen Merkmale, geologische Beschaffenheit, Topographie, Bodenqualität, Klima, Vegetation und künstlichen Kennzeichen – können dazu beitragen, daß Sie Ihr Design im Einklang mit der Natur erstellen und nicht

Die weitläufige, hügelige Landschaft mitten in Devon ist von Hecken gekennzeichnet soweit das Auge reicht. Die Einfriedungen dienten den Pächtern zur Grenzbestimmung für verschiedene gepachtete Grundstücke und dazu, weidende Tiere von bepflanzten Feldern fernzuhalten.

gegen sie arbeiten. Machen Sie sich Gedanken über die Merkmale Ihres Geländes und halten Sie die Überlegungen in Ihrem Heft fest.

Eine Landschaft wird insgesamt von den Landformen einer Region geprägt: Hügel, Täler, Ebenen, Flüsse oder Ströme. Sie machen die besondere Geographie eines Ortes aus. Ihr Grundstück ist ein Teil einer größeren Landschaft, die Sie als ausschweifenden Blick über Felder oder Berge oder als Stadtbild direkt wahrnehmen können; indirekt erinnern die Niveauunterschiede auf Ihrem Gelände daran. Manchmal hat ein Grundstück anscheinend gar keine Verbindung zur natürlichen Landschaft, zum Beispiel dann, wenn eine flache städtische Siedlung von hohen Gebäuden umgeben ist. Das ist genau der Punkt, an dem Sie sich aus psychologischen und emotionalen Gründen nach einem Garten sehnen, der die natürliche Welt in einem Mikrokosmos einfängt. Jahrhundertelang haben Gärtner in der Stadt das Bedürfnis nach natürlicher Ordnung in ihren Städten erkannt. Das reicht von den chinesischen Gärten in Soochow über die japanischen Gärten *tsuboniwa* (Garten im Hof) in Kyoto bis hin zu den Parks im Westentaschenformat in Manhattan. Im sechsten Kapitel werden Sie sehen, daß Sie sich von der Natur inspirieren lassen können, gleichgültig, wo Sie leben.

Welche Fragen müssen Sie sich zur Beschaffenheit Ihres Grundstücks stellen? Die landschaftliche Umgebung, Geologie, Boden, Klima, Vegetation und Aufteilung des Geländes wirken sich auf die Gestaltung Ihres Gartens aus und müssen daher untersucht und in die Bestandsaufnahme einbezogen werden, noch bevor irgendeine Gestaltungsarbeit unternommen werden kann.

Einen schönen Standort bebauen

Ich finde es sehr schwierig einen Garten zu entwerfen, wenn das Grundstück besonders schön ist. Vielleicht liegt es daran, daß meine Definition von Garten so umfassend ist – wenn der Besitz schön ist, dann ist er eigentlich schon ein Garten. Meines Erachtens gibt es zwei Ansätze, einen schönen Besitz zu bebauen: den sanften, so daß der Garten als eine natürliche Erweiterung der Landschaft empfunden wird; und der des schwerwiegenden Eingriffs, nach dem sich der Garten von der Umgebung als etwas deutlich Eigenständiges abhebt. Nehmen Sie zum Beispiel einen Waldbesitz. Sie können sich dafür entscheiden, einen einfachen Weg um Ihr Grundstück zu führen, indem Sie bestehenden Pfaden folgen, die zu kleinen Lichtungen führen. Sie säubern das Gelände und verwenden einheimische Pflanzen, die ohnehin dort wachsen würden. Oder Sie gestalten einen Garten, so wie Leo Tolstoi in Jasnaja Poljana, seinem Landbesitz im südlichen Zentralrußland. Er benutzte Alleen, kreisrunde Lichtungen, Sternenmuster und andere formale Gestaltungsmittel, um Obstgärten, Plantagen, Haine und Teiche auf seinem dreitausend Morgen großen Landbesitz miteinander zu verbinden. Er machte mitten im tiefsten Wald aus seinem ganzen Besitz einen Garten. Eine andere wunderschön gestaltete Landschaft ist das Tal von Kaschmir im Norden Indiens. Seine Gärten liegen am Ufer des reizenden Dal-Sees, von Bergketten umgeben, auch vom Himalaya im Norden. Als ich zum ersten Mal dorthin kam, fragte ich mich: »Wie kann ein Garten jemals mit einer solchen Landschaft konkurrieren?« Ich stellte fest, daß die vier berühmten Gärten, die alle noch aus der Zeit der Mogule (ca. 1500 – 1750) stammen, es mit ihrer Umgebung durchaus aufnehmen konnten. Sie wurden nach den symmetrischen Vorgaben des islamischen Gartens angelegt und die Mogule und ihre mächtigen Höflinge paßten diese althergebrachte Form, die auf die Gärten der Wüstenoasen zurückgeht, auf die terrassierten Ausläufer der Berge an und schufen damit eine mächtige formale Ordnung, die sich in die atemberaubende Schönheit dieses traumhaften Tales einfügt.

Der Garten der Villa Serbelloni in Bellagio liegt hoch oben auf einem Vorsprung mit Blick auf ein atemberaubendes Panorama: ein förmlicher, terrassierter Garten, der einem Feld mit Zypressen, Kirsch- und Olivenbäumen gegenüberliegt und dahinter der Comer See und die Berge Norditaliens.

Topographie. Sie prägt den Garten. So wie die Beschaffenheit des Bodens die Grundlage für die Landschaft bildet, so ist die Topographie das Fundament der großen Gärten dieser Welt. Der italienische Garten entwickelte sich aus der Notwendigkeit, den Hügel hinab Terrassen zu bauen; der englische Park setzte bei leicht kurvigem Gelände Akzente durch das Einbeziehen sanfter Hügel, die von einem Monument oder Tempel gekrönt waren; der japanische Garten ist eine verkleinerte Version der Inseln und Berge, die das Land prägen.

Was hat es mit der Topographie auf sich? Sie prägt die Gestalt unseres Gartens; unsere Landschaft. Nehmen Sie sich Zeit, damit Sie ein Gefühl für die Buckel und Einbrüche bekommen, für Erhebungen und Niederungen Ihres Geländes.

Ihre Beziehung zum Gefälle Ihres Geländes hängt von Ihrem Standpunkt ab. Ein Grundstück kann – aus Ihrer Sicht – auf drei Arten verlaufen: es kann ansteigen, hügelabwärts abfallen oder ganz flach bleiben. Ein ansteigendes ist wie ein Stilleben, ein schützender Ort zum Nachdenken. Ein hügelabwärts verlaufendes Gelände wirkt wie eine riesige Landschaftsmalerei mit weitschweifigem Panorama. Wenn die Aussicht häßlich ist, müssen Sie diese verdecken.

Ein ansteigendes Gelände vermittelt ein Gefühl von Intimität, so daß Sie seine Vorzüge ganz aus der Nähe studieren können. Der Blick auf einen ansteigenden Hang vermittelt Ihnen das Gefühl, von diesem umschlossen zu sein wie von einer Höhle. Es gibt verschiedene Arten, mit dieser Gegebenheit umzugehen: Sie können Terrassen anlegen, die sich in parallelen Linien den Hügel hinaufziehen; Sie können eine künstliche Komposition von Felsen und Pflanzen entwerfen, die zu Ihrem Standort hin abfallen; Sie können einen Wasserfall anlegen, der den Blickfang dieser lauschigen Aussicht bildet oder eine Treppe bauen, deren Stufen sich den Hang hinauf zu einem höher gelegenen Aussichtspunkt schlängeln.

Einen Garten für ein abfallendes Gelände zu entwerfen kann schwieriger werden, weil der Blick, bedingt durch das Gefälle, aus Ihrem Gelände hinaus und darüber hinweg führt. Ihre Möglichkeiten hängen zum großen Teil davon ab, ob ein Ausblick von Ihrem Gelände auf etwas Schönes fällt. Wenn ja, wird es Ihnen helfen, die ferne Szene in Ihren Garten einzubinden (eine Gestaltungstechnik, die *shakkei* oder »die Landschaft borgen« genannt wird). Wenn Sie Ihre Aussicht mit großen Bäumen und Hecken einrahmen, abstrahieren Sie damit den Hintergrund und »borgen« sich diesen, indem Sie ihn mit dem Vordergrund verbinden.

Ohne reizvollen Fernblick bereitet ein abfallendes Gelände beim Gärtnern Schwierigkeiten. Designer haben zwei Lösungen für dieses Problem. Die eine besteht darin, auf dem Gefälle Terrassen anzulegen, große Stufen als Verbindung zum Haus darüber zu bauen und so dem Besitzer Nutzfläche zu bieten. Die andere Möglichkeit besteht darin, den Hang als Feld anzulegen, über das Ihr Auge schweifen kann, wenn Sie über Ihr Land schauen. Beide Lösungen sind ästhetisch reizvoll und halten die Erosion bei steilen Hängen auf. Von Ihrem Haus aus sind allerdings beide nicht sichtbar.

Flache Grundstücke setzen dem Design keinerlei Grenzen. Sie können nahezu jeden Gartentyp anlegen: raffinierte Blumenbeete, Kräutergärten, Obstgärten oder grasige Lichtungen ohne topographische Ablenkung. Ironischerweise werden Sie jedoch bemerken, daß die vertikale Dimension (eine Mauer, eine Hecke oder ein paar künstliche Hügel) umso dringlicher gebraucht wird, je flacher das Gelände ist.

Der Winter ist die beste Jahreszeit, um die Topographie Ihres Grundstücks zu studieren. In dieser Jahreszeit können Sie sich die grundsätzliche Gestaltung Ihres Gartens überlegen und die strukturellen Veränderungen, die ihm Kraft und Substanz geben.

Geologische Gegebenheiten. Die geologischen Gegebenheiten Ihres Grundstücks können in Ihr Design einbezogen werden. Wenn Sie einen Felsen besitzen, einen Ausblick auf einen Berg haben oder am Rande der roten Wüste wohnen, wird dies zum großen Teil die Gestaltung Ihres Gartens bestimmen. Es kann sein, daß die Geologie Ihres Grundstücks aufgrund einer üppigen Vegetation nicht offen sichtbar ist. An meinem Wohnort in Neuengland brechen viele Felsen durch die Erde. Sie sind entweder Teil einer Felssohle oder von Moränen, Spuren von Gletschern aus der Eiszeit. Wenn Sie die Geologie Ihrer Region studieren, finden Sie vielleicht ganz interessante Informationen, die sich auf das Gartendesign auswirken können.

Unser Garten orientiert sich an einer geologischen Besonderheit: ein viereinhalb Meter hoher Felsstock zieht sich zwölf Meter an unserer Grundstücksgrenze entlang bevor er wieder in der Erde verschwindet. Es handelt sich um einen Rosengranit, von dessen höchstem

Wenn der Felsbrocken fest im Boden verankert ist, übernimmt er die Rolle einer soliden Masse, vor deren Hintergrund dieser japanische Eschenahorn zu tanzen scheint. Nichts macht mehr Spaß, als Felsen in einer Landschaft zu plazieren. Setzen Sie die Brocken so, daß sie als Blickfang wirken und dennoch aussehen, als seien sie schon immer Teil dieses Gartens gewesen.

Wenn Sie die vorhandenen Pflanzen untersuchen, können Sie eine Menge über die Bedingungen auf Ihrem Gelände sagen, über die Qualität des Bodens, die Menge an Sonnenlicht und die Feuchtigkeit beziehungsweise Trockenheit. Dieses Herbstlaub vom Pacific Crest-Weg im Staat Washington sagt uns, daß das Gebiet feucht und schattig ist.

Punkt ein Streifen diagonal bis zur Spitze des weiter unten liegenden, benachbarten Brocken verläuft. Wir haben diese Formation durch die Anlage eines Felsteiches direkt darunter betont. In der Spalte zwischen den Felsen haben wir ein Bächlein angelegt und unterhalb der Spitze des niedrigeren Felsens ein winziges Loch gebohrt, durch welches das Wasser wie aus einer Quelle sickert. Beide werden von einer kleinen Umwälzpumpe gespeist. Unser Garten dreht sich um diese Felsen und wir benutzen sie gleichzeitig als Blickfang und Hintergrund und freuen uns über das Geräusch eines »natürlichen« Wasserfalls.

Böden. Böden sind das Medium, auf dem der Gärtner Pflanzen zieht. Dieser pulverisierte Erdmantel wird von Überresten aus Gestein und Pflanzen gebildet, durch Witterungseinflüsse und Organismen. Es hängt vom Typ und der Struktur Ihres Bodens ab, ob Sie ihn abtragen, entwässern und seine Beschaffenheit beeinflussen können.

Eine organische Oberschicht ist unerläßlich. Ihr Humus- und relativer Säureanteil, das Vorhandensein von Nährstoffen und die Entwässerung sind von entscheidender Bedeutung. Die Zusammensetzung Ihres Bodens zu kennen und seine Schwächen auszugleichen, sichert das optimale Wachstum der Pflanzen, die zu Ihrem Garten passen. Einfach anzuwendende Testkits gibt es in fast jedem Gartenzentrum zu kaufen. Sie können sich auch an eine örtliche Gartenbauschule oder eine botanische Gesellschaft wenden, um den Boden vorab testen zu lassen.

Klima. Wir müssen uns alle dem regionalen Klima beugen, diesem Ozean von Luft, der seine Temperatur, Feuchtigkeit, Bewölkung, Windgeschwindigkeit und -richtung, Sonneneinstrahlung und Reinheit fortwährend ändert. Als Gärtner müssen wir dennoch damit arbeiten und unsere Gartenelemente an die Mikroklimata anpassen.

Die Forschung zeigt, daß die Menschen gerne in der Sonne sitzen und ihre Stühle immer wieder in die Sonne rücken, wenn sie weiter wandert. Das bedeutet, daß eine Terrasse, ein Patio oder ein Balkon so plaziert werden sollte, daß die Sonne zu der Zeit dorthin scheint, zu der die Leute dort sitzen wollen. Es kann aber auch gut sein, eine Terrasse mit Halbschatten für jene Tage zu versehen, an denen es mehr als 28° C hat. Wenn Sie am südlichen und westlichen Ende Ihrer Terrasse einen großen Laubbaum pflanzen, spendet er Ihnen in der größten Sommerhitze angemessenen Schatten.

Die meisten Gemüsesorten wachsen in der prallen Sonne am besten. Wenn Sie die Stelle ausfindig machen, wo Ihr Grünzeug die erforderlichen sechs Stunden Sonne am Tag bekommt, bringt Ihnen das schon im ersten Jahr eine gute Ernte. Beobachten, aus welcher Richtung die günstigen und die ungünstigen Winde kommen, hilft bei der Anlage von Windschutz. Zu wissen, in welcher Jahreszeit und zu welcher Tageszeit aus welcher Richtung die Sonneneinstrahlung am besten vermieden oder zu den Pflanzen hingeleitet werden kann, ist ein hilfreicher Anhaltspunkt dafür, Ihren Garten richtig anzulegen. Sie können Informationen zum Klima Ihrer Region beim Wetteramt einholen oder sich im Laufe des Jahres der Planung Ihres Gartens grobe Notizen machen.

Vieles können Sie sich während des Jahres durch genaue Bestandsaufnahme selbst erarbeiten. Damit Sie die Art und Weise verstehen, in der das Licht auf verschiedene Teile Ihres Gartens trifft, müssen Sie es im Hinblick auf das Gefälle des Geländes, dessen Lage zur Sonne und das Ausmaß an Schatten und unter dem Aspekt seiner Breite, der Jahreszeit und der Tageszeit einschätzen. Leichter als eine solche Analyse ist es, seinen Besitz einfach ein ganzes Jahr lang zu beobachten. Führen Sie ein »Sonnentagebuch« und halten Sie darin fest, wieviel Sonnenlicht auf die verschiedenen Teile Ihres Grundstücks zu unterschiedlichen Jahres- und Tageszeiten fällt. Beobachten Sie Ihren Besitz auch nachts und notieren Sie, wo der Mond aufsteigt und wo er untergeht, wie und wohin Mondlicht auf das Grundstück geworfen wird. Stehen Sie früh auf und halten Sie die Bedingungen in Ihrem Garten in der morgendlichen Dämmerung fest.

All diese Informationen werden sich als außerordentlich wertvoll erweisen, wenn Sie Ihren Garten anlegen. Sie werden die Lichtbedingungen für jeden Teil Ihres Grundstücks kennen und Pflanzen finden, die den Anforderungen entsprechen. Sie werden wissen, wo Sie zu welcher Jahres- und Tageszeit sitzen möchten. Sie werden die Augenblicke kennen, in denen das Licht zauberhaft in Ihren Garten fällt. Und wenn Sie einen professionellen Designer damit beauftragen, Ihnen zu helfen, können Sie dieses Wissen teilen und damit sicher stellen, daß diese Bedingungen bekannt sind und man sich während des Designprozesses daran hält.

Vegetation. Wenn ich zum ersten Mal das Grundstück eines Kunden betrete, schaue ich zuerst auf die vorhandenen Pflanzen, um Hinweise auf die Beschaffenheit des Bodens, dessen Ausrichtung und auf hydrologische Bedingungen zu erhalten. Mit einem kurzen Blick kann ich erfassen, welche Pflanzen sich wohl zu fühlen scheinen und welche nicht. Aus all diesen Informationen kann ich Vermutungen anstellen, welche Pflanzen ich verwende, wenn ich dort einen neuen Garten anlege. Die Oberfläche Ihres Geländes ist eine Pflanzenlandschaft, die Hinweise auf die Bedingungen gibt, unter denen neue Pflanzen wachsen. Verschiedene Pflanzenarten leben an einem Standort zusammen und gedeihen nur in einem bestimmten Zusammenspiel von Klima, Boden und Wasserverhältnissen. Eichen und Hickorybäume wachsen auf trockenem Land gut nebeneinander; roter Ahorn, Hemlock und Weide lieben nassen Grund, der kaum entwässert wird. Wenn Zedern natürlich gewachsen sind, lassen sie auf mageren Boden schließen, während Fichte und Tanne in kalten, feuchten Gebieten gut gedeihen. Pechkiefer und Strauchеiche bevorzugen trockenes, gut drainiertes Land.

Als Designer entnehme ich meine Anhaltspunkte dem Gelände und versuche mit den Bedingungen, die es mir anbietet, zu arbeiten. Wenn ich zum Beispiel einen Flecken mit Waldlilien sehe, weiß ich, daß ich es mit einem Gebiet im Halbschatten und mit saurem Boden zu tun habe, das vor dem Winterwind geschützt werden muß. So weiß ich auch, daß diese Bedingungen für eine ganze Reihe von Wildpflanzen zutreffen, die unter ähnlichen Voraussetzungen gedeihen: Glockenblume, Salomonssiegel, Blutwurz, Maiapfel und Hartriegel. Wenn ich davon ausgehe, daß mein Kunde mit solchen zartfarbenen, im Frühling blühenden Pflanzen einverstanden ist, habe ich von der bestehenden Vegetation gelernt, welches Bild hier passen würde, zum

Beispiel ein schattiger Wildblumengarten, und ich könnte mit meinem Design entsprechend weitermachen.

Manchmal müssen Sie jedoch drastische Änderungen auf Ihrem Grundstück durchführen, um ein bestimmtes Bild zu erhalten. Wenn Sie eine breite Rabatte mit perennierenden Pflanzen anlegen wollen und keinen anderen sonnigen Flecken Erde haben, müßte ich in diesem Fall Bäume fällen, den Boden verbessern und neue Beete für diese sonnenhungrigen, blühenden Pflanzen anlegen.

Häufig müssen Sie Pflanzungen der Vorbesitzer wegschaffen, bevor Sie mit den eigenen anfangen können. Deren Vorstellung paßt nicht zu der Ihren: wo diese runde Eibenhecken gesetzt haben, bevorzugen Sie eine lose Reihe von großblättrigem Rhododendron. Manchmal gehen vorhandene Pflanzungen wunderbar mit Ihren eigenen Ideen für Ihr Grundstück zusammen. Wir haben eine Hecke mit hohen Hemlocktannen, die unseren Garten vor Blicken von der vielbefahrenen Straße schützt. Man erzählt sich, daß ein Nachbar, der im Gartenbau tätig war, unsere Hecke und die unserer Nachbarn kaufte und pflanzte. Er wollte eine weiche Wand, die dem Straßenbild Einheit verschaffte und den einzelnen Eigentümern Intimität. Wir mögen diesen Anblick unseres Besitzes gern. Was wir hinter dieser Hecke auch immer tun, es unterstreicht den Effekt, den unser weitsichtiger Nachbar sich für uns vor mehr als zwanzig Jahren wünschte.

Gebäude. Auf Ihrem Besitz stehen bestimmte Gebäude wie ein Haus oder ein Wohnblock, Außengebäude wie eine Garage, ein Garten- oder Geräteschuppen, Wege und Pfade, es sei denn, Sie legen Ihren Garten auf einem unbebauten Grundstück an. Lage und Zweck der Gebäude werden Ihnen bei der Entscheidung in Bezug auf den Standort anderer Elemente Ihres Gartens helfen.

Unsere Garage besteht aus einem kleinen Gebäude mit zwei Stellplätzen. Mein lang gehegter Wunsch ist es, daraus mein Schreib- und Designstudio zu machen. Das würde bedeuten, daß der Fahrweg nicht bis direkt dorthin gehen müßte und gäbe uns die Möglichkeit, einen Hof anzulegen, der unseren Hintereingang mit den neuen Studioräumen verbinden würde. Damit würde aus dem Gebäude am Rande unseres Besitzes ein zentrales Stück unseres Landschaftsdesigns werden – ein allseits von schönen Gärten umgebener Pavillon. Im Westen wäre der gepflasterte Hof, der an Sommerabenden die starken Sonnenstrahlen einfangen würde; im Norden ginge der Blick auf unseren Wasserfall; im Osten auf den Sonnenaufgang und den großartigen Blick auf Boston durch ein bilderrahmenartiges Fenster, das diesen Blick einfaßt, und im Süden lägen der Gemüsegarten und die Rosenbeete, die ich im kommenden Jahr anlegen will. Manchmal kann die geänderte Nutzung einer Struktur den ganzen Plan beleben.

Achten Sie auf die Lage vorhandener Bauwerke auf Ihrem Grundstück und denken Sie über deren Verbindung zu Ihrem Garten nach. Können Sie ungehindert ein und aus gehen oder gibt es gewichtige Hindernisse, die den Weg blockieren? Was ist mit dem Schatten, der von Gebäuden auf Ihren Garten geworfen wird? Zu welcher Tageszeit passiert das und in welcher Jahreszeit bereitet dies Probleme? Unterbricht die Zufahrt den Verlauf des Gartens? Kann sie umgelegt werden? Schauen Sie sich jedes Bauwerk in Ihrem Garten genau an und überdenken Sie dessen Platz und Position darin.

Quellen der Inspiration

Jetzt, da Sie Inspirationsquellen in Ihrem inneren und äußeren Garten gefunden haben, ist Ihre Arbeit noch lange nicht getan. Es gibt vielleicht Widersprüche zwischen Ihrem inneren Bild und der äußeren Realität. Ob Sie einen Raum für Pflanzen schaffen können, ein Refugium und ein geometrisches Paradies voller strahlender Farben und süßer Düfte, hängt in starkem Maße davon ab, ob Ihr bergiges Grundstück in Nordlage mit vielen Bäumen und Lehmboden dieses Bild unterstützen kann. Aber verzweifeln Sie nicht – wie oft trifft das schon zu, daß unsere äußere Realität mit unseren inneren Träumen nahtlos übereinstimmt?

Die Eigenschaften, nach denen wir uns sehnen, und die, mit denen wir leben, können nur dann zusammenpassen, wenn sie durch das Design in eine neue Realität, die beide Aspekte integriert, überführt wurden. Ein Weg, Inneres mit Äußerem zu verbinden, besteht darin, sich mehr Informationen über Gartengestaltung zu beschaffen und die eigenen Vorstellungen damit zu bereichern. Wir müssen nun unser Vokabular für ansprechende Bilder durch das Studium der Bausteine eines Gartens, seiner Grundelemente, erweitern.

Dieser Gärtner aus Colorado wandelt den Nachteil seines Gartens – die Felsen – in einen Vorteil, indem er sie zum Fundament seines Gartens macht.

Ein alter Apfelbaum markiert eine Ecke des Occidental Arts and Ecology Center und umrahmt den Gärtner während der täglichen Ernte.

Typen von Gartenbauern

BEDENKEN SIE IHRE HALTUNG IN BEZUG AUF DIE VERÄNDERUNG Ihres Grundstücks zur Anpassung an Ihre inneren Gartenideale. Sind Sie eher ein Bewahrer, ein Arbeitstier oder ein Künstler?

Der Bewahrer

Wenn Sie zu den Bewahrern gehören, widerstrebt Ihnen schon allein der Gedanke, Unkraut auszurupfen, einen Baum zu fällen und mit einer Planierraupe über ein Grundstück zu fahren. Wenn Sie diese extreme Haltung einnehmen, wie können Sie dann einen Garten anlegen?

Ein Weg besteht darin, mit den vorhandenen Elementen zu arbeiten, sie zu betonen oder das zu vermehren, was Sie kennen und lieben. Kontrollieren Sie sorgfältig das Wachstum der anderen Bäume, wenn es auf Ihrem Grundstück eine Gruppe von weißen Kiefern gibt. So können Sie das Design vereinfachen und einen eleganten, zarten Hain gestalten. Gibt es Herbstastern und Goldruten auf Ihrem Besitz, dann fügen Sie Variationen der gleichen Pflanze, einige zarte Gräser und ein bißchen Wasserdost hinzu. Sie können auch einen Garten anlegen, der mit der Landschaft Ihrer Region verschmilzt, so zum Beispiel einen Prairiegarten in Illinois, einen frühlingshaften Wildblumengarten in Neuengland oder einen Kakteengarten im Südwesten. Sie können auch einfach eine Bank in Ihre Lieblingsecke im Garten stellen und oft Gebrauch davon machen. Nur weil Sie ein Bewahrer sind, heißt das nicht, daß Sie keinen Garten gestalten könnten.

Der Arbeiter

Wenn Sie ein Arbeiter sind, genießen Sie die Neugestaltung Ihres Grundstücks. Sie haben keine Angst davor, etwas zu beschädigen und lassen sich von technischen Problemen nicht abschrecken. Sie leben für den Augenblick, in dem Sie in Ihren Stiefeln nach draußen gehen und die Welt neu aufbauen dürfen. Sie lieben nichts mehr, als Erde hin und her zu schieben, sich zu bücken und sich die Hände dreckig zu machen. Häufig arbeiten Sie ohne Plan, nehmen Material, das Ihnen gerade in die Hände fällt, um irgendwas zu bauen, was Ihnen gerade in den Sinn kommt. Diese Haltung führt nicht immer zu einem harmonischen Design.

Allerdings können dabei selbstgemachte, originelle Formen auf Ihrem Grundstück entstehen. Wir haben die Ergebnisse solcher Aktionen alle schon gesehen: Wände aus farbenfrohen Ziegeln, von Bierflaschen eingerahmte Blumenbeete, sorgsam zusammengeschusterte Teehäuser aus Wurzeln und Ästen von rustikaler Grazie. Arbeiter bringen die Dinge zu Ende. Sie bearbeiten ihr Land, bis sie es richtig hingekriegt haben; dann bearbeiten sie es noch ein bißchen weiter. Eine ziemlich reservierte Freundin, die ein kleines Grundstück in der Stadt besitzt, renovierte ihr Haus alleine, baute ihren eigenen Zaun drum herum, einen Taubenschlag, zog eine Rebe, legte eine Terrasse an und Blumenbeete. Geht man durch ihr Gartentor, tritt man in ihre persönliche, handgearbeitete Welt ein und freut sich, durch ihre Taten ein bißchen besser zu wissen, wer sie wirklich ist. Arbeiter betrachten ihren Besitz mit freudiger Erwartung und brennen darauf, raus zu gehen und etwas zu gestalten.

Der Künstler

Wenn Sie ein Künstler sind, nähern Sie sich Ihrem Besitz ohne feste Vorstellungen. Sie sind von der Idee beseelt, das Land zu sich »sprechen« zu lassen, sich von ihm erzählen zu lassen, was Sie darauf plazieren und wie Sie seinen Charakter verändern können. Ihr Besitz ist die rohe Leinwand, die Idee, die dem Konzept zugrunde liegt. Was Sie am Ende mit Ihrem Garten machen, ist so unvorhersehbar wie Sie selbst.

Sie arbeiten mit Bildern und Ideen und bringen aus ästhetischen Gründen Bewegung in Ihre Landschaft. Sie wählen Pflanzen eher wegen ihrer Form als wegen der Blüten aus. Sie entwerfen Miniaturberge, Figurenschnitte für Sträucher oder ein Staudenbeet, dessen Farben Ihre Landschaft beleben. Sie hoffen, daß andere Ihre Arbeit verstehen. Wenn nicht, bedrückt Sie das nicht lange, weil Sie schon die nächste Idee umsetzen.

Künstler probieren eine Idee, verwerfen sie und wechseln zu einem neuen Konzept. Künstler haben oft zehn Projekte gleichzeitig laufen, und weil sie Gärtner im Geiste sind, lassen sie die meisten dieser Projekte halbfertig liegen. Sie können sich eben vorstellen, wie es am Ende aussieht. Der Garten eines Künstlers gleicht mehr einem Freiluftatelier, einem Ausstellungsort für die Ergebnisse eigener Kreativität, als einem Garten.

Wie bei den Gärtnertypen vereinen die meisten Menschen zwei oder mehrere dieser Gartenbauertypen in sich. Ich bin sowohl ein Künstler- als auch Bewahrertyp. Ich habe keine Mühe mir vorzustellen, was wir auf unserem Gelände machen können, aber ich rupfe ungern auch nur das kleinste Bäumchen aus, um mein Design durchzusetzen. Gottseidank ist mein Mann ein Künstler und Arbeiter. Er kritisiert meine Ideen und fügt seine hinzu, es ist aber kein Problem für ihn zu roden, zu fällen oder Elemente neu anzuordnen, was ich nicht übers Herz bringe. Er ist glücklich, wenn er Bäume entfernen, eine Unebenheit ausgleichen oder eine Terrasse ausheben kann. Wir sind ein gutes Team.

Wenn Sie wissen, welcher Typ Gartenbauer Sie sind, werden Sie beim Design angemessene Entscheidungen treffen, die das Ausmaß Ihrer Anteilnahme beim Bauvorgang und den Grad der Veränderung spiegeln, die Sie auf Ihrem Land verkraften.

Die sieben Grundelemente eines Gartens – Hain, Hütte, Einfriedung, Schwelle, Wiese, Berg und Quelle – leiten sich alle direkt von archetypischen Aussichtspunkten ab, die sich in der Natur und der konstruierten Welt um uns finden. Ein Garten ist im Grunde eine Zierform der Natur.

Kapitel IV

DIE GRUNDELEMENTE EINES GARTENS

EIN GARTEN IST EINE ZIERFORM der natürlichen Landschaft. Ob der Garten symmetrisch oder asymmetrisch, winzig oder riesig, städtisch oder bäuerlich ist, er ist die geordnete Version der Natur. Deshalb können wir der natürlichen Landschaft eine Reihe von Bildern entnehmen und sie zu den Grundelementen unseres Gartendesigns machen.

Die Wünsche für die Gestaltung unseres Gartens leiten sich vielleicht direkt von unseren Gefühlen für die Natur ab. Wir erinnern uns an Gefühle bei einem Spaziergang über eine Blumenwiese, beim Schwimmen in einem Teich, beim Durchwandern eines Waldes. Diese Erfahrungen werden zu Bildern, die wir durch unseren Körper und unsere Seele aufnehmen. Wenn wir diese Erinnerungen abrufen, können wir bessere Gartenentwürfe machen. Ohne ein solches Bild können Sie keinen Garten gestalten. Entwerfen bedeutet umwandeln – etwas nehmen und etwas anderes daraus machen, mehr daraus machen. In der Lage zu sein, etwas umzuwandeln, heißt hinter dem Bestehenden etwas völlig Neues sehen zu können. In diesem Sprung liegt die Magie des Designprozesses, wenn der Designer vom methodischen Ingenieur zum mystischen Künstler wird. Ein Geheimnis, wie man ein guter Designer wird, besteht darin, ein ausgedehntes Repertoire an Bildern zu entwickeln, die in Ihnen und in anderen Anklang finden.

»Bäume kommen unserem Leben sehr nah. Sie wurzeln in unseren reichsten Gefühlen und süßesten Erinnerungen«, schrieb Henry Van Dyke über die Laubbäume. Jede der Schwielen am Stamm dieses Baumes in Cornish entwickelte sich aus harten hölzernen Verwachsungen. Schwielen sind wegen der Schönheit ihrer Maserung sehr geschätzt und werden gerne für Möbelfurniere verwendet; die typischen Verwachsungen läßt diesen Baum zum kosmischem Baum eines Menschen werden.

Dieses Kapitel befaßt sich mit sieben grundlegenden Elementen des Gartendesigns – dem Hain, der Hütte, der Einfriedung, der Schwelle, der Wiese, dem Berg und der Quelle – und untersucht ihre historische, psychologische und ästhetische Bedeutung für eine Landschaft. Jedes dieser Grundelemente ist von einem der sieben archetypischen Raumelemente abgeleitet, die wir im zweiten Kapitel behandelt haben. So wie der Garten die künstliche Version der natürlichen Landschaft ist, sind auch die Grundelemente künstliche Versionen der Archetypen.

Notieren Sie Ihre Reaktionen auf die Bilder und Designideen. Ich hoffe, Sie in die Lage zu versetzen, die Elemente nach Ihren Vorstellungen anzuordnen.

I. Kosmische Bäume und heilige Haine

Ein Baum ist das fundamentale Element eines Gartens. Er ist die herausragende Pflanze, die am längsten lebt. Er legt die Rahmen- und Wachstumsbedingungen für die restliche Vegetation auf Ihrem Grundstück fest: Ein einziges Exemplar kann das Mikroklima Ihres Gartens innerhalb kürzester Zeit verändern. Es gibt nichts in der Welt des Gärtnerns, was mehr Mut oder Weitblick erfordert, als das Pflanzen eines Baumes oder einer Gruppe von Bäumchen, die Ihr Leben und sogar das Ihrer Nachkommen überdauern. Wie gehen Sie bei der Wahl der Spezies vor? Woher wissen Sie, wohin Sie den Baum setzen sollen? Das Nachdenken über Bäume kann Ihnen Hinweise geben, wie und wohin Sie einen Baum in Ihrem Garten setzen können.

Kosmische Bäume

Bäume breiten einen Baldachin aus Blättern über unsere Gärten Ein einziger hochaufgerichteter Baum in einem Wäldchen, Hain oder Garten läßt den Einfluß von Mutter Natur auf die Erde ahnen: über sein Wurzelsystem und sein Laubdach verbindet er Erde und Himmel. Architektonisch gesehen ist ein Baum eine zugfeste Konstruktion wie eine Säule. Sein Blätterdach bestimmt die obere Grenze unserer menschlichen Maße. Ohne Bäume sind wir der Gluthitze oder der Eiseskälte des Himmels ausgeliefert. Unter Bäumen haben wir das Gefühl, »beschirmt« zu sein, Schutz vor einer offen darliegenden Welt zu finden.

Ein einzelner Baum, der wegen seiner ornamentalen oder symbolischen Eigenschaften gepflanzt wurde, vertritt seine ganze Spezies. Neben dem praktischen Zweck, den er erfüllt, nämlich Schutz gegen Sonnenlicht und Wind zu sein, einen schönen Anblick zu bieten, uns durch seine Früchte oder Nüsse zu ernähren, kann ein einzelner Baum zum Sitz für einen guten Geist werden, der unser tägliches Leben wohlwollend verfolgt. Betrachten Sie ein solches Exemplar als einen *kosmischen* Baum, ein allgemein gültiges mystisches Motiv, das sich in allen Religionen der Welt findet. Er symbolisiert Unsterblichkeit: der Stamm weist den Weg zum Himmel, er symbolisiert die Weltachse. Jeder, der die zweitausend Jahre alten und 100 Meter hohen Bäume in den Muir-Wäldern in Kalifornien gesehen hat, weiß, wie stark die kosmische Ausstrahlung eines Baumes sein kann.

Viele Kulte glaubten, daß Geister in den Bäumen wohnen. In Japan banden Anhänger des Shintoglaubens *shimenawa* (Reisstroh) um alte Bäume, um zu zeigen, daß *kami* (Götter) darin wohnten. Die alten Ägypter glaubten, daß der Baum die Seele verkörpert. Für uns eher gegenwartsorientierte Wesen haben Bäume hauptsächlich deshalb eine kosmische Ausstrahlung, weil sie in unserer Kindheit zauberhafte Plätze zum Träumen darstellten. Wir bestiegen sie, bauten Hütten auf ihnen und stellten uns vor, wie es wäre, von ihrem höchsten Ast aus zu fliegen. Selbst als Erwachsene suchen wir unbewußt einen kosmischen Baum aus oder pflanzen ihn wo immer wir leben. Wir schlagen immer tiefere Wurzeln während unsere Phantasie zum Himmel steigt.

Ein junger Mann, der meine Vorlesungen besuchte, hat mir erzählt, daß er in vier Häusern gelebt hat und im Garten eines jeden Hauses stand ein Amberbaum. Als er sich vor kurzem nach einem Haus umschaute, kaufte er es, weil es ebenfalls einen Amberbaum unten bei den Bahngleisen hatte. Er gab zu, daß er jeden Tag einmal auf seinen Lieblingsbaum klettert, um sich die vorbeifahrenden Züge anzuschauen.

Notieren Sie die Namen der Bäume, die für Sie kosmische Bedeutung hatten. Könnten Ihre Lieblingsbäume im Klima Ihres jetzigen Wohnortes überleben? Wenn ja, gibt es auf Ihrem Grundstück einen Platz, an dem Sie ein Exemplar pflanzen könnten? Notieren Sie sich auch alle Stellen, wo schon ein besonderer Baum wächst. Können Sie sich vorstellen, wie Sie diese Bäume hervorheben können?

Welchen Baum Sie sich als kosmischen Baum aussuchen, kann von der Jahreszeit abhängen. Dieser alte Gingkobaum sticht im Herbst durch seine fächerförmigen Blätter ab, die sich dann strahlend gelb färben. Der Ginkgo biloba, *im Osten Chinas beheimatet, ist alleiniger Repräsentant der Gattung der Ginkgo. Er blieb als Tempelbaum erhalten. In der freien Natur ist er selten zu finden. Darüber steht die wunderschöne rote Kiefer,* Pinus densiflora, *ein anderer kosmischer Baum in diesem gepflegten Wäldchen in Japan.*

Wälder und Haine

Wälder bieten andere Erinnerungen und Bilder an. Die meisten Menschen haben starke Assoziationen zu Bäumen, die in einer natürlichen Umgebung wachsen, unabhängig davon, ob sie sich an einen Bambushain erinnern, einen Dschungel oder einen Laub- und Koniferenwald. Je nach klimatischen Bedingungen kann es sich dabei um eine Ansammlung von Exemplaren einer oder mehrerer Arten handeln, wie das zum Beispiel in gemäßigten Klimazonen der Fall ist, oder um ein Gemisch vieler Arten von Bäumen und Sträuchern wie im tropischen Regenwald. Wir stellen uns einen Wald nicht als die stoppelige Wildnis vor, die er häufig ist, sondern als einen unberührten, saftiggrünen Hain. Diese Vorstellung bringen wir in unsere Gartenpläne ein: die Metapher des heiligen Hains.

Denken Sie an Ihre Lieblingswäldchen zurück und an die Gefühle, die sie in Ihnen hervorriefen. Meine Erinnerungen sind vielschichtig: die sonnigen Lichtungen in dem Mischwald hinter unserem Haus in Illinois, auf denen ich mich aalte; der Weg durch den kathedralenartigen Kiefernwald, den ich in stiller Ehrfurcht ging; das wilde Stampfen österreichischer Tänzer bei einem abendlichen Waldfest in der Steiermark; das kühle Zischen und Klopfen eines Bambushains in Kyoto und der schützende Mantel aus Schnee, der schwer auf den Hemlocktannen neben unserem jetzigen Haus liegt. Diese Gefühle können wir in unserem Garten durch einige raffiniert plazierte, wie zu einem Wäldchen zusammengestellte Bäume wieder hervorrufen.

Ein Hain ist vielleicht das älteste Charakteristikum des Gartens – es gab ihn sogar schon zu Zeiten primitiver Waldbewohner. Die alten Griechen nutzten ihn, um eine meditative Stimmung zu fördern; die Anhänger Platons hielten im Schutz von Olivenbäumen Sitzungen ab und die von Aristoteles unterrichteten, während sie in einer Baumanlage spazieren gingen. Die Römer versammelten sich im Heiligen Hain des Apollo auf dem Palatin zu Gesprächen.

Wälder und Haine bestehen typischerweise aus drei Teilen: einer Gruppe von Bäumen, die ihr räumliches Ausmaß begrenzen, Wege, die sie durchschneiden und Lichtungen – Stellen oder Räume, die von Unterholz und Sträuchern befreit sind und Licht und Luft hineinlassen. Das Verständnis für das Design jedes Elementes und seine Umwandlung vom Wald zu einem Gartenhain vermittelt

Ein Bambushain bietet ein starkes, erdbebenfestes Wurzelwerk am Boden, ein saftiggrünes Dach aus kühlen Blättern darüber, schmackhafte Bambussprossen zum Essen und starke Halme, die einer Vielzahl von praktischen und künstlerischen Zwecken dienen. Bambus ist bekannt dafür, daß er sich schnell verbreitet und schwer einzudämmen ist. Wegen seiner eleganten Form und seiner Blätter, die er zu allen vier Jahreszeiten trägt und die nur im Frühjahr abfallen, wenn die neuen nachdrängen, lohnt es sich dennoch, Bambus anzupflanzen.

uns das Wissen, wie und wohin wir in unserer Landschaft Bäume pflanzen können.

Zuerst müssen Sie entscheiden, ob Sie einen geordneten oder einen natürlichen Effekt erzielen wollen. Geordnete Versionen schließen Obstgärten und *boschi*, domestizierte Haine, deren Entwurf an die Größe und Bedingungen eines Gartens angepaßt wurde, ein. Zum Beispiel wird dazu bei der Villa Carlotta in Cadenabbia am Comer See in Italien ein *bosco* aus beschnittenem Ilex verwendet. Dies erfüllt einen doppelten Zweck: er dient als immergrüne Trennwand von einer stark befahrenen Straße und als intimer und geheimnisvoller Pfad, der zu einem dahinter liegenden Azaleengarten führt. In Frankreich wendete man einen ähnlichen Kunstgriff an, den sogenannten *bosquet*, ein Schmuckwäldchen, das von kurvigen oder geometrisch angelegten Spazierwegen durchzogen ist. André Le Nôtre's Vision von Versailles schloß einen geometrisch angelegten Wald ein, mit Lichtungen, an denen die verschiedensten ornamentalen und architektonischen Überraschungen aufgestellt werden sollten. Bäume aus benachbarten Wäldern wurden zu Tausenden in formalen Mustern dorthin verpflanzt, entsprechend dem Willen von Louis XIV, der Spaß daran fand, die Natur zu beherrschen. In diesem *bosquet* stieß man auf *salles de verdure* (grüne Räume) und *cabinets de verdure* (kleinere Einschlüsse: »kleine grüne Räume«), die jeweils von beschnittenen Hecken umgeben waren. Andere Öffnungen im Wald waren von Bäumen begrenzt und in die Form von Elipsen, Kreisen und Sternenmustern gebracht. Wenn wir einen formalen Effekt anstreben, können wir Bäume und Sträucher ebenfalls in einem rechtwinkligen Muster pflanzen, das die Architektur unserer Gartenelemente unterstreicht und ihre Ausdehnung klärt. Labyrinthe, Parterres und formale Gartenräume erfordern, daß Sie der Gestaltung Ihres Gartens eine streng geometrische Ordnung zugrunde legen.

Magische Worte beschreiben Plätze, an denen Licht in einen natürlichen Wald dringt. Das Wort *glade* (natürliche Lichtung) läßt uns an einen Ort denken, an dem Lichtstrahlen durch dichte Baumkronen bis hinunter zu Moosbeeten oder Farnbüscheln dringen und sie aufleuchten lassen – Zufluchtsorte des Waldes –, wo kleine Lebewesen heimlich zusammen leben. Das Wort *clearing* (gehölzfreie Fläche) beschwört ein anderes Bild herauf: ein größeres, offeneres,

Eine doppelte Hecke aus Hemlocktannen hält den Garten in Naumkeag in Stockbridge, Massachusetts, gut getrennt von dem angrenzenden Fahrweg. Am Ende des grasigen Hügels liegt eine kreisrunde Lichtung mit roten japanischen Ahornbäumen, die einen Anhaltspunkt für die Augen und eine Grenze für den Weg bieten, der auf der rechten Seite von einem chinesisch inspirierten Pavillon flankiert wird.

Diese Allee aus Virginia-Eichen mit Azaleen zu ihren Füßen bildet einen verlockenden Eingang zu einer Pflanzung in Mississippi. Der englische Essayist William Hazlitt schrieb »Gib mir einen klaren, blauen Himmel über meinem Kopf und grünen Torf unter meine Füße, eine sich windende Straße vor mir und drei Stunden Weg bis zum Abendessen – da kommt man zum Nachdenken!«

lichterfülltes Plätzchen im Wald, wo man »einen klaren Kopf bekommen« kann, wie der große Landschaftsarchitekt Jens Jensen aus dem mittleren Westen sagte. Wenn es auf Ihrem Land ein kleines Gehölz oder eine Rabatte aus Büschen gibt, denken Sie einmal darüber nach, dort eine Lichtung anzulegen. Stellen Sie an einer Seite eine Bank auf und legen Sie einen kleinen Teich an, oder lassen Sie die Stelle mit Frauenhaar oder feinen Gräsern zuwachsen.

Sie können auch Sträucher oder Bäume in einen dekorativen Kreis setzen. Darin können Sie picknicken, Ihre Kinder können ihn als Fort verwenden, für das Auge kann er ein entspannender Blickfang sein. Mammutbäume wachsen von Natur aus in solchen Kreisen, die »Feenreigen« genannt werden. Beispiele hierfür kann man im Izaak-Walton-Park in San Francisco finden. Ein Liegeplatz für Kühe – ein Ring von Schatten spendenden Bäumen, der in England auf dem Kamm der Hügel angelegt wird, um einen kühlen, grasigen Ruheplatz für die weidenden Tiere zu schaffen, ist eine andere Art von kreisförmigem Platz in einer Landschaft und eine weitere Idee für Ihren Garten. Solche Gartenräume bieten einen unerwarteten Kontrast zu anderen geometrischen Formen und stechen aus einem zwanglos angelegten Garten angenehm hervor.

Ein Waldweg kann wie eine sanfte Spur sein, kaum wahrnehmbar wie Tierfährten oder förmlich wie eine Allee. Das französische Wort *allée* beschreibt eine Aneinanderreihung von Bäumen, die sich, dicht an dicht, auf beiden Seiten eines Weges entlangzieht. Diese alte Form stammt vielleicht von den Windbrechern, die man weltweit im offenen Gelände findet. Wie eine Allee auch angelegt sein mag, gerade oder in Serpentinen, mit gekappten, beschnittenen oder formierten Bäumen, sie erinnert immer an einen Tunnel, der sich auf einen Ausblick, ein Haus oder einen Gartenraum hin öffnet. Leo Tolstoi zähmte seine Waldlandschaft in Jasnaja Poljana, indem er Alleen und *preshpekt*, Avenuen, die einen Platz mit einem anderen verbinden, schuf. Alleen aus Birken, Linden, Ahorn, Haselnuß, Geißblatt und Heckenrosen laufen heute kreuz und quer über die tausend Morgen seines angestammten Landes. Obwohl Sie vielleicht auf einem Grundstück gärtnern, das kaum einen Morgen groß ist, können Sie Pflanzungen in Form einer Allee anlegen, um die förmliche Tunnelwirkung auch in Ihrem Garten zu erzielen. Bäume oder Sträucher in regelmäßiger Formation entlang dem Weg zum Hauseingang und dem Fahrweg zur Garage zu pflanzen, kann die geometrische Ordnung des Hauses erahnen lassen und das Gefühl des Ankommens unterstreichen. Im nächsten Kapitel werde ich das Anlegen von Wegen noch ausführlicher behandeln.

Wenn Sie Ihren Garten stärker an natürlichen Gegebenheiten orientieren, bewirken Sie einen zwangloseren Eindruck. Der Garten des Saiho-ji-Tempels in Kyoto, Japan, vermittelt einen Effekt, der natürlich und ursprünglich zugleich wirkt. Unter einem dichten Baldachin aus Blättern schlängelt sich ein gestampfter Erdpfad um einen Teich mit Lehmboden umgeben von felsigen Inseln. Alles zusammen wirkt sanft und weich durch einen Teppich aus vierundvierzig Sorten von Moos. Licht durchdringt stellenweise den Schatten von Japanischem Ahorn und einem großen Bambusstück. Auf der samtigen Bodendecke sind nur die Stämme der Bäume zu sehen; es gibt keine Schicht aus halbhohen Sträuchern, die den Eindruck dieses taufeuchten, vier Morgen großen Heiligtums trübt.

Ein anderer natürlicher Effekt wird in einem Garten mit einer Waldlandschaft erzielt. Hier wird versucht, eine Mischung von Arten heranzuziehen, wie sie normalerweise in der Wildnis vorkommt. Häufig enthält der Entwurf einen Fluß, der sich hindurch schlängelt und einen Pfad mit vielen Windungen, wie in der Natur. Üblicherweise werden diese Gärten in einen schon bestehenden Wald gelegt und ihr Charakter wird durch sorgfältige Einführung von einheimischen und exotischen Arten hervorgehoben. Ein gutes Beispiel hierfür ist Sir John's Wood auf Knightshayes Court in der Nähe von Tiverton in Devon, England. Gerade auch unser Land ist zu einem großen Teil von Wald bedeckt und eignet sich daher besonders für die Anlage solcher Waldgärten. Der Wald bietet auch wunderbare Bilder, die man als Vorlage verwenden kann.

Sogar ein paar verstreute Bäume oder ein Dickicht aus Sträuchern am Rande Ihres Grundstücks können die Funktion eines Wäldchens, wie ich es beschrieben habe, übernehmen. Durch sorgfältiges Beschneiden, durch Hinzufügen von ein paar besonderen Exemplaren, einem sich schlängelnden Pfad und einer freien Fläche, wie klein sie auch immer sein mag, können Sie den Eindruck eines Waldes auf Ihrem Besitz schaffen.

Wildnis

Die zwangloseste Art, ein Wäldchen im Garten anzulegen, ist die, es als »Wildnis« aufzufassen. Im Europa des 17. und 18. Jahrhunderts bezeichnete dieser Begriff ein bewaldetes Gebiet, durch das gewundene Wege hindurchführten. Als Reaktion auf die wachsende Zahl weitläufiger Gärten dieser Zeit bot die »Wildnis« eine geheimnisvolle Atmosphäre, in der der Besucher sich der aufregenden Vorstellung hingeben konnte, sich im Wald verirrt zu haben. In seinem Buch *Campania Foelix* (1700) empfahl Timothy Nourse, daß eine Wildnis »hinauf und hinunter kleine intime Alleen oder von Buchen gesäumte Wege« haben sollte. »... Laßt diese Wildnis natürlich-künstlich sein; das heißt, laßt uns in dem Glauben, daß wir uns in einer echten Wildnis oder einem Dickicht befinden und uns alle Variationen der Natur zur Verfügung stehen.« Sogar das förmliche Versailles räumte einer Art Wildnis im Jardin des Sources des großen Trianon einen Platz ein: eine dichte Pflanzung von Obstbäumen wirft seine Schatten auf eine Reihe von unregelmäßig geformten Wasserkanälen, die durch den Rasen führen.

Ich denke mir eine Gartenwildnis als ein Gebiet auf einem Grundstück, das in seinem natürlichen Zustand belassen wird, durch das jedoch Wege gebahnt werden. Ich kenne einen solchen Platz auf einem großen Landgut in der Nähe eines Teiches in Martha's Vineyard in Massachusetts. Es ist wirklich nicht mehr als ein Dickicht aus hageren Straucheichen; ein winziger Wald, der sich aus Heidelbeer- und Blaubeerstauden hinter dem Haus erhebt. Ein schmaler Pfad schlängelt sich durch das Gebüsch hin zu dem blauen Wasser und dem Himmel dahinter. Obwohl die Natur diese Zusammenstellung von sich alleine aus bewirkt hat, ist dieser »Garten« einer der schönsten Plätze, die ich je gesehen habe.

Ein anderer wilder Garten, den ich sehr gerne mag, ist ein großes Stück Land, das einer wohlhabenden, bettlägerigen Dame gehört. Obwohl sie selbst nicht mehr hinausgehen kann, hält sie die Pfade und Lichtungen für andere frei, damit sie den Anblick genießen können. Irgendwo mitten in diesem tiefen Waldgelände stößt man auf eine gigantische Tonvase – eine griechische Amphore, die aussieht, als schösse sie direkt aus dem Boden. Wie sie dahin kam, weiß nur ihr Besitzer – es ist wie ein Wunder.

Ein einfacher, gemähter Pfad windet sich durch diesen Wiesengarten in Cornwall, England. Im Frühling ist der Obstgarten von einem Teppich blühender Zwiebelpflanzen bedeckt, deren welkende Blätter später von Feldgräsern überwuchert werden.

II. Die Hütte

Sehnt sich nicht jeder nach einer einsamen Hütte, fernab von der tosenden Menge? Die einfache Hütte ist die Höhle unseres Gartens: die Burg, die Kuschelecke aus der Zeit der Kinderspiele. Dieses kleine elementare Zuhause – Laube, Pergola oder Gitterkonstruktion – bietet uns einen Unterschlupf, eine Stelle, von der wir unser Grundstück überblicken können. Wir können neue Ideen für die Gestaltung unseres Gartens sammeln, wenn wir über das Design von Hütten in der ganzen Welt nachdenken.

Fast alle Gebäude der Welt haben ihren Ursprung in der einfachen Hütte. Die Architektur hat jedoch viele komplexe Richtungen. Die Gartenarchitektur blieb im Vergleich dazu im Stadium der Hütte stecken: minimaler Schutz, kleines Ausmaß und einfache Konstruktion. Der Wunsch nach einem Unterschlupf in unserem Garten könnte Ausdruck für den Wunsch nach der Rückkehr zu unseren Wurzeln und für die Rückbesinnung auf eine idealisierte, einfachere Vergangenheit sein.

Nomadenstämme bauten die ersten Hütten als zeitweiligen Schutz, Unterschlupf oder tragbare Unterkunft. Das Design einer Hütte hing von den Bedingungen am Standort und dem vorhandenen Material ab. Denken Sie an die große Zahl verschiedenartiger Hütten der Welt: Tipi, Zelt oder Iglu, um nur einige zu nennen. Überall wird das einfachste Material verwendet: Äste für Hütten in Madagaskar, Spaliere für die Wände mongolischer Jurten, Gras für äthiopische Hütten, Holz für die Blockhütten der Lappen, Häute für Beduinenzelte und natürlich hart gepreßter Schnee für die Außenwände von Inuitiglus. Unsere eigenen Hütten sollten am besten aus Material bestehen, das es am Ort gibt, gebrauchsfertig, grob behauen und mit einfachen Verzierungen.

Als die Nomaden seßhaft wurden, lebten sie in festen Siedlungen und Häusern. Die primitive Hütte fand hier ihren Platz innerhalb der Mauern eines Gartens, gelegentlich als Miniatur einem großen Haus nachgebildet oder als Träger eines bestimmten Charakteristikums des Hauses. Häufiger wurde die Hütte an einem natürlichen Ort außerhalb des förmlichen Gartenbereiches aufgestellt. Man versuchte damit den Eindruck eines wilderen, freieren, weniger zivilisierten Bereiches zu erwecken, in dem der Besitzer ohne gesellschaftliche Normen und Erwartungen handeln konnte. Marie Antoinette baute ihr Hameau zu

Dieser Aussichtsraum im Saiho-ji-Tempel ist auf eine saftige grüne Landschaft ausgerichtet. Ein Teppich aus vierundvierzig verschiedenen Moosarten bedeckt das Ufer des Kokoroteiches. Eine überdachte Aussichtsplattform, die 60 cm über dem Boden angelegt ist, erlaubt Besuchern einen geschützten Ausblick auf den Garten, wie von einem Vorsprung aus.

Diese kleine Hütte ist eine von einer ganzen Reihe solcher Stationen entlang einem roji *oder »Taupfad«, aus dem ein Teegarten besteht. Das Design des Teehauses schließt einen direkten Blick auf den Garten aus. Durch die Verwendung von* shoji *(Reispapiertüren) und schlitzartigen Öffnungen in den Wänden wird gedämpftes Licht eingelassen, das die richtige Stimmung für eine Teezeremonie schafft.*

diesem Zweck außerhalb der strengen Gärten von Versailles. Es bestand aus einem Bauernhaus, einem Kuhstall, einer Molkerei und einem Küchengarten, die alle in einem bewußt rustikalen und einfachen Stil gebaut waren. Dieses Beispiel könnte auf unsere kleineren Grundstücke angewendet werden.

Drei verschiedene Typen von Hütten bieten Schutz, Sicherheit und vorteilhaften Ausblick und sollten in die Überlegungen zu unserer Umgebung mit einbezogen werden: Haus, Gartenhütte und Bank. Das Haus übernimmt häufig die Funktion einer Hütte, wenn es auch meist in der Mitte des Gartens steht. Die Gartenhütte dagegen steht oft am äußersten Rand des Gartenbereiches. Die Bank ist eine Hütte ohne Dach, die aufgestellt wird, um den Vorteil eines besonders schönen Ausblicks zu nutzen.

Das Haus als Hütte

Obwohl das vielleicht nicht auf den ersten Blick ersichtlich ist, ist ein Haus eine Art gut gebauter, ausgeklügelter Hütte. Wie die archetypische Höhle bieten Haus und Hütte Abgeschlossenheit nach innen und vorteilhafte Aussicht nach draußen. Bestimmte Räume in einem Haus, solche mit speziellen Fenstern, Simsen, Kuppeln, Türmchen oder einer Veranda, vermitteln das Gefühl einer Hütte oder eines kleinen Hauses, in, auf oder am Rande des Gartens, außerhalb des Hauses.

Betrachten Sie Ihr eigenes Haus unter diesem Aspekt. Wo sind Ihre Lieblingsplätze, an denen Sie gerne sitzen und nach draußen schauen? Wo fühlen Sie sich geborgen und dennoch mit der Welt draußen eng verbunden? Wo haben Sie eine Kuschelecke, einen Ausblick? In unserem Haus gibt es drei solche Plätze. Von der Couch in unserem Wohnzimmer sehen wir den Wildblumengarten durch ein großes Bleiglasfenster, das den Ausblick gleichzeitig einrahmt und dessen unzähligen Aspekte hervorhebt. Aus unserem Eßzimmer schauen wir auf eine Reihe von Torbögen zu Einfriedungen, die sich den steilen Hang hinunterziehen. Auf unserer Veranda, die auf den seitlichen Garten hinausgeht, haben wir das Gefühl, von einem Wald aus hohen Eichen umgeben zu sein und vom Sommerwind erfrischt zu werden.

Für das Design eines Gartens ist es wichtig, wie ein Haus sich einer Landschaft und ihrem Licht öffnet und verschließt. Zwei hüttenartige Strukturen im traditionellen japanischen Stil – das *chado* (Teehaus) und der *shoin* (Tempelbau) – zeigen elegante Lösungen für unterschiedliche Verbindungen von Haus und Garten.

Der *chado* diente dazu, seine Bewohner von der Außenwelt abzuschirmen. Aus rustikalen Materialien im *sukiya*-Stil des 17. Jahrhunderts gebaut, errichtete man Teehäuser als intime, ruhige Räumlichkeiten, in denen man wenigen auserwählten Gästen grünen Tee servierte. Dort hatten sie teil an einem Ritual, das der Kontemplation ästhetischer Gegenstände in einer Nische – dem *tokonoma* – gewidmet war, und an Gesprächen über Kunst und Philosophie. Die Gäste betraten diese eleganten, aber einfachen Hütten durch eine kleine Holzschiebetür, die nach dem Eintritt verschlossen wurde und jeden Blick auf den Garten verhinderte. In diese Konstruktion drang der Schimmer gedämpften, weichen Lichtes durch *shoji* (Wände aus

Durch das Fenster dieses kleinen Wartepavillons im Garten des Saiho-ji-Tempels in Kyoto am Kokoroteich betrachtete man den Mond. Shoji gleiten auf einer Holzschiene in die Wand und erlauben eine Vielzahl von Aussichts- und Beleuchtungsmöglichkeiten in diesem Teehaus.

Der Vegetarier Tolstoi holte sich das Gemüse für die meisten Mahlzeiten frisch vom Feld, aus dem Wald oder einem der Gärten seines dreitausend Morgen großen Besitzes in der Nähe von Tula in Rußland. Diese Veranda mit den humorvollen Schnitzereien und den Reben war oft voller Menschen, einschließlich Tolstois Frau, seiner acht Kinder und vieler Besucher.

Reispapier, in das drei oder viereinhalb *tatami* (Matten) umfassende Interieur.

Der *shoin*, ein Tempel des 15. Jahrhunderts, wurde für die Öffnung nach Süden gebaut, wo ansässige Mönche einen abstrakten Garten zur Kontemplation entworfen hatten. Hölzerne Trennwände, *amado* genannt, konnten geöffnet werden, um den Blick auf diese tennisplatzgroßen Gärten zu gestatten. Eine überdachte Veranda, die *engawa*, sorgte für eine luftige, erhöhte Position und bot sich als Übergangsstelle von innenliegenden Tempelräumen zum Gartenraum draußen an. Bei schlechtem Wetter konnte der *amado* über die ganze Länge dieser Struktur geschlossen werden; ansonsten erschien der *shoin* als riesiger Pavillon, der in seiner perfekten Ausgewogenheit zu dem angrenzenden Gartengelände paßte.

Die Kunst liegt bei diesen Beispielen im gewollten Übergang oder der gewollten Abgrenzung der Architektur zum Garten, eine gleichermaßen psychologische wie physiologische Beziehung. Eine Wand mit Fenstern, Türen oder Trennwänden zu öffnen, integriert die Gartenfläche in den Raum. Daraus ergibt sich ein Vorteil in bezug auf Licht und Standpunkt, solange kein sichtbarer Bruch zwischen dem Stil des Hauses und dem des Gartens besteht.

Sind Außen und Innen sehr verschieden, zum Beispiel ein traditioneller Kräutergarten neben einem karg eingerichteten, modernen Raum, ist man geneigt, den Ausblick nach draußen einzuschränken.

Abhängig von Klima, Gewohnheiten und Funktion werden Häuser unterschiedlich offen angelegt. Die modernen Möglichkeiten der Verglasung, Isolierung und der Heizungstechnik erlauben dem Designer heute eine größere Gestaltungsfreiheit bei der Verbindung zwischen Haus und Garten als je zuvor. Das sollte man während des ganzen Designprozesses nicht vergessen.

Andere Traditionen schlagen eine andere Art vor, sich dem eigenen Haus wie einer Hütte zu nähern. Das englische Cottage, dessen Wände von Reben, Rosen und immergrünen Ranken überwuchert sind, bezieht seinen Charme aus der Einheit zwischen Bauwerk und Garten. Die üppig bepflanzte, »vertikal« angelegte Landschaft, die auch den kleinsten Hinweis auf eine Struktur verwischt, reduziert die Konturen des Hauses und verleiht dem Cottage-Garten einen verzauberten Charme.

Gärten im Landhausstil, wie der meiner Mutter, zeigen noch eine andere Technik, Haus und Landschaft eng miteinander zu verbinden. Künstlerin, die sie ist, integriert sie ihr Bauernhaus in ihr Gartengelände und das Gartengelände in ihr Bauernhaus, indem sie beides mit fröhlichen Farben »bemalt«, die sich auf dem ganzen Besitz wiederholen. Fensterläden leuchten in dem gleichen Blau wie ihre vielen Vogelhäuschen, die sich optisch mit den saphirfarbenen Schattierungen von Katzenminze, Rittersporn und Jakobsleiter in ihrem Kräutergarten verbinden. Hell gestrichene Schilder, blumengefüllte Körbe, Spaliere mit farbigem Glas und zu Tierfiguren geschnittene Sträucher, lassen dieses sonst gesetzt wirkende Bauernhaus in New Hampshire überschäumen. Durch die Beziehung zwischen drinnen und draußen, die Lichtverhältnisse, Ausblick, Farbe und Details, kann das Gefühl betont werden, das Ihrem Haus in Ihrem Garten einen hüttenhaften Ausdruck verleiht.

Gartenhütten

Gartenhütten können viele Formen annehmen. Pergolas, Gartentore, Lauben, Spaliere und Pavillons lassen alle die primitive, für den modernen Garten modifizierte Hütte ahnen. Hütten aus Ästen bildeten die typischen Brautzimmer des alten Mesopotamien und auch bei den Schwarzfußindianern. In einer traditionellen jüdischen Sitte heiraten junge Paare unter einem Baldachin aus Ästen, möglicherweise eine formalere Version der natürlichen Plätze für Stelldichein und erste Intimität.

Auch Spaliere gehören zur althergebrachten Gartenkunst. Sie gehen auf die Römer zurück. Im 14. und 15. Jahrhundert erlangten »Zimmermannsarbeiten« in stark verfeinerter Form Bedeutung als unverwechselbares Charakteristikum des Gartens. Nach Crescentiis, einem zeitgenössischen Schriftsteller, »muß man an den geeignetsten Stellen Spaliere und Tunnel in Form von Häusern, Zelten und Pavillons anlegen«. Er schlug vor, daß noch mehr ornamentale Spaliere in die Gärten der Adligen Eingang finden sollten und empfahl einen »Palast mit Räumen und Türmen nur aus Bäumen hergestellt, wo der Herr und seine Dame ... in schönem trockenem Wetter daherschreiten könnten.« Er schrieb, daß Jahre im voraus dort Bäume gepflanzt werden müßten, wo Wände entstehen sollten, daß sie so gezogen und

Eine Laube besteht aus einer Serie von hintereinander gereihten Bögen, die den Rahmen für einen entfernten Ausblick bilden. In Thomas Jeffersons Zuhause in Monticello bei Charlottesville in Virginia werden einfach Schößlinge als Stütze für Bohnenstauden zusammengebunden. So entsteht eine Gartenhütte, die an einem einzigen Wochenende gebaut werden kann.

beschnitten werden sollten, daß sie Dächer und Wände bildeten. Was wär es für eine Freude, wenn solche Strukturen für unsere zeitgenössischen Gärten angelegt würden!

Lauben wurden oft als Schutzhütten mit Ausblick auf die Umgebung gebaut. Einige bestanden aus kleinen, rechteckigen Bauten in einer Ecke des Gartens, während andere als reich verzierte und dauerhafte Anlagen in die Landschaft gesetzt wurden. Montacute in Somerset besaß solche Schutzhütten. Sie wurden als Erweiterungen des Hauptgebäudes betrachtet, mit dem sie durch den gemeinsamen Stil der gesamten Architektur verbunden waren und den sie betonten, genauso wie das bei Wachräumen und Torhäusern der Fall ist.

Ausgefallener ist ein Haus mit einem Bankettsaal, das 1581 in Whitehall, England, für den französischen Botschafter gebaut wurde. Es hatte einen Umfang von 100 Metern mit einem Dach aus Segeltuch, wie ein Zelt oder ein Vordach, dessen Bemalung Wolken vortäuschte. Es war aus Stechpalmen und Efeu gebaut und mit hängenden Körben dekoriert, die mit Lorbeer, Weinraute und »allen Arten von sonderbaren Blumen mit Goldtüpfeln gefüllt waren.« Solche »Hütten« waren weniger praktisch als versponnen – Verrücktheiten in der Landschaft. Eine moderne Variante ist das »Sarazenenzelt« des Architekten Fletcher Steele, das er 1939 für den Allen-Wohnsitz gebaut hat. Von der Form her erinnert es an ein arabisches Festzelt, ist aber aus einem steifen Maschendraht hergestellt (in der Art, wie er zu dieser Zeit für Handtaschen verwendet wurde); auf dem Dach der Hütte sitzen Metallflaggen. Sie ist gerade groß genug für zwei Personen. Das Zelt thronte über einem flachen Teich und erinnerte an ferne Länder und verführerische Verlockungen mitten in Buffalo, New York.

Im 18. Jahrhundert, der Ära der großen englischen Landschaftsgärten, entstanden neue Stile in der Gartenarchitektur. Komplette Einsiedeleien, mit Mönchen und Nonnen, Grotten, die von Schlick trieften und malerischen Hütten, in denen Schäfer und ihre Familien wohnten, wurden in Stowe und Stourhead entlang einem Rundweg um einen See gebaut. Ein Aristokrat, François Nicolas Henri Racine de Monville, schuf einen englisch-chinesischen Garten in Chambourcy bei Paris. Verrücktheiten in einem seltsamen Sortiment architektonischer Stilrichtungen – klassisch, orientalisch, gotisch, ägyptisch – sind über hundert Morgen Land verstreut und führen zu Monville's merkwürdigem, vierstöckigen Haus – La Colonne Detruite –, das tatsächlich wie eine zerbrochene Säule aussieht. Wie sie da so provokant aus ihrem hügeligen Posten herausragt, dient sie als vertikaler Blickfang und lenkt das Auge des Besuchers – und seinen oder ihren Geist – nach oben.

Die Gartenbank

Wir haben meist nicht die Mittel, prächtige Pavillons, Lauben oder Turmruinen zu bauen. Wir können jedoch statt einer Hütte eine Bank wählen, eine, die zu unserem Garten paßt und Platz zum Ausruhen bietet. Die gibt es in allen Formen und Materialien. Aus Birken- oder Mammutbaumholz, Eisen, Korbgeflecht; im englischen oder ländlichen Stil; Bänke oder Schaukelstühle für die Veranda; dem Hüttenbauer von heute steht das alles zur Verfügung.

Wie und wo bringen Sie eine Bank am besten in Ihrem Garten unter? Betrachten Sie zwei Aspekte ganz sorgfältig: den Hintergrund der Bank und die Blickrichtung.

Eine Bank aus Zweigen stellt ein rustikales Design für einen Gartensitzplatz dar, das gut in einen bewaldeten Garten oder an den äußersten Rand Ihres Grundstücks paßt.

Jeder sucht sich eine Ecke in der Umgebung, in der er träumen kann. Diese überdachte Chaiselongue in Naumkeag in den Berkshires übernimmt durch ihren Standort auf einer Steinterrasse, die wie ein Vorsprung angelegt ist, gleichzeitig die Funktion der Höhle und des Hafens. Von dort hat man Aussicht auf den Stone Mountain.

Jede Bank, ganz egal wie sicher ihr Standort sein mag, wirkt einladender, wenn sie in einer Ecke des Gartens steht, sich an einen Baumstamm schmiegt, an eine Hecke, eine Wand oder einen Strauch, der als Nische oder Hafen in der Landschaft dient. An diesem hüttenartigen Ort haben Sie auch ohne ein Dach über dem Kopf ein sicheres Gefühl. Sie können Ihren Blick über die gewählte Aussicht schweifen lassen, die Ihre Phantasie belebt, Ihre Aufmerksamkeit fesselt und der Bank ihren Sinn verleiht. Ich baue oft eine Terrasse aus flachen Feldsteinen oder behauenen Steinen, auf der die Bank als klar gekennzeichneter Platz in der Landschaft aufgestellt werden kann. Eine Bank mit festem Rückhalt, ausgerichtet auf einen Ausblick, weckt den Wunsch, darauf zu sitzen: das Markenzeichen eines guten Designs. Wenn eine Bank in der Nähe eines Hauses oder eines anderen Bauwerks steht, sollte ihr Design aber auch zur benachbarten Konstruktion passen.

Die Traumlaube eines Heimwerkers: ein Fertigspalier wurde an einem einfachen Holzrahmen festgenagelt und mit Geißblatt, einem Vogelhäuschen und Gartenschmuck aus Zweigen dekoriert.

Eine Bank vermittelt den Eindruck einer Hütte, wenn sie »im Rücken gestützt wird«. Während man sich auf dieser klassischen Steinbank entspannt an diese Zypresse lehnt, hat man eine großartige Aussicht über einen förmlichen Garten hinweg zu einem Olivenhain und dahinter zu den beiden Armen des Comer Sees.

Ein weißes Haus sieht mit einer weißen Bank im Eingangsbereich am besten aus; ein einfaches Steinhaus verlangt sowohl drinnen als auch draußen nach ebenso einfachen Holzmöbeln. Je weiter man sich vom Haus entfernt, desto weniger stilistische Übereinstimmung ist nötig. Leo Tolstois liebster Rastplatz, der fast einen Kilometer von seinem weißen Stuckhaus entfernt lag, bestand aus einer einfachen Bank aus Birkenstämmen auf einer kleinen Lichtung in einem Tannenwäldchen. Entlang den Alleen, welche die Nebengebäude mit dem Wohnhaus der Familie verbanden, stellte er förmlichere, grün gestrichene Parkbänke auf.

Weiterhin spielt der Zweck, den die Bank im Garten erfüllen soll, eine Rolle. Abhängig vom Typ des Gärtners ist die Bank mehr Blickfang als Aussichtspunkt. Der Gärtner im Geiste macht einen vorteilhaften Aussichtspunkt daraus, von dem nach seinem oder ihrem Verständnis das Design des gesamten Raumes ausgeht, wenn man dort Platz nimmt. Gewöhnlich steht die Bank in einer Ecke im Halbschatten von Stauden, vor einer dichten Hecke aus Sträuchern oder gegen einen massiven Baumstamm gelehnt und wird zu einem Punkt, von dem aus das Auge den gesamten Raum und seine einzelnen Teile überblicken kann und dabei von einem Blickfang zum nächsten über den ganzen Garten wandert.

Für den erdverbundenen Gärtner ist die Bank mit Blumenkästen, einem Spalier mit Kletterpflanzen oder mit einem kurzen attraktiven Stück Zaun im Rücken oft das Kernstück des ganzen Gartens. Sie wird zum Ziel der Wünsche – ein umrankter Ruhepunkt in Miniaturformat innerhalb des größeren Gartenreiches.

Eine Bank in einem Garten ist wie ein Garten in der Welt: ein Ort, der unser Bedürfnis nach Entspannung, Rückzug, Reflexion, Intimität und Naturbetrachtung befriedigen kann. Zum Beispiel gibt es keine schönere Belohnung nach einem langen Tag des Rodens, nach stundenlangem Unkraut jäten, Pfähle stecken, Beschneiden und verblühte Blumen abschneiden, als bequem auf einem behaglichen Plätzchen, ein kühles Getränk in der Hand, über die eigene Arbeit aus der Ferne nachzudenken. Welch ein Genuß, die Tagesereignisse mit einem Freund, einem Bekannten oder Kind zu besprechen und dabei nah beieinander zu sitzen, umgeben von Blumen, die Sie gesät und großgezogen haben. Eine Gartenbank ist ein Ort für den kontemplativen Gärtner und gibt uns Zeit und Raum, über die Augenblicke der Erkenntnis nachzudenken, die uns zu unserem eigenen besseren Selbst verhelfen.

II. Einfriedungen und geheiligte Bereiche

Einige Orte haben eine nahezu spirituelle Bedeutung in Ihrem Alltag. Ein bestimmtes Restaurant, ein Platz in einer bestimmten Bar, der Rückzugsort der Familie, ein geliebter Berggipfel oder ein Campingplatz, sie alle haben ihre Bedeutung: sie sind etwas Besonderes in einer sonst banalen Welt. Vom Standpunkt eines Außenstehenden betrachtet, mögen Ihre Orte unbedeutend scheinen, aber für Sie haben sie eine Bedeutung, die nur schwer in Worte zu fassen ist. Und wenn einer dieser Orte verändert, geschlossen, renoviert oder gar zerstört wird, verliert Ihr Leben ein Stück seines Zaubers.

Solche Plätze nenne ich »geheiligte Bereiche«. Sie sprechen unser Innerstes an und heben sich – psychisch und oft physisch – von der profanen Welt des täglichen Lebens ab. Sie entsprechen dem Archetypus des Hafens und wirken auf uns wie diskrete, sichere Zufluchtsorte. Wir können darauf zählen, daß wir uns in ihren Mauern sicher und zufrieden fühlen.

Geheiligte Bereiche wirken – gestaltet oder natürlich belassen – wie kontemplative Welten, in denen wir ohne Furcht oder Hektik wandern, sitzen und sinnieren können. Es sind Räume, aus denen die »profane« Welt für einen Moment zurückweicht und die himmlische Welt ihren Platz einnimmt; Orte, an denen wir uns erinnern, wer wir wirklich sind. Ein geheiligter Bereich kann groß sein oder aus kleineren Teilbereichen bestehen. Ein geheiligter Bereich kann ein Zufluchtsort in einer anstrengenden Stadt sein oder eine ruhige Ecke einer bevölkerten Region oder sogar ein ganzes Land, wenn wir uns an unsere Erfahrungen dort erinnern. Aber der geheiligte Bereich, der unserem Zuhause am nächsten liegt, ist unser Garten.

Einfriedungen

Als künstliche Version der Natur erfordert ein Garten oft eine Einfriedung, um ihn von der Umgebung abzusetzen. Gärten sind so eng mit ihren Grenzen verbunden, daß das Wort Garten in vielen Kulturen tatsächlich von dem Wort für Einfriedung abgeleitet ist.

Hecken können als vereinheitlichendes Gestaltungsmittel und als Raumteiler verwendet werden. Kleine Setzlinge werden eng nebeneinander gepflanzt und beschnitten, um ihr Wachstum anzuregen und die Hecken zu einer einheitlichen Masse werden zu lassen. Als Material für eine Hecke können viele Arten von Pflanzen verwendet werden, blühende Büsche wie Strauchrosen, Forsythien oder Flieder ebenso wie Laub- und Nadelgewächse.
Gemischte Hecken schaffen einen interessanten Effekt; wählen Sie dazu Pflanzen, die den gleichen Wuchs und ähnliche Toleranz beim Schneiden haben, und beschneiden Sie die Hecke gleichmäßig.

Niwa, das Wort für Garten auf Japanisch, bedeutet »eine für die Anbetung der Götter gereinigte Einfriedung«. Im Ise-Schrein, dem Shinto-Heiligtum, kann man ein echtes *niwa* sehen, ein geheiligtes, mit Kies ausgestreutes Terrain, das von einer hölzernen Wand und drei Zäunen umgeben ist. Der ganze komplexe Schrein wird alle zwanzig Jahre nach dem im Grunde gleichen Plan aus dem 17. Jahrhundert erbaut. Für den Wiederaufbau werden wechselweise zwei benachbarte Grundstücke verwendet. Der erneuerte Raum gilt erst dann als heilig, wenn die Gebäude des neuen Schreins auf dem weißen Terrain aufgebaut sind und die Einfriedung errichtet ist.

In Persien betrachtete man einen Garten schon im frühen 6. Jahrhundert vor Christus als mit den Gebäuden eng verbunden. Sie umgaben ihn entweder in Form einer Veranda oder eines Säulenvorbaus, die sich an einen Palast oder Pavillon anschlossen und als Schutz vor der intensiven Sommerhitze dienten. Die Perser nannten ihren Garten daher *pairidaeza* – *pairi* bedeutet »drum herum« und *daeza* »Mauer«: »von Mauern umgebener Ort.« In die *pairidaeza*, die umschlossenen, privaten Rückzugsorte, zog man sich von der lärmenden, schmutzigen Welt außerhalb der Mauern zurück. Diese Gärten bildeten nach innen gerichtete Räume, die als Zentrum der Familie betrachtet wurden – *pairidaeza* auf Erden – und dem Vergnügen dienten. Hier fanden Liebespaare die Einsamkeit, der Verzweifelte Trost, und der Wohlhabende bot in einer Atmosphäre voller sinnlicher Freude seine Gastfreundschaft an: Pavillons, umgeben von Obstgärten, duftende Blumen, das Vogelgezwitscher in den schattigen Bäumen, die zusammen mit einem Brunnen die Luft kühlten.

Hortus conclusus, ein Begriff des Mittelalters, bedeutet »eingeschlossener Garten« – ein heimlicher Garten in einem größeren Gartenraum. In der Praxis war der *hortus conclusus* häufig ein Rosengarten mit Springbrunnen, Wegen und Lauben, die wiederum von einer Hecke oder Mauer umgeben waren.

Jede dieser Einfriedungen – *niwa*, *pairidaeza* und *hortus conclusus* – waren durch eine Abgrenzung aus unterschiedlichen Materialien verschiedener Ausmaße und Durchlässigkeitsgrade gekennzeichnete Bereiche.

Die Einfriedung eines Gartens kann viele Formen annehmen. Ein Wald kann ein Feld kennzeichnen, eine Mauer ein Gelände umgeben, ein Zaun ein Grundstück festlegen, eine Hecke einen Gartenraum markieren. Einfassungen können drei Meter hoch sein, einige messen kaum ein paar Zentimeter, sind niedrig wie ein Rasenstreifen, der eine saubere Kante um ein Gartenbeet zieht. Einige Einfriedungen sind undurchdringbar, aus Lehmflechtwerk, Beton, Backsteinen oder Stein. Andere sind Trennwände, durch die hindurch man auf eine ferne Landschaft schauen kann. Andere dienen als Hintergrund für Gartenelemente und wieder andere sind selbst Gartenelemente, etwa wie Staudenrabatten, die als Wand und als Fokus dienen.

Mauern und Gartenräume

Viele Amerikaner haben eine notorische Angst davor, ihren Garten einzuzäunen. Vielleicht führt unsere Vorstellung vom demokratischen Rasen vor dem Haus, den jeder in der Nachbarschaft sehen kann und der der Außenwelt die Freundlichkeit und Offenheit seines Besitzers demonstriert, zu dieser Furcht. Viele Gemeinden verbieten Zäune im Vorgarten sogar, um sicherzustellen, daß der Raum im wesentlichen nicht genutzt wird, um den offenen Blick zu erhalten. Da Landbesitz immer kostbarer wird, die Bevölkerung wächst und Grundstücke kleiner werden, wird der ungezäunte Vorgarten bald den gleichen Weg wie viele Rückseiten von Grundstücken in diesem Land nehmen: man wird ihn einzäunen.

Die Menschen geben bei vielen Aktivitäten der Abgeschlossenheit den Vorzug. Es gefällt ihnen, ihre Gärten privat zu nutzen, ohne von den Nachbarn beobachtet zu werden. Sie brauchen die Einfriedungen auch, um die Haustiere drinnen zu halten und unerwünschte Besucher draußen. Wenn ich den Bau eines Zaunes vorschlage, ist die erste Reaktion meist »Aber läßt das mein Grundstück nicht kleiner erscheinen?« Nein, bestimmt nicht. Ein amüsantes Paradoxon besteht darin, daß ein Grundstück umso größer erscheint, je mehr Sie es abschotten. Jeder Teil dieses Raumes wird umso wertvoller. Denken Sie einmal an den Unterschied zwischen zwei gleich großen Räumen: einer tennisplatzgroßen Fläche, die nur aus Rasen, umgeben von Büschen besteht und zwei nebeneinander liegenden »Gartenräumen«, umrahmt von beschnittenen Hecken. Die Gartenräume haben acht klar begrenzte Mauern, anstatt vier undefinierte Grenzen, acht deutliche Ecken, statt vier unklaren und zwei offene Rechtecke, statt einer riesigen gestalt-

Dieser wunderschöne durchsichtige Zaun besteht aus vertikalen, sauber gesplitteten Bambusstreifen, die mit Kokosschnüren zusammengebunden sind. Er wird in der Yabunouchi-Teeschule in Kyoto benutzt und teppo-gaki *oder »Gewehrkolben«-Zaun genannt. Der Zaun bietet gleichzeitig Abgeschlossenheit und Einblick. Verschiedene Gartenteile erscheinen dadurch voneinander getrennt und doch miteinander verbunden.*

losen Fläche. Die Unterteilung kann innerhalb der beschnittenen Heckenräume tatsächlich immer weitergeführt werden: Sie können Buchsbaumeinfassungen, Bänke, einen Brunnen, Statuen und Bäume in einen und ein Labyrinth aus Buchsbaumhecken im anderen hinzufügen und zwei völlig verschiedene Räume nebeneinander anlegen. Ihr Garten wirkt durch die Unterteilung und Einzäunung eines großen Raumes größer, vielfältiger und geheimnisvoll verlockend. Sie können das Ganze nicht mit einem einzigen Blick erfassen.

Ein Zaun wird erst dann zur Einzäunung, wenn er tatsächlich etwas darin *ein-schließt*; wenn er in der Landschaft einen Winkel schafft. Der Winkel eines Zaunes ist die Stelle, zu der es die Leute am meisten zieht. Ich habe Skulpturen, Brunnen, Lauben, Bänke und sogar einen versteckten Kindersitz in Winkeln aufgestellt – je mehr Winkel, desto besser!

Ein Zaun stellt einen kritischen Teil der Gestaltung Ihres Besitzes dar, deshalb erfordert die Errichtung viel Überlegung. Achten Sie darauf, daß er optisch zu Ihrem Haus paßt, hinsichtlich Farbe, Material oder besonderen Details. Sie haben wahrscheinlich einen Palisadenzaun im Ponderosastil vor einem prunkvollen viktorianischen Haus gesehen. Optisch beißen sich die beiden, eine gemischte Metapher. Aber der weiße Palisadenzaun, der die Grenze vor einem weißen Kolonialhaus markiert, erscheint sauber und gepflegt, die beiden scheinen sich zu ergänzen. Wenn aus der Palisade ein weißer Bretterzaun an der Seite und hinter dem Haus wird, paßt das auch wieder. Wie wir im nächsten Abschnitt sehen werden, trennt ein Zaun auf verschiedene Art, je nachdem, ob er die Privatsphäre kennzeichnen oder sie schaffen soll.

Trennwände

Sie müssen keine Gartenräume schaffen, um Unterteilungen in Ihrem Garten zu erhalten. Trennwände – durchsichtige Zäune – können Fläche unterteilen und größer wirken lassen. Die Japaner mit ihren winzigen Grundstücken und komplizierten Gärten wissen das schon seit Jahrhunderten. Sie verwenden zwei Haupttypen bei Zäunen: *shahei-gaki*, Zäunungen zum Einschließen und Schutz vor Blicken; und *sukashi-gaki*, durchsichtige Zäune zur Raumteilung. Der erste Typ kann die Form von hohen Bambuszäunen unzähliger

Größen und Schutzgrade annehmen. Von den etwa hundert Arten von Bambuszäunen leiten sich einige der beliebtesten von Einfriedungen der Zentempel ab, so der *daitokuji*-, der *ginkakuji*- und der *ryoanji*-Zaun und andere. Unsere eigenen Palisaden und Bretterzäune sind westliche Formen des *shahei-gaki*.

Der zweite Typ – *sukashi-gaki* – dient einem anderen Zweck. Er ist gleichermaßen eine psychologische wie eine physiologische Barriere. Diese Art der Einzäunung begrenzt einen Raum während Sie gleichzeitig hindurchspähen oder darübersehen können. Der erste Typ läßt den Blick, aber keine Bewegung hinein. Er besteht oft aus durchbrochenen Strukturen wie Gittern, gewebtem Bambus oder dünnen Brettern. Der zweite Typ ist niedrig, man kann darüber hinwegsehen aber nicht hindurchgehen; das gilt zum Beispiel für den Palisadenzaun, die Buchsbaumhecke oder eine Lavendelrabatte.

Der dritte Typ des durchsichtigen Zaunes besteht in einer Trennwand, die sich an das Haus anschließt. Dieser *sodegaki* (»Ärmelzaun«) sieht aus wie der herunterhängende Ärmel eines Kimonos und hat einen ähnlichen metaphorischen Zweck: die Architektur weiter in den Garten auszudehnen und die Privatsphäre vor flüchtigen Blicken zu schützen.

Eine Hecke und ein Zaun treffen aufeinander und bilden die nordöstliche Ecke der kaiserlichen Villa Katsura in Kyoto. Sie zeigen, wie das Material einer Pflanze für eine Einfriedung verwendet werden kann. Bambussprößlinge werden hier doppelt gebunden und zusammengezurrt, um rund um einen Bambushain eine Grenze zu ziehen, welche die äußere Kante des Hains bestimmt. Bambushalme mit größerem Durchmesser und von Blättern gesäuberte Zweige wurden zu einem schönen, geschnittenen Bambuszaun zusammengenäht.

Eine elegante Pflanzung aus Astilben, Lilien, rotgelben Tageslilien, purpurfarbener Wiesenraute und Spinnenblumen bietet ein Beet, das den Rand des Gartenweges festlegt. Es ist eine hohe Kunst, perennierende Pflanzen so miteinander zu kombinieren, daß sie auf kunstvolle Weise miteinander blühen und über die gesamte Jahreszeit Farbe zeigen. Eine Rabatte ist ein schöner Blickfang und kann außerdem als Einfriedung in Ihrem Garten dienen.

Beete und Rabatten

Obwohl wir die Staudenbeete und die Blumenrabatte als farbenfrohe Anziehungspunkte unserer Gärten anlegen, dienen sie auch als Einzäunungen. Die Rabatte hat mehr Zierqualität als der übliche Zaun und dient wie eine Mauer oder Trennwand als Raumteiler. Gewöhnlich mißt ein Beet zweieinhalb bis dreieinhalb Meter und wird am Rand eines Grundstücks, am Fuß einer Mauer oder vor einer Hecke angelegt. Ein Staudenbeet ist häufig eine schmückende Einzäunung in strahlenden Farben um einen Rasen herum. Im Hintergrund werden hochwachsende Blumen wie Rittersporn, im Sommer blühender Phlox und Iris gesetzt, die in sanften Bögen bis hinunter zu bodendeckenden Pflanzen – Vergißmeinnicht, Primel, Waldmeister und Gänsekresse – an der grasigen Kante abfallen.

Wenn Sie an eine Rabatte als eine Einfriedung denken, hilft Ihnen das dabei festzulegen, wie sie aussehen soll. Wollen Sie eine heckenähnliche oder eine abfallende, kurvige Pflanzung? Ein symmetrisches Arrangement mit hohen Pflanzen in der Mitte und niedrigen an den Seiten? Rot an den Rändern und leuchtendes Pink in der Mitte? Wollen Sie nur weiße Blumen oder einen sorgfältig ausgedachten Blumenteppich? Wie weit darf die Rabatte in den Gartenraum eindringen: soll sie die Pflanzen mit einer genauen Kante aus Gras unterstreichen oder nach Art vieler Bauerngärten ein unendliches Beet bilden, das sich fast über den gesamten Garten ausdehnt? Jede Antwort entspringt Ihrem eigenen Geschmack und den Notwendigkeiten Ihres Designs. Wenn Sie eine Rabatte sowohl als Einfriedung als auch als dekoratives Element in Ihrer Landschaft begreifen, wird sich das klärend auf Ihr Design auswirken.

Einfassungen

Nicht nur die Mauern, Trennwände, Beete und Rabatten sind von Bedeutung für das Design Ihres Reiches, sondern auch die kleinsten Einfriedungen – die Einfassungen. Einfassungen bestimmen das Terrain eines Reiches. Sie vervollständigen die Aussage, die Linie, das Volumen, das Sie erreichen wollen.

Stellen sie sich eine Staudenrabatte von Pflastersteinen eingerahmt vor, auf die Blüten herabfallen. Der Gesamteindruck ist weich und romantisch, aber maßgeschneidert. Die Klarheit der Linie der Rabatte hebt sich von den herabwogenden Pflanzen ab. Stellen Sie sich die gleiche Rabatte jetzt ohne feste Kante vor – keine klare Trennung zwischen Beet und Weg, Rabatte und Gras. In diesem Beispiel ist der Effekt verwischt, ungepflegt und ungenau.

Sogar eine tiefe, sorgfältig ausgegrabene Kante an einer Rabatte verschafft uns Genuß am Unterschied zwischen dem, was innerhalb der Kante wächst und dem, was außerhalb liegt. Wenn wir den Einfassungen Aufmerksamkeit schenken, nehmen wir die Ausdehnung der Grenzen eines Beetes und seine Beziehung zum gesamten Design wahr.

Nach und nach werden sich die Amerikaner der Notwendigkeit von Eingrenzungen bewußt, einem weit verbreiteten Konzept in anderen, oft älteren Kulturen, die über Jahrhunderte nah beieinander gelebt haben. Die rasche Verstädterung im letzten Jahrhundert hat dazu beigetragen, unsere Haltung zu verändern. Wir trachten danach, unsere geheiligten Bereiche einzuschließen und den kleinen Räumen, die wir glücklicherweise besitzen, größeren Wert beizumessen, und sie als Gärten anzulegen.

In diesem Garten in Neuschottland erlauben Hochbeete die Verwendung eines gepflegt aussehenden, fruchtbaren Bodens, in dem Kräuter und Gemüse nebeneinander gedeihen. Die Holzverschalung ermöglicht es Ihnen, einen Kiesweg zwischen den Beeten anzulegen; um ein weicheres Aussehen zu erreichen, könnten Sie stattdessen Gras dort säen.

In dieser Folge von Steinstufen bildet eine Schwelle, die von dem englischen Architekten Edwin Lutyens entworfen wurde, einen Treppenabsatz zum Pausieren und ein Tor, durch das man einen tieferliegenden, von Mauern umschlossenen, immergrünen Garten betritt.

IV. Auf der Schwelle

Wir können und sollten uns auch nicht völlig von der Außenwelt entfernen, auch nicht in unseren Gärten. Alle Einfriedungen müssen unweigerlich durch Tore und Übergänge durchbrochen werden. Wenn der Garten die Funktion eines Hafens in unserem Leben übernimmt, dann ist der Übergang ein Vorsprung, die Stelle zwischen geheiligtem Bereich und profaner Welt, das Tor zur Seele Ihres Gartens.

Übergänge haben mich lange Zeit fasziniert. Als kleines Mädchen schlich ich am ersten Mai zu den Treppen unserer Nachbarn und hinterließ dort Körbe voller frisch gepflückter Blumensträuße, um den Frühling zu begrüßen. Als verliebte Heranwachsende ging ich immer an einer bestimmten Vorderhausterrasse vorbei, hielt Ausschau nach meinem Geliebten und wartete darauf, daß er auftauchte. Als Lehrling in Japan ließ ich meine Schuhe auf einer gemauerten Schwelle stehen und ging in Strümpfen hinauf in die Kühle meines sechs *tatami* großen Raumes in dem buddhistischen Zenkloster, wo ich mit den Nonnen lebte. Heute arrangiere ich eine Reihe von Reliquien um die Schwelle: mit Blumen gefüllte Tontöpfe, Zementlöwen und -hasen, Kaskaden von Glyzinien und einer bronzenen Glocke aus Österreich – all das soll einen Hinweis auf die Schrulligkeit der Familie geben.

Ob in Gärten oder im Leben, wir übertreten immer wieder Schwellen: Halteplätze, wo wir uns Rechenschaft darüber ablegen, was war und was sein wird. Eine Schwelle ist ein Stück Holz oder ein Stein unter einer Tür, die wir überschreiten, wenn wir einen Raum betreten. Eine *Schwelle* hat auch mehrere übertragene Bedeutungen: Eingang oder Anfang, Rand oder Grenze einer Region und Ausgangspunkt

Der Charakter dieses Ziegelsteinpfades ändert sich dort, wo er bei dem umrankten Steintor anlangt. Die Formalität des Buchsbaumgartens macht Platz für einen ungezwungenen Wildgarten, der sich durch den Übergang aus Kiesel am Boden und die abrupte Biegung nach links, die in eine tunnelartige Pflanzung von Büschen und Bäumen führt, ankündigt.

einer Unternehmung oder Reise. Schwellen sind Stellen in der Gegenwart, dem »Jetzt«, die Vergangenheit und Zukunft verbinden. Sie sind kontemplative Intervalle, Pausen, die gleichzeitig Grenze und Übergang sind. Wie ein Vorsprung vermittelt die Schwelle die Grenzbedingungen zwischen einem Reich und dem nächsten.

Ich stelle mir eine Schwelle als eine schmale Fläche im Raum vor, welche die Grenze zwischen zwei Reichen markiert: Außen und Innen, Raum und Halle, Haus und Garten, heilig und profan. Der Garten ist natürlich das Innere, Heilige, »prunkvollere Reich«, wie Alice Brown bemerkte. Obwohl es sich häufig nur um eine imaginäre Teilung handelt, tritt man gewöhnlich über eine Schwelle, übersteigt oder überquert sie. Eine Schwelle ungebeten zu übertreten, ist ein Verstoß gegen das Recht des Besitzers; eine Zweckbestimmung der Schwelle besteht darin, die Grenzen des eigenen Besitzes, der Privatsphäre oder des persönlichen Freiraums klar abzustecken.

Was hat das nun mit Gärten zu tun? Schwellen strukturieren einen sonst undifferenzierten Raum: sie trennen den Kräuter- vom Obstgarten, den eingezäunten Vorgarten von der Straße, die Wiese vom Wald. Schwellen ermöglichen es, Sinn in die Unterschiede zwischen der Gartenwelt und der Welt draußen zu bringen.

Der Eingang zum indischen Taj Mahal ist ein dramatisches Beispiel hierfür. Vor seiner Eingangstür und den roten Sandsteinmauern breitet sich das geschäftige Agra aus, während man innen ein erhobenes marmornes Becken in all seiner Gelassenheit finden kann. Überschreitet man diese Schwelle ist es, als hätte man sich in der Wüste verirrt und betrete plötzlich eine Oase. Am Eingang zu diesem Garten hält man inne und starrt die Reichtümer drinnen mit offenem Mund an. Hier versteht man das Geheimnis des Raumes. Man sieht, daß dieser Ort keine Fata Morgana ist.

Eine Schwelle ist ein Ort, ohne den wir von einem Extrem zum nächsten übergehen und gegen räumliche Dissonanzen prallen würden. Sie ist ein Punkt eleganter Vorwegnahme, an dem wir unser Tempo verlangsamen und eher mit Würde als mit Hast voranschreiten können.

Zeichnen Sie die Schwellen, die Sie schon haben oder die Sie in Ihrem Garten bauen wollen. In einem Gartenarrangement kann man drei Arten von Schwellen finden: das Tor, die Terrasse und die Brücke.

Das Tor

Das Tor ist die Öffnung, die Sie in den Garten hineinlockt. Es kann an den Rand des Besitzes gelegt werden und Ihnen Zeichen geben, einzutreten. Oder es steht in Ihrem Garten und fordert Sie auf, zu entdecken, was immer dahinter liegt. Durch einen Torbogen zu gehen – gleich, ob so konstruiert wie ein Tor oder so zufällig wie zwei gegenüber stehende Bäume – es signalisiert den Anfang eines räumlichen Abenteuers.

Wenn Sie an den Eingang Ihres Besitzes oder zwischen zwei Bereichen ein Tor einfügen, bekommt Ihr Grundstück Klarheit und Charakter. Abhängig vom Design des Hauses und seinem Standort in der Landschaft, kann das Tor rustikal oder förmlich, zwei- oder dreidimensional, imposant oder bescheiden sein. Ein Tor kann ein Portal sein, wie ein kleiner Raum im Freien, in dem zwei Bänke einander gegenüberstehen. Rosen oder Glyzinien, Hortensien oder Klematisranken klettern vielleicht an seinem Rahmen empor. Töpfe, die vor Blumen überschäumen, mögen den Weg dahin schmücken und die Schwelle kann leicht erhöht sein, um einen besseren Blick auf den dahinter liegenden Garten zu gewähren. Von diesem Standpunkt sehen Sie das Haus von den Torpfosten umschlossen und Sie halten einen Moment inne, um seine Details zu betrachten. Sind Sie ein Gast, können Sie Ihren Hut zurechtrücken, Lippenstift auftragen oder an Ihre Begrüßung denken. Sind Sie der Besitzer, können Sie über die Welt, die Sie geschaffen haben, nachdenken und sie bewundern.

Von einem Tor aus wirft der Besucher einen ersten kurzen Blick auf Ihren Charakter, wie er durch Ihr Haus und Ihren Garten porträtiert wird. Gehen Sie in Ihren Vorgarten und schauen Sie sich diesen unvoreingenommen an. Welche Beschreibung geben Sie Ihren Freunden, dem Postboten, neuen Bekannten? Fragen Sie sich: Wie will ich vor der Außenwelt erscheinen? Wie soll ich mich porträtieren? Bin ich ein von Eiben überwuchertes Haus? Bin ich ein Landhaus, das man in ein wildes Gewirr von Blumen gesetzt hat? Eine Burg hoch oben auf einem Hügel? An welchem Punkt entdecke ich dies? Langsam und in Windungen? Auf einen Schlag? Mit dem Mittel des Designs haben Sie die Möglichkeit, diese Äußerungen darzustellen und zu kontrollieren.

Eine Schwelle aus einem Stein bietet einen subtilen Halteplatz an einem Tor in diesem Kyoter Teegarten an. Der blanke Stein dient als Rampe, an der Besucher aufblicken können, während sie sich dem Wartepavillon im Hintergrund nähern.

Jacques Majorelle, der Sohn des Malers Louis Majorelle, hat diese saphirblaue Villa in seinem Jardin Majorelle in Marrakesch, Marokko, gebaut. Die Terrasse ist zugleich Vorsprung und Schwelle über einem schimmernden Becken und Wasserkanälen. Daran angrenzend beugt sich eine Agave – Form und Farbe stellen sie als angemessenes Gegenstück zur dramatischen Architektur des Hauses dar.

Die Terrasse

Die Terrasse ist eine Aussichtsplattform. Als Patio, Veranda oder Deck fungiert sie als Vorsprung und Schwelle in der Landschaft hinter dem Haus. Sie ist ein gemeinsamer Raum des Hauses und der Landschaft und spannt sich von einem zum anderen. Sie kann als besonders ausgedehnte Schwelle angelegt sein oder mit einem Hintergrund zu einer Stelle werden, an der man den förmlichen Garten, das Schwimmbecken oder einen fernen Hintergrund sieht.

Eine Form der Terrasse ist die Eingangsstufe – eine schmale Schwelle, die vom Haus zur Landschaft überleitet. Wenn sie an das Haus angeschlossen ist, kann sie zu einem kleinen Raum im Freien werden, so wie eine Veranda, ein Portal, eine Einfahrt, ein Vorraum, Foyer, Portico oder Vestibül. Die Eingangsstufe trägt die Kraft in sich, die Aspekte des Hauses und des Gartens ins Spiel zu bringen. Ein Landhausgärtner zieht vielleicht Rosen, Trompetenwinden oder Geißblatt über die Eingangstür hinweg, setzt Pflanzen an den untersten Stufen und in Töpfe an der Innen- und Außenseite.

Manchmal besteht eine Terrasse aus einem winzigen Raum. Zum Beispiel bilden Trittsteine – fußgroße Felsstücke, die verhindern, daß die Schuhe dreckig werden – in einem japanischen Teegarten einen Pfad. Hin und wieder unterbricht ein größerer Stein scheinbar zufällig den Lauf des Pfades. Hier kann man zwei Füße aufsetzen, pausieren und aufschauen. Dieser Pausenstein wird zur subtilen Aussichtsstelle, eine Position, die Ihnen sagt, wohin Sie als nächstes auf Ihrer Reise zum Teehaus gehen. Ein Stück weiter überqueren Sie vielleicht einen Bordstein in der Nähe des Teehauses, der eine Schwelle bildet, auf die Trittsteine gesetzt wurden. Sie symbolisiert das Reich der Kunst über dem der Natur. Diese Art der Schwelle teilt einen kleinen Raum in Erhebungen ein und erweitert ihn dabei, so daß er größer wirkt.

Sie müssen keinen japanischen Garten anlegen, um diese Idee in Ihrer Gartenlandschaft zu benützen. Sie können Pausenplätze aus Pflaster-, Ziegel- oder anderen Steinen oder aus Holz bauen, wo Ihre Besucher nur anhalten können, um eine Aussicht zu genießen, oder eine Terrasse, die grade groß genug für eine Bank ist, einen kleinen Tisch und Stühle, um sich zu setzen oder eine Hängematte. Sie können Balustraden aus Stein entwerfen, die aussehen, als würden sie über eine Klippe hinausweisen; oder erhobene, hölzerne Plattformen, die

Diese Terrasse wirkt wie ein Dock, das auf einer grasigen See schwimmt: wenn man auf ihr sitzt, hat man das Gefühl, vor dem Haus vor Anker zu liegen, und man genießt den Blick in die Ferne.

Einen Baumstamm, ein Brett oder eine kurze Granitplanke, mehr braucht es nicht, um eine Brücke über einen kleinen Gartenfluß zu schlagen. Wie ein Tunnel hält auch eine Brücke als dauerhafte Schwelle den Spaziergänger in der Schwebe zwischen zwei Orten.

»schweben« oder Nischen aus Kiefernnadeln, die einen Pfad weicher machen. Auf bescheidene und dennoch bedeutende Weise erhöhen diese unerwarteten Schwellen das Vergnügen an Ihrer Landschaftskreation.

Die Brücke

Eine Brücke ist eine ausgedehnte Pause zwischen einem Reich und dem nächsten. Diese beständige Schwelle stellt einen eigenständigen Ausdruck von Raum und Zeit dar. Wenn Sie zum Beispiel über Claude Monets japanische Brücke in Giverny gehen, wünschen Sie sich, niemals am anderen Ufer anzukommen, so atemberaubend ist das Gefühl, über seinem berühmten Wasserlilienteich zu stehen. Auf einem Laufsteg oder in einem Tunnel, auf einem langen Korridor oder unter Kolonnaden fängt Sie ein ähnlicher Zustand atemloser Erregung ein: Sie gehen entlang, bis Sie »das Licht am Ende des Tunnels sehen« und betreten ein anderes Reich.

Ein japanischer Teegarten verwendet eine lange Granitplatte, die man *nobedan* nennt, als brückenartige Schwelle. Diese Platte ermöglicht es Ihnen, Ihren Schritt zu verändern, vom vorsichtigen, schrittweisen Vortasten von Stein zu Stein zum kühnen Ausschreiten durch den Garten. Häufig wird sie parallel zu einem nahe gelegenen Gebäude oder diagonal auf dem moosigen Grund plaziert. Größe und Form des *nobedan* erlauben es, die Augen für eine Weile vom Weg zu heben, während man über die geglättete Steinoberfläche geht und den Raum rundherum in sich aufnimmt. Wie bei allen anderen korridorartigen Räumen, verbindet auch dieser einen Bereich mit dem anderen und bietet auch noch seine eigene, besondere räumliche Erfahrung auf dem Weg.

Unsichtbare Schwellen

Manchmal ist eine gut gekennzeichnete Schwelle nicht wünschenswert. Ein unsichtbarer Übergang läßt einen Platz im Geheimen, Seite an Seite mit der sichtbaren Welt, existieren, aber vor dem Blick von Außen versteckt. Der ummauerte Garten in Frances Hodgson Burnetts Erzählung *Der geheime Garten* illustriert diesen Punkt. Ein kleines Kind entdeckt ein altes Tor, das in einer rankenbedeckten Mauer verborgen ist. Dahinter liegt ein verwahrloster Garten, der von der Erwachsenenwelt durch eine dünne Ziegelschicht getrennt ist, der aber eine Welt voller Spiele, Güte, Gesundheit und Freundschaft repräsentiert. Das ist keine große Schwelle, sondern nur ein Türrahmen und hohe Mauern, die für ein einsames Kind eine besondere Welt, in dem es spielen und pflanzen kann, schaffen.

Sogar die knappste Schwelle kann den Schnittpunkt zwischen einer extremen Emotion und einer anderen ahnen lassen. Der Stadtplaner Kevin Lynch fand heraus, daß »viele Menschen, wenn sie das ideale Haus ihrer Phantasie beschreiben sollen, ein Haus skizzieren, vor dessen Eingangstür man auf eine lebendige, städtische Promenade tritt, während an der Hintertür nur ruhige, ländliche Idylle ist.« Wenn eine einzige Tür Lebhaftigkeit und Gelassenheit voneinander trennt, sagt er, wird das Vergnügen auf beiden Seiten durch den Gedanken daran, was dahinter liegt, verstärkt. Stellen Sie sich solch verschiedene Bilder in Ihrem Garten vor; stellen Sie sich die Bedeutung dieser Schwelle vor! Am Ende zeigt sich die Seele Ihres Gartens in Ihrem eigenen Tor, Ihrer Terrasse oder Brücke.

Eine unsichtbare Schwelle.

V. Die Wiese

Kürzlich habe ich jemanden, der sich gerne im Freien aufhält, gebeten, seine Lieblingslandschaft zu beschreiben. Ohne zu zögern erzählte er, daß er einmal beim Wandern in der Sierra Nevada auf einen Gletschersee gestoßen sei, der verschlammt war. Im Laufe der Zeit hatte sich dieser See in eine Wiese voller Wildblumen verwandelt. Seine Reaktion? Er warf sich mitten in dieses Hochlandfeld und lag darin, umgeben von Blüten, Düften und dem blauen Himmel über seinem Kopf. Das Bild einer Wiese im Kopf zu behalten hilft uns beim Design unserer Umgebung. Dieses fünfte Grundelement steht mit dem Archetypus der Insel in Verbindung, wenn wir im Zentrum einer weiten Fläche stehen – wenn wir uns fühlen, als seien wir eine schwebende Insel auf dieser Erde.

Denken Sie an all die Wiesen, die Sie mochten. Prairiegräser, die im Wind Wellenmuster machten ... ein gemähter Rasen mit weißen Miniaturmargeriten ... ein kühles, taubedecktes Moosbeet. Haben Sie schon einmal eine Böschung aus frühlingsgrünem Farn gesehen, der sich in einem schmalen Waldtal gerade öffnet oder eine Wüstenfläche in voller Blüte nach einem Regensturm? Zu unseren Lieblingsplätzen gehört eine offene, von einer weichen, grünen Decke überzogene Landschaft: ein Feld, eine Lichtung, ein luftiger, lichterfüllter Garten.

Eine Wiese spielt eine wichtige Rolle in Ihrem Garten. Sie bietet ein horizontales Terrain, wie Wasser, kann einen ruhigen Hintergrund für benachbarte Pflanzen abgeben oder zu einem dynamischen, vibrierenden, eigenen optischen Element werden. Ein einfaches Beispiel besteht im Unterschied zwischen einem Teppichboden und einem Orientteppich in Ihrem Wohnzimmer. Wenn ein Teppichboden keine auffallenden Farben oder Muster hat, wirkt er als stiller Hintergrund für andere Elemente, Möbel, Bilder und Details, die davon abstechen. Ein orientalischer Teppich mit seinen vielen Farben und Mustern ist so bedeutend wie die Couch, das Klavier und der Kamin. Die Wiese in Ihrem Garten kann ein weicher, einheitlicher Hintergrund sein oder ein Feld, das ein eigenes Muster beiträgt.

Wo wollen Sie sein, wenn Sie sich auf einer Wiese wiederfinden? Wir neigen dazu, uns das Zentrum eines solchen Feldes auszusuchen, wo wir picknicken, uns zum Stelldichein treffen oder den Himmel betrachten. Wir stellen mitten auf dem Rasen eine Chaiselongue auf, eine Hängematte, eine kleine Terrasse für einen Teetisch und Stühle. Sie alle werden als Inselchen auf einem Grasmeer aufgebaut. Wir plazieren Anziehungspunkte in die Mitte eines Raumes – Statuen, alte, allein stehende Bäume oder Obelisken, von denen jedes Stück vielleicht ein Stellvertreter für das Selbst in einer Wiese ist.

Denken Sie an all die offenen Flächen in Ihrem Garten. Einige könnten mit Rasen bepflanzt werden, andere mit Feldgras; einige mit Kies oder Asphalt bedeckt werden, während wieder andere unkultiviert, als wilderndes Unterholz belassen werden. Stellen Sie sich nun vor, jedes Stück unterschiedlich als eine Art Wiese zu bepflanzen, eine Fläche voller Blumen, federleicht, samtig, plüschig, seiden, saftiggrün oder flaumig; sanft für das Auge, sanft zu berühren.

Nachfolgend beschreibe ich drei unterschiedliche Arten von Wiesen, die beim Design der horizontalen Ausdehnung unseres Gartens helfen können: die Blumenmatte, die Grünfläche und das bewaldete Tal, die alle wie verschiedene Arten eines wachsenden Teppichs in der von uns geschaffenen Landschaft wirken.

Die Blumenmatte

Eine vollständig mit Blumen bepflanzte Wiese ist eine »Blumenmatte«. Der alte englische Begriff für Wiese taucht zum ersten Mal im *Decamerone* auf, das in der Mitte des 13. Jahrhunderts von Giovanni Boccaccio verfaßt wurde. Er schrieb über eine Wiese, die den Namen »Tal der Damen« trug und nannte sie »blumige Matte«. Die Wiese befindet sich mitten in einem kreisrunden Tal, umgeben von Hügeln ähnlicher Größe, die »aus Kaskaden regelmäßig sich wiederholender Terrassen ... wie die Stufen eines Amphitheaters bestanden«. Auf der Ebene unter einigen Bäumen liegt ein langer Rasen aus winzigen Grasflecken, von Blumen durchsetzt, häufig purpurfarben.« Eine spätere Passage beschreibt eine Frau in der Mitte des Gartens, die »über und über mit tausend verschiedenen, leuchtenden Blumen betupft ist« und im Zentrum des Rasens, »steht ein Brunnen aus rein weißem Marmor, mit einem Tiefrelief verziert.«

Dieses Bild beschreibt eine von Mauern umschlossene, klassische Blumenmatte mit den charakteristischen Blumenbeeten und Grasflächen.

Der flandrische Feldmohn (Papaver rhoeas) *in Hog's Back in Guildford, England, zeigt das Vergnügen eines Gärtners an blühenden Wiesen. Manche geben solch einem einheitlichen, farbenfrohen Effekt den Vorzug, andere mögen wildes, buntes Gewirr.*

Narzissen sind leicht zu pflegende Blumen, die in Gruppen von zehn oder mehr Pflanzen die beste Wirkung erzielen.

Persische Gärten verwendeten Wiesen voller Blumen als Designelement mit einem etwas anderen Effekt. Sie schufen eine strenge vierteilige Komposition mit Mauern und setzten durch blühende Pflanzen starke Akzente; die Pflanzen wurden so ausgesät, daß der Besucher sich an der besonderen Charakteristik jeder Spezies freuen konnte und durch vermischte Farben, Strukturen, Düfte und Blickfänge wandern konnte.

Als Symbol für das Paradies gehörte zu jeder Blume ein Bild und eine Bedeutung: die Narzisse entsprach dem geistigen Auge des Menschen, das noch nicht voll entwickelt ist; die Rose stand für die vollkommene göttliche Manifestation von Schönheit und Majestät auf Erden. Nach dem persischen Poeten Ghalib, »wohnt dem Auge der Narzisse die Kraft inne, Rose und Gras zu schauen«.

Persische und mongolische Blumenteppiche aus Wolle brachten das ganze Jahr über mit leuchtenden, farbigen Blumen in förmlichen Beeten den Sommer ins Haus. Mongolische Teppiche stellen Massen von Blumen dar und streuen Stockrose, Goldlack, Alpenveilchen und Rittersporn zwischen orientalische Dattelpalmen, Maulbeerbäume und Zypressen ein. Jede dieser Pflanzen bedeutet ihrem kundigen Besitzer ein poetisches Bild. Die Blumenwiesen von heute können sich auch in den Staudenbeeten wiederfinden, die den Rasen in vielen europäischen Gärten ersetzen oder in der eher ungezwungenen Vermischung von Narzissen, Schneeglöckchen, Krokussen und anderen frühen Zwiebelgewächsen, die in den ersten Wochen des Frühjahrs blühen. Ein wiesenartiger Effekt kann auf großem oder kleinem Raum dadurch erreicht werden, daß Wildblumen, wie die sich schnell verbreitenden Storchschnabel, Iris, Duftwicke, Wildrosen und Mohn, zwischen die früh blühenden Zwiebelgewächse und Gräser gesetzt werden. Nach ein paar Jahren kommen Gänseblümchen, Berufkraut und Wegwarte von alleine. Wenn Sie die Wiese nicht so oft mähen, höchstens ein- oder zweimal in einem Sommer, erhalten Sie diesen Wildblumeneffekt. Vögel, Schmetterlinge, Bienen und viele Formen des Wildlebens werden bald von Ihrer Blumenwiese angezogen werden.

Eine andere Möglichkeit, eine Blumenwiese in Ihrem Garten zu schaffen, sind Parterres mit Ziermustern oder das Anlegen von Blumenbeeten.

Mit unterschiedlichen Grassorten können Sie verschiedene Bereiche Ihres Gartens voneinander abgrenzen. Sorgfältig gepflegter Rasen auf Knightshayes Court in Tiverton, England, wird in der Ferne von Feldgras abgelöst. An der Stelle, wo beide aufeinandertreffen, verläuft ein »Aha«, ein tiefliegender Umfassungsgraben, der grasende Schafe vom Streunen abhält.

Häufig aus Streifen niedrigwüchsiger Hecken wie Buchsbaum, die direkt neben dem Rasen, farbigem Kiesel oder Blumen gezogen werden, dienten Parterres ursprünglich zu Studienzwecken beim Design des Gartenbodens in streng geometrischen Mustern. Im 17. Jahrhundert erfreuten sie sich in Frankreich großer Beliebtheit, wo *parterres de broderie* (»ausgeschmückte Parterres«) angelegt wurden. *Parterres à l'anglaise*, nach »englischer Art«, bestanden oft aus purem Gras mit einer Statue in der Mitte. Als Blumengarten, der meist in der Nähe des Hauses angelegt wurde, ist ein Parterre wie Miniaturlabyrinth und Wiese in einem und dient zur Erbauung des geistigen Auges.

Grünflächen

Die Grünfläche läßt an das Bild einer Wiese, von Weideland oder Feld denken, das wir einzufangen suchen, wenn wir auf unserem Grundstück diese saftiggrüne Bodenbedeckung aussäen und viel Zeit und Geld ausgeben, das Unkraut zu jäten und den Rasen bis zur Perfektion zu pflegen.

Warum ist Gras für uns so wichtig? Aus Studien des Ökologen Dr. John H. Falk kann man schließen, daß Menschen eine angeborene Vorliebe für Gras zeigen. Er mutmaßt, daß unsere Liebe zum Gras ihren Ursprung in unseren frühesten Vorfahren hat, den Steppenbewohnern und Sammlern des Graslandes in Ostafrika.

Albertus Magnus (ca. 1200-1280) hat in seinem Buch *De vegetabilibus*, das er etwa um 1260 schrieb, vielleicht die frühesten uns bekannten Anweisungen formuliert, wie man einen Grasrasen anlegt. »Nichts erfrischt den Blick so gut wie feines kurzes Gras. Man muß den Raum, der für einen Vergnügungsgarten bestimmt ist, von allen Wurzeln befreien … Der Boden muß dann mit Rasenstücken bedeckt werden, die aus gutem Wiesengras gestochen wurden, mit hölzernen Schlegeln festgeklopft und gut mit den Füßen festgestampft werden, bis sie kaum noch zu sehen sind. Dann sprießt das Gras, Halm für Halm, wie feines Haar und bedeckt die Oberfläche wie eine feine Decke.«

Mittelalterliche Gärten boten Rasensitzplätze – erhobene Bänke zum Sitzen, von Gras überzogen. Diese weichen, wenn auch feuchten Sitzplätze, wurden am Rand eines Grasrasens, um einen Baum herum oder entlang einer Mauer angelegt. Albertus Magnus bemerkte dazu: »Zwischen den Beeten und dem Gras muß ein erhobenes Rasenstück voller fröhlicher Blumen errichtet werden, mit einem Platz fast in der Mitte, auf dem man sitzen kann, wo die Sinne erfrischt werden und man sich mit Vergnügen ausruht.« Grassitze konnten mit Brettern wie erhobene Blumenbeete oder mit Flechtwerk oder Backsteinen unterstützt werden. Zeitgenössische Illustrationen stellen Sitze mit Blumen, Kamille, Erdbeeren, Veilchen und Gänseblümchen dar, die im Gras wachsen. Dicht daneben wurden auch Kräuter, Gemüse, Blumen und besonders Rosen in erhobenen Beeten gezogen.

Dartington Hall in Devon, England, geht noch einen Schritt über den Sitzplatz hinaus – zu Grasbleichen, die einen steilen Hügel hinunterwogen auf einen sogenannten Turnierplatz in der Talsohle zu, breit genug, um darauf ein Picknick abzuhalten. Bowlingflächen waren in englischen Gärten auch beliebt, besonders im späten 19. Jahrhundert, wo es auf den meisten Besitztümern vollkommen gepflegte rechteckige Grasflächen gab. Parkgelände jeder Kultur basierten auf Gras als einer strapazierfähigen und unverwüstlichen Bodenbedeckung zum Spazierengehen, Spielen und sogar gelegentlich zum Schafe weiden.

Englische Gänseblümchen (Bellis perennis) *haben sich auf einem Rasen selbst ausgesät.*

Dieses Ziertal im Allerton Park in Illinois, besteht aus zwei Pflanzenmaterialien: Lycoris squamigera, *winterharte Zwiebelgewächse, die im Hochsommer blühen; sie entspringen einem Ysandrabeet, einem immergrünen Bodendecker, der gerne im Schatten wächst.*

Lassen Sie Ihrer Kreativität freien Lauf, wenn Sie über die Verwendung von Rasen in Ihrem Garten nachdenken. Sie können mit unterschiedlichen Sorten und Graslängen arbeiten, um Räume zu bestimmen und Wege anzulegen. Sie können einen kreisförmigen Rasen entwerfen, der wie ein »Becken« wirkt, von Staudenbeeten, Sträuchern oder Wald umgeben. In Ihrem Gras können Sie Klee säen, der die Bienen anzieht, aber grün bleibt, wenn die Dürre andere Gräser braun werden läßt. Und Sie können zulassen, daß Ihr Vorgarten, der gewöhnlich eine Domäne des Rasens ist, zu einer Wildblumenwiese verwildert. Vielleicht möchten Sie auch Segge, Ziergräser und Schilf einbringen, wie Millionen anderer Gärtner, die diese bemerkenswerten Pflanzen in immer größerem Maße anpflanzen. Sie erinnern uns an Weizenfelder aus Kindertagen, an Salzmarschen oder die Savannen und Steppen unserer Vorfahren.

Täler

Ein Tal kann auch als kleine, abgelegene Senke definiert werden, die gewöhnlich von Bäumen, Gras oder Bodendeckern nur einer einzigen Spezies bedeckt ist. Das Bild von einem Ort ästhetischer Einheit ist anziehend: ausgedehnte Gras- oder Moosbeete, Efeu oder Vinca, Farne oder Schaumblüten. Glockenblumen färben den Waldboden im Frühling, gerade dann, wenn die jungen Blätter hervorbrechen. Heidekrautgärten mit ihrer Patchworkstruktur aus winzigen Blättchen und Blümchen und dekorativen Steinhaufen wirken wie weiche Hügel und Täler. Büsche aus frühlingsgrünem Farn wie das Frauenhaar, dessen Wedel Bögen aus feinen schwarzen Stielen bilden, scheinen den Waldboden unter einem hohen, laubgrünen Baldachin feucht zu halten. Andere Farne, wie zum Beispiel der Königsfarn, ziehen nasse Standorte an einer morastigen Stelle vor. Sogar Seerosen oder Lotus, die auf einem Teich treiben, stellen eine Art Tal dar. Sie wachsen in einer dichten Matte auf einem seichten See mit wenig Strömung. Welche Pflanzen Sie setzen, um ein Tal zu schaffen, hängt stark vom vorhandenen Ökosystem ab: wenn Sie einen trockenen Flecken mit praller Sonne haben, könnten Sie ein Tal mit Anemonen, Steinkraut, rotgelber Tageslilie, Astern oder Quendel anlegen. Verfügen Sie über ein dauerhaft feuchtes Gebiet im Halbschatten, könnten Sie ein Tal mit Myrte, Dreiblatt, Schlüsselblume, Liriope oder Funkie bepflanzen. Wenn es sich um ein sumpfiges, schattiges Gebiet handelt, könnten Sie ähriges Christophskraut, Kanadischen Hartriegel, Leberblümchen oder Funkien oder viele verschiedene Farne pflanzen.

Für die Gestaltung Ihrer Wiese müssen Sie die Bedingungen auf Ihrem Grundstück kennen, Sie müssen aber auch zwischen Einheit und Vielfalt entscheiden. Einheit zu wählen, heißt einer Spezies zu erlauben, einen einzigen, großen, freien Raum zu besetzen und kann Ihrem Garten die Einfachheit verleihen, die Sie gern erzielen möchten. Sich für die Vielfalt zu entscheiden bedeutet, Pflanzenarten in einem liebenswerten Gewimmel zu vermischen, was während der ganzen Vegetationsperiode für Lebendigkeit sorgt. Jede Art von Wiese bündelt Raum, als ruhigen, stillen Hintergrund oder als pulsierenden, gemusterten Landschaftsteppich.

VI. Heilige Berge

Wie viele Menschen werde ich von hohen Orten angezogen. Ich sehne mich danach, in Frieden auf einem Turm oder einer Pagode, einem Balkon oder einem Berggipfel zu sitzen. Nach dem Erkenntnispsychologen Rudolf Arnheim, wird »Sein im Grunde als Vertikalität erfahren.« Räumliche Orientierung wird durch unsere Beziehung zum Vertikalen wahrgenommen. In anderen Worten, unser Blick orientiert sich am Aufrechten, sowohl auf der physischen Ebene als auch vor unserem inneren Auge. Es gibt zwei Wege, einen heiligen Berg zu erleben: ihn zu besteigen oder ihn im Geiste zu besetzen.

Beinahe jede Kultur hat die Heiligkeit der Höhe anerkannt. Primitive Völker stellten Markierungen in ihrer Landschaft auf, indem sie künstliche Hügel bauten oder Steine aufeinandersetzten, wie bei Seven Barrows in Wiltshire, England. Die Mesopotamier bauten den Zikkurat als einen heiligen Berg, ein Haus für die Götter und als Observatorium zum Studium der Astronomie. Borobudur, ein buddhistischer Schrein in Java, in der Form eines Mandalas angeordnet, stellt die geistige Reise von der Geburt zum Tod dar und hinauf zum Reich des Nichts, über Denken oder Form hinaus. Der Stamm der Mississippi-Indianer baute einen dreißig Meter hohen, heiligen Berg für zeremonielle Beisetzungsriten in Cahokia, Illinois; sie erreichten das Gefühl von Ewigkeit durch die abstrakte Geometrie und die gewaltigen Ausmaße.

Sie können den höchsten Punkt in Ihrem Garten ausfindig machen und ihn betonen oder einen Hügel auftürmen, der sich ein bißchen über Ihren Garten erhebt. Auf dieser gebogenen Erdbrücke im Garten der kaiserlichen Villa Katsura Rikyu in Kyoto, können Sie sich im Garten orientieren, dahin zurückschauen, woher Sie kamen und vorausschauen, wohin Sie gehen wollen.

Kleinere Berge waren ein beliebter Höhepunkt mittelalterlicher Gärten, Hügel, von denen aus man die Zufahrtsstraßen zu einem Besitz beobachten konnte. Die elisabethanischen Zeitgenossen bauten auf diesen Hügeln Bankettsäle, um die freie Bewegung der Luft einzufangen und schlechte »Stimmungen« zu vertreiben. Solche Stellen gaben einen guten Standort ab, um eine Hirschjagd, ein Pferderennen oder den Falkenflug zu beobachten. Außer in den College-Gärten von Oxford und Cambridge werden in England heute nur noch wenige der runden oder viereckigen Hügel beibehalten.

Die Idee, einen Blick aus einem Garten hinaus zu genießen, hielt nur bis zur Spätrenaissance stand. Pläne der Villa Medici aus dem späten 17. Jahrhundert zeigen einen runden Hügel, von hohen Bäumen eingekreist, den man über einen dicht bepflanzten Wald erreicht. In seiner Beschreibung des Aufstieges, der von Stechpalme überschattet wird und zu einem kleinen Pavillon führt, schrieb der Dichter Christopher Thacker, »Während der Besucher die Stufen hinaufsteigt, kann er nicht weit nach rechts oder links schauen, so daß der spektakuläre Blick über Rom von der Anhöhe umso freudvoller genossen wird ... In der ganzen Gartenwelt kenne ich keine schönere ›Überraschung‹.«

Sie müssen nicht so großartig nach dem Himmel streben, auch wenn Sie einen himmlischen Effekt erzielen wollen; die Engländer schufen andere, etwas bescheidenere Beispiele vertikalen Landschaftdesigns. Im Jahr 1629 schrieb John Parkinson in Cobham Hall in Kent über einen großen Lindenbaum, dessen Äste so gezogen waren, daß sie drei übereinanderliegende Lauben bildeten und über ein Treppenhaus und Dielenbretter auf jeder Ebene erreicht werden konnten: »Das war«, so schloß Parkinson, »das beste Spektakel, das ein Baum tragen kann und meine Augen jemals zu Gesicht bekamen.« Heute gibt es gerade noch ein solch ausgefeiltes Baumhaus aus dem 17. Jahrhundert in Pitchford Hall in Shropshire.

Die Chinesen verstehen viel vom Setzen des Vertikalen in ihrer hauptsächlich horizontal ausgerichteten Gartenwelt. Sie sammelten *shi-feng*-Felsen für die Konstruktion künstlicher »Berge« oder plazierten einzelne, merkwürdig geformte Steine in einem Pavillon oder auf einem Marmorsockel. Die Japaner bevorzugten weniger sperrige Objekte und setzten ihre Granitsteine und Schieferplatten in Gruppen zu

Stoßen Sie in einem Waldgarten in Northeast Harbor, Maine, auf diese aufrechten Steine, glauben Sie, Miniaturberge vor sich zu haben, errichtet für Ihren Geist, um sich daran zu erheben. Natursteine sollten gesetzt werden, als seien sie schon immer da gewesen.

drei, fünf oder sieben Steinen. Der größte Stein in einem japanischen Garten symbolisiert häufig den Berg Meru, der von den Buddhisten lange für das mythische Zentrum des Universums gehalten wurde.

Diese Designtraditionen werden auch heute noch fortgeführt, wenn auch weniger bewußt. Unbewußt arrangieren wir Raum wie unsere Vorfahren, indem wir entweder uns selbst oder andere Objekte so darin aufstellen, daß wir zu der heiligen Kraft des erhobenen Platzes, dem vertikalen Punkt in der Landschaft, Zugang bekommen. Wo immer es möglich ist, bauen wir unsere Häuser auf der Anhöhe, schaffen Kuppeln und Türme, um bestmöglichen Blick auf die Welt zu erhalten. Wir schmücken unsere Gärten mit Pergolen, Ausgucken, Aussichtspunkten und Sonnenterrassen, verzieren sie mit Skulpturen, Springbrunnen, Steinlaternen, Felsen, Obelisken, um unsere Aufmerksamkeit zu fesseln und unseren Blick himmelwärts zu lenken. In meinem Hof dient zum Beispiel ein riesiger Felsbrocken als Klettergelände für Kinder, als Fokus für Pflanzen und Aussicht über die Grundstücke und die Landschaft dahinter.

Was ist, wenn Sie keinen solchen Aussichtspunkt haben? Einer meiner Professoren, sehr gescheit, doch ohne Geld, um ein Ufergrundstück in Martha's Vineyard zu kaufen, wollte dennoch nicht auf den Blick verzichten. So baute er sich mit Hilfe seiner Familie einen hölzernen Turm, der aus den Buscheichen und Pechkiefern seines Besitzes hervorguckt und gerade genug Platz für drei Leute bietet. Eine andere Gärtnerfreundin legte einen künstlichen Hügel in ihrer flachen Illinois-Landschaft an und entwarf einen geschlängelten Pfad zu seinem Gipfel, wo sie einen chinesischen Pavillon errichtet hat. Dort zu sitzen ist ihre Belohnung für einen Tag harter Arbeit.

Ihr Besitz bietet zweifellos seine eigenen Möglichkeiten, die Kraft des heiligen Berges zu sammeln. Welche bedeutenden, vertikalen Besonderheiten gibt es bereits? Wo könnten Sie sich vorstellen, ein vertikales Element aufzustellen? Ob es sich um einen Blick auf ferne Berge handelt, einen Ausblick über Bäume oder ein einzelnes senkrechtes Objekt, ein hoher Platz befreit uns von materiellen Einschränkungen, von der Anziehungskraft der Erde und unserem Alltag. Von solchen Gipfeln aus ist es uns möglich, die Kraft der Erleuchtung in uns selbst zu entdecken, einen klaren, ungehinderten Blick auf die Welt zu gewinnen.

Diese Klippe in Naumkeag, die in Wirklichkeit aus einer Gruppe von sorgfästig zusammengestellten großen Felsbrocken besteht und wie ein einziger Felsen wirkt, ist vielleicht erbaut worden, um einen Aussichtspunkt zu schaffen, von dem man die Sonnenuntergänge in Berkshire sehen kann.

Wasser fügt sich immer in die Form seines Gefäßes, so wie in diesem einfachen Becken im Bloedel Reserve Garden auf Bainbridge Island im Staat Washington. Ob ruhig oder turbulent, als Spiegel des Himmels über ihm bietet es eine faszinierende Stelle zur Kontemplation. Schützende Zedern umschließen den Ort.

VII. Wasserriten

Wasser ist das wesentliche Element des Lebens, die mächtigste Substanz der Erde, die Cañons in Berge schnitzt und Steine so lange triezt, bis sie zu Sand gemahlen sind. Es bedeckt 71 Prozent der Erdoberfläche, füllt Flüsse, Seen, Teiche und die Luft, die wir atmen. Als Embryos bestehen wir fast vollständig aus Wasser, selbst im hohen Alter liegt der Anteil noch bei 65 Prozent. »Wasser geht allen Formen voran und erhält alle Kreatur«, sagt der Theologe Mircea Eliade. »Jeder Kontakt mit Wasser beinhaltet Regeneration«.

Die Quelle ist für den Garten wie der Himmel für die Landschaft; eine blaue Ausdehnung aus Licht und konstanter, aber sich stetig verändernder Energie. Beide bestehen aus Wassermolekülen, die das Sonnenlicht reflektieren und schimmernde Beleuchtung schaffen, die sich als Antwort auf die Bewegung des Windes, als Wolkenformation oben und als Wellenmuster unten bricht. Wenn Sie zur Zeit des Sonnenuntergangs an einem nach Westen gerichteten Strand sitzen, können Sie die transzendente Kraft dieser beiden Quellen, Energie und Licht, erfahren: die Sonnenstrahlen verdoppeln sich als Reflektionen der See, während alles Organische auf eine flache Silhouette schrumpft. Andere Teile der Landschaft scheinen statisch und mit der Erde verwurzelt neben dem dynamischen Glanz von Himmel und Quelle. Und so wie der Himmel die Quelle des Wassers ist, das in Form von Niederschlag auf die Erde fällt, ist die Felsenquelle die Quelle des Wassers, das die Erde in Form von unterirdischen Strömen und wasserführenden Schichten durchdringt. So wie der Himmel alle Elemente der Quelle enthält, enthält die Quelle alle Elemente des Himmels: die kleinste Pfütze kann den Himmel enthalten.

Im Laufe der Geschichte waren viele Kulte und Riten mit Quellen, Flüssen und Strömen verknüpft. Besonderen Wasserläufen sagte man nach, sie beherbergten eine heilige Gegenwart. Quellen, besonders heiße Quellen oder Salzquellen, gingen mysteriös aus den unterirdischen Strömen hervor und erlaubten einen kontinuierlichen Fluß von Trinkwasser in trockene Regionen. Man glaubte, daß Götter oder Geister mit prophetischen Kräften in oder in der Nähe von Quellen ansässig waren. Heiligtümer, Kirchen, Tempel, Einfriedungen und Altäre wurden neben ihnen gebaut, Opferriten durchgeführt und Gottesurteile vollstreckt. Sie lassen die ambivalenten Gefühle unserer Vorfahren, ihre Furcht vor Wasser und dessen Anziehungskraft ahnen.

Es ist wenig überraschend, daß Wasser lange Zeit ein zentrales Element der Landschaftsgestaltung war; das reicht zurück bis zu den frühesten Gärten des bewässerten mesopotamischen Tales bis hin zu den Wasserfällen der Parks im Westentaschenformat zeitgenössischer Städte. Heute heben wir Becken und Teiche aus, begradigen sie mit Lehm, Kunststoff oder Zement. Wir leiten Flüsse um, konstruieren Wasserfälle und Springbrunnen. All diese Entwürfe hängen gleichermaßen von den physikalischen Eigenschaften des Wassers und Ihrem eigenen Geschmack ab. Letzterer ist natürlich bei jedem Gärtner verschieden.

– *Wasser nimmt keine eigene Form an, sondern füllt jede angeborene Form aus.* Wir erleben die wesentlichen Formen auf zwei verschiedene Arten: als ein umschlossenes Element (in einem Becken) und als fließendes Element (in einem Kanal).

Wasser, ein fortwährend sich verändernder natürlicher Anziehungspunkt im Garten, wirkt gleichzeitig als Feuchtigkeitsspender und Lärmfilter, besonders in kleinen Oasen wie dem eleganten Paley Park in Manhattan.

Das Water Runnel (Wasserrinnsal), als Verbindung zwischen höher- und tieferliegenden Quellen in Naumkeag geschaffen, zeigt, wie ein Fußweg und ein Wasserkanal dieselbe Form annehmen können.

Shalimar Bagh, die »Wohnstätte der Liebe«, ist ein mongolischer Garten, der hoch in den Ausläufern des Himalaya in Kaschmir angelegt wurde. Ein zentraler Wasserlauf, der von Bergströmen gespeist wird, ergießt sich über den terrassierten Abhang und bildet die gefällige Struktur durch die Wechselwirkung von Turbulenz und Stille, verlangsamt sich zu einem Strudel in den weitläufigen Becken von Shalimar und stürzt sich rasch in die nächsten Kanäle. Throne, über dem Wasser angelegt, rufen den kontemplativen Zustand hervor, der sicherlich in der Absicht des Architekten lag. Wenn wir unseren eigenen Garten entwerfen, müssen wir immer daran denken, daß Wasser nur dahin fließt, wohin wir es befehlen, in der Form und mit der Geschwindigkeit, die wir bestimmen.

– *Wasser reflektiert im Stillstand.* Die stille Tiefe eines Beckens lädt uns ein, über sie nachzudenken und uns in die Betrachtung der glasigen Oberfläche zu versenken, der Tatsache gewahr, daß sogar ein einziger Regentropfen oder der Anflug einer Brise Kaskaden von Ringen an seinen äußersten Rand schickt. Je dunkler die Farbe des Beckens, desto tiefer erscheint es; die Stimmung des Besuchers mag sich entsprechend verdunkeln oder vertiefen.

Ein schmückender Behälter – ein *Bassin* – dient als reflektierender Pool in André Le Nôtres erstem großen Garten in Vaux-le-Vicomte, Seine-et-Marne, Frankreich. Zwischen 1656 und 1661 für Nicolas Fouquet, Finanzminister unter Louis XIV, erbaut, prahlte das Gelände mit einem Wassergraben, Teichen, Kaskaden, Grotten, einer Allee mit Springbrunnen und einem fast einen Kilometer langen Kanal. Die größte Überraschung war allerdings das rechteckige *Bassin*, das man Grand Miroir d'Eau (großer Wasserspiegel) nannte und der die ganze Fassade des Schlosses aus großer Entfernung widerspiegelte. Von Le Nôtre perfekt berechnet, ist der Spiegelungswinkel des Schlosses gleich dem Einfallswinkel des Betrachters. Setzt man das Becken ein, um eine Statue, eine Verzierung, eine Trauerweide, ja sogar den Himmel zu reflektieren, hat es die Kraft, uns zu entzücken.

– *Wasser strebt immer nach seinem niedrigsten Stand.* Indem es dies tut, schafft es Flüsse und Ströme, die unsere Sinne mit komplexen Mustern, unberechenbaren Rhythmen, samtiger Weichheit und murmelnden Lauten erfreuen. Zu beobachten, wie Wasser einen Hang hinunterfließt oder sich durch eine sonnige Wiese schlängelt, ist eine der einfachsten Freuden des Lebens.

Der Rill-Garten in Coleton Fishacres in Kingswear, Devon, England, besteht aus einem kanalisierten, gefluteten Bauwerk in einer Schlucht längs eines Berges. 1920 von Oswald Milne für Mr. Rupert und Lady D'Oyly Carte entworfen, bricht Wasser aus einer Grotte hervor, um durch einen schmalen Kanal aus Silberstein in einen leuchtenden, immergrünen Garten zu fließen. Von dort wandert es durch die Landschaft, stets seinen niedrigsten Stand suchend, in Teiche und Bäche, bevor es hinter einer Klippe in einem Hafen des Englischen Kanals verschwindet. Fußwege verwandeln das, was lediglich ein Sturzbach war, in einen fließenden Blickfang der umgebenden Gärten

Dieses japanische chozubach *(Wasserbecken) steht an einem Pfad in einem Teegarten und dient zur rituellen Waschung von Händen und Mund, bevor der Tee genommen wird. Schon eine Schöpfkelle voll Wasser kann das Funkeln des Himmels einfangen und Ihren Garten beleben.*

Einen natürlichen Wasserlauf wie diesen Bach in Oregon zu studieren, der über Felsen hinweg durch ein Feld wilder Lupinen rauscht, erweckt unser Verständnis dafür, wie wir die Gestaltung unserer eigenen Wasseranlagen verbessern können. Beobachten Sie die Art, wie Wasser auf seinem Weg das Ufer auswäscht und Material im Flußbett ablagert. Achten Sie auf die Lage der Steine und Pflanzen in seinem Kielwasser und entwerfen Sie Ihr eigenes Wasserspiel nach natürlichen Prinzipien.

und eine Inspiration für den Designer, der die Gesetze der Schwerkraft nutzt, um zu Hause bezaubernde Wasserläufe zu kreieren.

– *Der Charakter eines Wasserfalles wird von der Kante bestimmt, über die er fällt.* Wollen Sie eine glatte oder rauschende Wasserwand in Ihren Garten fallen lassen? Soll es in Rinnsalen oder in Stufen fließen? Hier ein paar Tips: eine weite Öffnung bringt eine dünne Wasserfläche hervor, eine enge Öffnung eine dichtere Säule. Je länger die Zeit bis zum Auftreffen, desto lauter der Ton nach dem Aufprall. Je mehr Hindernisse im Wasserlauf, desto lauter das Geräusch. Ein Stein unten am Wasserfall läßt das Wasser stärker spritzen, als wenn Wasser auf Wasser trifft.

Ein besonders interessantes Beispiel der Stärke, Geschwindigkeit und Energie von Wasser kann man sich in Lawrence Halprins Lovejoy Fountain, einem öffentlichen Wasserlauf in Portland, Oregon, anschauen. Halprin schuf es als eine Reihe von natürlichen Wasserfällen, Zementklippen und Klüften, auf die Betrachter sich setzen können, wo sie stehen oder ihre Füße in den reißenden Fluß hängen können.

– *Wasser ist bestrebt in einer geraden Linie zu fließen.* Durch diesen Prozeß wäscht Wasser ein Flußbett aus und baut es auch auf, gräbt sich einen Kanal, bis es auf eine nicht erodierbare Oberfläche stößt und lagert dabei den Abfall am gegenüberliegenden Ufer ab.

Die Designer traditioneller japanischer Gärten zum Spazierengehen achteten darauf, daß ihre Teiche und Flüsse naturgetreue Nachbildungen von Wasserläufen waren. Sie verwendeten Felsen, um die Ufer eines Flusses zu erhalten und vor Erosion zu schützen oder um den Aufbau von Sandbänken wiederzugeben, die auf der Leeseite kleiner Inseln gebildet werden. Wenn wir einen eigenen Garten kreieren, können wir kaum ein besseres Modell als die Natur zu Rate ziehen.

– *Wasser fließt in Wellenmustern und Strömungen um Gegenstände herum, die auf seinem Weg liegen.* Die japanischen *karesansui* oder Gärten mit trockener Landschaft des 14. und 15. Jahrhunderts verwendeten solche naturalistischen Wasserläufe ohne tatsächliche Bewegung von Wasser. Die dekorativen Muster, die durch das Harken

Wasserdüsen schleudern Wasser in die Luft und lassen den Untermeyer-Springbrunnen im Conservatory Garden des Central Parks weicher erscheinen und beleben ihn zugleich.

von Kies oder Sand erzielt wurden, ließen in einer Landschaft, die zur geistigen Erleuchtung durch intensive Konzentration auf die abstrahierten Wasser- und Landschaftsformen der kleinen Tempelgärten ermutigen sollte, an Ozeane, Flüsse, Inseln und Strudel denken. Ein klassisches Beispiel findet sich in dem berühmten Ryoan-ji in Kyoto.

– *Wasserdruck kann eine Strömung gegen die Schwerkraft richten.* Dieses Prinzip kann man vom Geysir über Wasserquellen bis hin zum wasserspeienden Wal verfolgen und es kann einen dramatischen oder amüsanten Effekt haben. Italienische Designer der Renaissance erfanden gerne *giochi d'acqua* (Wasserspiele). *Automata* (Trickbrunnen), die durch verdeckte Rohre erzeugt wurden, überraschten Spaziergänger, die nicht darauf gefaßt waren. Die Villa Medici in Castello in der Toskana prahlte mit hydraulischen Wundern, die Zuschauer mit

Wasser bespritzten und von einem Gärtner betätigt wurden, von dem man behauptete, er sei »zweihundert Schritte entfernt«.

Wir wollen alle, daß Wasser unser Gartendesign belebt. Und wenn es nur ein winziger Teich ist, ein Vogelbad, ein Steinbassin, ein Wasserstrahl oder eine Quelle, die aus einer Mauer kommt. Wasser bringt ein winziges Rinnsal beständiger Freude in unsere Entwürfe. Selbst ein von Buchsbaum oder Lavendel umgebener Spiegel fängt die Bewegung der Wolken am Himmel ein. Das ist ein wunderbarer Ersatz für echte Flüssigkeit, wenn deren Einrichtung zu schwierig ist.

Wenn Sie eine natürliche Wasserstelle wie einen Teich, einen Wasserfall oder einen Bach anlegen wollen, müssen Sie ein bißchen forschen. Obwohl es viele Bücher über das Design von Wassergärten gibt – und das Verständnis der einschlägigen technischen Themen ist wichtig –, gibt es dennoch keinen Ersatz für das intensive Studium der Wasserläufe. Japanische Gärtner haben dies immer getan; sie gingen zur Quelle gärtnerischer Ideale – zu Mutter Natur selbst. Dort beobachteten sie Wasserfälle, Ströme, Teiche und Flußbetten und skizzierten Inselformationen, Felder und Hügellandschaften. Dann gingen sie zurück in ihre Stadtlandschaften und abstrahierten, was sie sahen und waren achtsam darauf bedacht, die Struktur zu erhalten, sie aber von unwichtigen Details zu befreien. Sie bemerkten zum Beispiel, daß der Boden in einer schnellen Strömung an den Flußufern so lange ausgewaschen wird, bis ein Felsen aufgedeckt wird, hinter dem sich dann eine Biegung bildet. Sie erkannten, daß in einem breiten Flußbett im Kielwasser eines Steines, an dem sich Wasser teilt, ein kleiner Strand aus abgetragenem Material bildet. Das sind winzige Details, sie sind aber wichtige Hilfen, wenn es darum geht, beim Design Ihres Wasserlaufes Entscheidungen zu treffen. Durch die Beobachtung, wie sich Wasser in der Natur verhält, stellen Sie sicher, daß die Quelle in Ihrem Garten den Eindruck erweckt, als entspringe sie tatsächlich direkt dem Boden.

»Meditation und Wasser«, schrieb Herman Melville, »sind für immer vereint.« Diese wunderbare, silberne Flüssigkeit, Schöpferin und Erhalterin des Lebens selbst, kann eine gewöhnliche Gartenlandschaft in ein geistiges, erfrischendes Refugium verwandeln, in eine schimmernde Oase ästhetischer Schönheit und friedvoller Kontemplation. Die Grenzen setzt einzig und allein unsere Phantasie.

Schwarzes, reflektierendes Glas auf einem Becken, von einer dünnen Wasserschicht überzogen, zieht den Himmel direkt in den Afternoon Garden von Naumkeag, in dem seine Besitzerin Mabel Choate ihren Tee nahm. Melville schrieb in Moby Dick: *»Ja, wie jeder weiß, sind Meditation und Wasser für immer vereint …«*

Eine gute Reise durch einen Garten macht man zu Fuß (Fußreise) und mit den Augen und dem Herzen (Reise im Geist). Ein Landsträßchen unterstreicht die Schönheit der dahinter liegenden Berglandschaft von Berkshire. Naumkeag, im Westen von Massachusetts.

Kapitel V

Gartengestaltung – Fussreisen und Gedankenreisen

Wenn ein Garten in sich geschlossen wirken soll, muß er geplant und so strukturiert werden, daß ein harmonischer Gesamteindruck entsteht.

So wie aus einzelnen Tönen Musik wird, wenn man sie zu Melodien verknüpft, so wird aus den einzelnen Gestaltungselementen erst dann ein Garten, wenn man sie zu schönen Bildern verbindet. Und obwohl die Natur und der Zufall Ihre Gartenkomposition beeinflussen werden, spielen Sie als Designer Ihres Gartens doch die Hauptrolle. Sie wählen das Material aus, Sie arrangieren es auf Ihrem Stück Land so, daß für Sie selbst und für andere Betrachter ein ästhetisch befriedigender Garten entsteht.

Das alles hört sich schwieriger an, als es ist. In Wirklichkeit sind Sie jeden Tag – meistens unbewußt – am Gestalten, zum Beispiel wenn Sie den Tisch decken, die Betten machen, Sofakissen zurechtrücken oder Bilder an die Wand hängen. Wenn Sie Gäste zum Essen einladen, »gestalten« Sie den Abend: Sie wählen ein Motto, stellen Gästeliste und Menüplan zusammen, arrangieren den Blumenschmuck, stellen die Tische und Stühle auf und kümmern sich den ganzen Abend darum, daß alles bestens läuft. Wenn Sie ein Zimmer einrichten, gestalten Sie aus Möbeln, Teppichen, Gardinen, Kunstgegenständen und Schnickschnack einen Raum mit Ihrer ganz persönlichen Note.

Der römische Dichter Horaz spricht vielen aus dem Herzen, wenn er schreibt: »Dafür habe ich stets gebetet – ein kleines Stück Land, auf dem ein Garten ist, neben dem Haus eine ewig sprudelnde Quelle und dahinter ein kleiner Wald.« Dieser Teich wurde unterhalb einer natürlichen Felsenkante angelegt und durch Steinplatten befestigt, die auch als Weg dienen.

Dieser von mir konzipierte Weg aus Granit-Bordsteinen, blauem Tonsandstein und Kopfsteinpflaster weist den Besuchern den Weg auf ihrer Gartenreise. Besprengt man vor dem Eintreffen der Gäste die Steine mit Wasser, erfrischt sich die Luft, und die Struktur des Plattenweges kommt besser zur Geltung.

Tatsächlich wissen Sie schon mehr über Raumgestaltung als nötig ist, um einen Garten nach Ihrem Geschmack anzulegen. Nur trauen Sie Ihrem Schönheitsempfinden vielleicht nicht genug. In diesem Kapitel werde ich Gedanken in Worte fassen, die vielleicht schon in Ihrem Kopf herumschwirren. Ich werde Ihnen dabei helfen, Ihre inneren Wahrnehmungen in die Gestaltung Ihres Gartens einfließen zu lassen. Vielleicht sehen Sie die Welt dadurch mit anderen Augen.

Das Bild der Reise

Das Bild, das für mich das Verbinden von Landschaftselementen zu einem harmonischen Garten am besten ausdrückt, ist die *Reise.* Wenn wir einen Garten betreten, unternehmen wir eine Reise – wir bewegen uns von einem Ort zum nächsten. Diese Metapher ist für uns alle nachvollziehbar, denn unser Leben besteht aus Reisen: Wir fahren zur Arbeit, gehen spazieren, unternehmen Ausflüge, reisen um die Welt und fliegen zum Mond. Dabei bewegen sich unser Körper und unser Geist durch Raum und Zeit. Auf manchen Reisen erleben wir, wie sich unser Innerstes verändert und unsere Sinne neu belebt werden. Die Gefühle, die unsere bisherigen Lebensreisen in uns wachgerufen und die Formen, die sie angenommen haben, werden uns viel darüber verraten, wie wir solche Erfahrungen in das Design unseres Gartens einbringen können.

Wenn ich ein Gartendesign entwerfe, stelle ich mir vor, ich befände mich auf einem Streifzug durch die Landschaft, die ich gestalten soll. Wo ist mein Ausgangspunkt? Wo mein Ziel? Führt mein Weg über unebenes oder über glattes Gelände? Gehe ich forsch voran oder bummle ich? Wieviele Wege habe ich zur Auswahl? Wo bleibe ich stehen? Was sehe ich, was empfinde ich? Unser bisheriges Wissen über die Gefühle, die sich auf Reisen einstellen, gibt uns Hinweise darauf, wie wir unserem Garten Form geben können.

Verschiedene Arten von Reisen

Reisen bestehen im allgemeinen aus Wegen oder Orten. Wege sind die Strecken, auf denen wir uns, entweder zu Fuß oder im Geist, bewegen. Orte sind die Stellen, an denen wir Halt machen, um zu verschnaufen, oder Aussichtspunkte, von denen wir unseren Blick über die Welt vor unseren Augen schweifen lassen.

Wir kennen zwei Arten von Reisen: die, die tatsächlich stattfinden – Fußreisen – und imaginäre Reisen – Gedankenreisen. Eine *Fußreise* ist vergleichbar mit einem Spaziergang, bei dem besondere Ereignisse entlang des Weges unsere Sinne reizen und uns zu Gedanken anregen. Eine *Gedankenreise* findet statt, wenn wir unterwegs auf ein Motiv oder ein Objekt aufmerksam werden, mit dem sich unsere Gedanken beschäftigen. Im Garten reist man auf beide Arten – zu Fuß und in Gedanken.

Fussreisen

Eine Fußreise unternehmen Sie jedesmal, wenn Sie sich durch den Raum bewegen, und das tun Sie eigentlich die ganze Zeit. Von dem Augenblick an, wo Sie morgens aufstehen und ins Bad gehen, auf dem Weg zur Arbeit, bei einem Spaziergang in der Mittagspause und auch wenn Sie abends zu Bett gehen, unternehmen Sie mehr oder weniger große Exkursionen durch den Raum; Sie bleiben stehen, gehen weiter, mit einer bestimmten Absicht oder rein zufällig. Jeder dieser alltäglichen Ausflüge ist ähnlich aufgebaut wie eine große Expedition: Es gibt einen Ausgangspunkt, eines oder mehrere Reiseziele, Ereignisse und Wege, die alle diese Dinge miteinander verknüpfen.

Erinnern Sie sich doch einmal an eine schöne Reise, die Sie unternommen haben. Woraus bestand sie, wie verlief sie, was spürten Sie unter Ihren Füßen: Höhen, Tiefen, Abwege, schnurgerade Strecken.

Ein Teegarten enthält viele Steinplattenwege, die an verschiedenen Ereignissen entlangführen. Ausgangspunkt der Reise ist oft ein kleiner Pavillon. Ziel ist das Teehaus selbst. Unterwegs wird man durch Bambustore geführt, vorbei an Steinlaternen (ishidoro) *und Wasserbecken* (chozubachi), *an denen man sich rituell die Hände und den Mund wäscht. Grenzsteine* (y[illegible]oseki) *zeigen an, wenn ein Weg nicht gewählt werden darf.*

Wenn ein Garten in sich geschlossen wirken soll, muß er geplant und so strukturiert werden, daß ein harmonischer Gesamteindruck entsteht. In diesem Garten in Maine bildet zum Beispiel die Oberkante einer geschnittenen Hecke den Mittelgrund, der die Pflanzen im Vordergrund und die Bäume im Hintergrund voneinander trennt. Mit einer solchen Raumstaffelung läßt sich die Landschaft jenseits der Gartengrenzen »einfangen«, der Garten gewinnt an Tiefe.

Und dann stellen Sie sich vor, Sie würden diese Reise noch einmal in Ihrem Garten unternehmen, egal ob er nur handtuchgroß ist oder ein weitläufiger Park. Mit dem Bild der Reise können Sie Ihren Gartenentwurf strukturieren und eine Fülle von Assoziationen hervorrufen – allgemeine wie auch solche, die sich positiv auf Ihr eigenes seelisches Wohlbefinden auswirken. Betrachten wir nun einmal genauer all die Dinge, die zu einer Reise dazugehören.

Ausgangspunkt

Jede Reise beginnt an einem bestimmten Punkt. Dieser Ausgangspunkt ist wie eine Pforte in eine andere Welt: von der profanen Welt der äußeren Dinge zum inneren Heiligtum des Gartens. Der Ausgangspunkt markiert den Beginn des Gartenerlebnisses und kann ein Eingangstor, eine Terrassentür oder eine alleenartige Auffahrt sein. Vielleicht ist er eindrucksvoll und so reich verziert wie das Fallgitter einer Burg, vielleicht ist er aber auch so schlicht wie ein Transparent, das zwischen zwei Bäumen gespannt ist.

Ein Ausgangspunkt soll auf den Betrachter wie eine Einladung wirken. Ein offenstehendes Gartentor, ein paar Wassertropfen auf der Schwelle, einzelne Blütenblätter auf dem Weg – all das fordert uns auf, uns zu einem Streifzug durch das Gartenreich aufzumachen.

Reiseziel

Das Reiseziel ist ein besonderer Ort, der fast etwas Magisches an sich hat. Er ist ein Ort zum Träumen, und er unterscheidet sich sowohl in der Größe als auch in der Form und im Wesen von den Orten unseres alltäglichen Lebens. Er versinnbildlicht eine einfachere Daseinsform als die, die uns bekannt ist; die Erfüllung geheimer Hoffnungen, die Entdeckung unseres wahren Wesens. Hier sind wir am Ziel unserer Gartenreise angelangt. Hier beginnt die Gedankenreise. Manchmal ist dieser Ort ein Schuppen oder eine Laube, an der man innehält und den Blick auf ein Motiv im Garten oder jenseits seiner Grenzen schweifen läßt. Vielleicht ist aber auch eine der archetypischen Aussichtspunkte und Grundformen das Ziel Ihrer Gartenreise: eine erhöhte Stelle auf dem Grundstück, der vorspringende Teil einer Felsenküste oder ein kleines Wäldchen, eine verborgene Quelle, ein Moosbett im hohen Gras.

Ein Weg, der beiderseits von Rosen begrenzt ist, gibt den Blick auf eine Wildblumenwiese und auf das Ziel der Gartenreise frei – ein Landhaus in New Hampshire, auf einer kleinen Anhöhe. Vom Haus schweift der Blick über den Connecticut River und die weiche Hügellandschaft Vermonts.

Wo ist das Reiseziel in Ihrem Garten? Wo würden Sie sich am wohlsten fühlen? Vielleicht gibt es mehrere solcher Orte. Der Shalimar Garden in Kaschmir kann sich gleich mehrerer Zielpunkte rühmen – Pavillons, in denen der Mogul Schah Jahan einst seine kaiserlichen Untertanen und Höflinge empfing oder sich von den Tänzen seiner Haremsdamen unterhalten ließ. Zum Saiho-ji-Tempel in Kyoto gehören mehrere Teehäuser, die kleinere Reiseziele abgeben. Der eigentliche Höhepunkt ist aber eine Trockenkaskade, die in mehreren Stufen eine Bergwand herabfällt und als wichtigster Ort der Meditation dient. Hauptreiseziel im Bok Tower Garden in Florida ist ein Turm mit einem Glockenspiel. Die Besucher streben auf verschlungenen Kieswegen diesem Turm zu, dessen Glocken jede halbe Stunde eine zarte Melodie erklingen lassen.

Eine zu große Anhäufung von Zielorten kann Verwirrung stiften. Man wird immer von einem Ziel zum nächsten getrieben und erlebt nie jenes befriedigende Gefühl, »angekommen« zu sein. Wenn Sie sich für mehrere Zielstationen in Ihrem Garten entscheiden, achten Sie darauf, daß kein Blickkontakt zwischen ihnen besteht, damit jede für sich als Ziel empfunden werden kann.

Bringen Sie den Charakter des Ausgangspunkts und des oder der Reiseziele in Ihrer Gestaltung zum Ausdruck. Der Ausgangspunkt, oft ein Torbogen oder eine Öffnung in einer Mauer, steht normalerweise in Beziehung zum Stil des Hauses. Das Reiseziel liegt – gedanklich und oft auch räumlich – in einiger Entfernung vom Startpunkt und kann sich architektonisch durch einen anderen Stil auszeichnen, der vielleicht etwas rustikaler und dem allgemeinen Gartenstil angepaßt ist.

Ereignisse

Ereignisse nenne ich Stellen im Garten, die den Betrachter zum Anhalten beziehungsweise Nachdenken bewegen. Ereignisse können so flüchtig sein wie ein leiser Windhauch, der durch die Blätter streift, aber auch so bedeutungsvoll wie die Sicht auf einen kilometerweit entfernten Berggipfel. Beim Gartenspaziergang werden durch eine Vielzahl von Eindrücken entlang des Weges kleine Ereignisse ausgelöst – von Geranien in einem Steingutttopf, von einem Baumstumpf inmitten eines Narzissenmeeres, von einer griechischen Statue am Ende einer Allee oder vom Kirchturm eines Dorfes in der Nähe. Je belebter das Ereignis ist, desto stärker wird unser Blick angezogen: Schafe auf einer Weide, Fische, die zwischen Wasserlilien nach Luft schnappen: solche Begebenheiten lassen – ob geplant oder zufällig – unseren Garten lebendig und interessant wirken.

Oft haben die Ereignisse, die wir in die Gestaltung unseres Gartens einflechten, eine ganz persönliche Bedeutung für uns. Wenn man Kinder fragt, was ihnen an ihrem Garten am meisten gefällt, zählen sie all die Dinge auf, die sie einmal an den betreffenden Stellen erlebt haben. Im Garten meiner Mutter gibt es zum Beispiel viele wunderbare Stellen, die unsere Kinder lieben. Da ist einmal die »magische Treppe« hinter dem Haus, von farbenprächtigen Staudenrabatten gesäumt; eine Holzschaukel auf der vorderen Veranda; zu Tierformen geschnittene Hecken. Sie haben das Vogelhäuschen ebenso in ihr Herz geschlossen wie die Pflanzen im Bauerngarten und vor allem ihren Lieblingsweg, einen S-förmigen Pfad, der sich durch Funkien, durch Farne und Pachysandra zu einer alten, blau bemalten Bank schlängelt. Aber ihr Augapfel ist das Spielhäuschen und der dazu passende Garten mit seinem Palisadenzaun, dessen Latten sie selbst mit Blumen bemalt

Das Geschenk eines Enkelkindes findet einen passenden Platz in diesem Cottage-Garten.

Blütenblätter in einem Vogelbad, Los Angeles. Der französische Dichter Mallarmé schrieb: »Alles sollte nur Andeutung sein. Das Betrachten von Gegenständen, das flüchtige Bild von Träumen, die sie hervorrufen, das macht das Lied aus ... Das Symbol entsteht durch den richtigen Gebrauch dieses Geheimnisses: man wählt ein Objekt aus und entlockt ihm, indem man es Schritt für Schritt entziffert, eine Stimmung.«

haben. An verschiedenen Stellen im Garten befinden sich Gegenstände, die für unsere Kinder zu kleinen Schauplätzen werden: Tierskulpturen aus Stein; immer wieder Vogelhäuschen und so manche besondere Pflanze wie die wilden Stiefmütterchen, gelbe und orangefarbene Lilien und Katzenminze, »weil sie die Katzen verrückt macht«. Ich habe die Erfahrung gemacht, daß es in einem Garten, jedenfalls aus der Sicht von Kindern, nie zu viele Ereignisse geben kann.

Manchmal bekommen Ereignisse eine besondere Bedeutung oder erfüllen einen bestimmten Zweck innerhalb der Gartenanlage. Der berühmte Garten in Stourhead im südenglischen Wiltshire, der heute vom National Trust verwaltet wird, wurde Mitte des 18. Jahrhunderts von Henry Hoare II angelegt, der dreißig Jahre lang an dessen Vollendung gearbeitet hat. Er beherbergt einen langen Rundweg, der für die Besucher eine Reihe von Ereignissen parat hält. Zu den Ereignissen zählen verschiedene architektonische Elemente, Denkmäler und landschaftliche Elemente wie zum Beispiel eine terrassierte Rasenfläche, die beim Haus beginnt, an einer Grotte am Ufer mehrerer Teiche und Seen vorbeiführt und bei einem Obelisken endet.

Viele der Ereignisse, die Hoare geschaffen hat, spielen auf bekannte literarische oder klassische Werke an. Am See begegnet man einem schlafenden Flußgott, an einer anderen Stelle des Ufers befindet sich der Tempel der Göttin Flora, und entlang des Weges offenbart sich eine ganze Palette von Objekten aus dem 18. Jahrhundert, die andere eindrucksvolle Ereignisse bilden: ein Kloster im Wald, ein gotisches Landhäuschen, eine Palladio-Brücke mit fünf Arkaden, und im Hintergrund das Dorf Stourton mit seinem Kirchturm – eine Kulisse, die ein »bezauberndes Gaspard-Gemälde« abgeben würde. Jedes Ereignis entlang des Rundgangs ist eine Huldigung an den Gelehrten Hoare und an seine gestalterischen und künstlerischen Fähigkeiten, die er in seinem großen »Hausgarten« unter Beweis gestellt hat.

Die wenigsten Menschen suchen nach einem derart esoterischen Design in der Landschaft ihres Alltags. Nachahmenswerte Vorbilder für Gartenreisen finden sich aber in den japanischen Teegärten, wo man sich auf Trittsteinen von einem kleinen Ereignis zum nächsten vorwärtsbewegt. Unterwegs verweilt der Blick an den Farben und Formen der Pflanzen, läßt man sich für ein Weilchen auf einer Bank nieder oder benetzt Hände und Lippen mit dem Wasser aus einem der steinernen Bassins, um die sich feuchtigkeitsliebende Pflanzen ranken. Auf nächtlichen Ausflügen weisen Steinlaternen den Weg, aus deren kleinen, mit feinem Reispapier bespannten Fenstern das zarte Licht einer Öllampe oder Kerze schimmert. Auch sie stellen Ereignisse dar: stille Leuchtfeuer, die uns durch den Raum geleiten.

Weg

Der Weg, also die Verbindung von Ausgangs- und Zielpunkt, soll wie ein sich stetig wandelnder Fluß dahingleiten. Er fließt an Ereignissen vorbei, so wie ein Bach oder Fluß Hindernisse umspült, sich hier in einem Wirbel dreht, dort gegen einen Stein klatscht, sich an dieser

Der Betrachter dieser ägyptischen Skulptur im Garten der Villa Melzi folgt ihrem Blick hinaus auf den Comer See. Die Landschaft außerhalb der Gartengrenzen wurde so auf raffinierte Weise ins Design mit einbezogen.

Dieser Weg aus geschnittenen Steinplatten lenkt das Auge und den Schritt des Wanderers zu einer Wegkreuzung, an der er sich für eine neue Richtung entscheiden muß.

Stelle zum schmalen Rinnsal verengt, um sich kurz darauf wieder als Schwall über die Steine zu ergießen. Der Weg, auf dem wir zu Fuß durch den Garten reisen, paßt sich den wechselnden Bedingungen, sprich Hindernissen und Ereignissen an, fließt aber stetig weiter.

Stellen Sie sich eine Gartenreise einmal wie eine Kanufahrt auf einem Fluß vor: Erwartungsvoll stoßen Sie das Boot vom Ufer ab und lassen es flußabwärts gleiten. Jeder Flußabschnitt erscheint anders: Hügel und Flachland wechseln sich ab, es gibt gerade Abschnitte, dann wieder eine plötzliche Biegung. Plötzlich wird das Kanu von einer Stromschnelle erfaßt, Sie müssen Ihre Aufmerksamkeit auf die Hindernisse im Wasser richten. Von der Landschaft nehmen Sie kaum etwas wahr. Im ruhigeren Wasser haben Sie dann wieder Muße, um die Bilder um sich herum aufzunehmen. Und wenn Sie Ihr Boot dann in einem ruhigen Seitenarm am Ufer festmachen, sehen Sie sich um, blicken zurück, von wo Sie hergekommen sind und dorthin, wo Sie vielleicht Ihren Weg fortsetzen möchten. Ihr Körper fühlt sich erschöpft, Sie schalten ab und geben sich ganz Ihren Träumereien hin. Nach einer kurzen Pause setzen Sie Ihre Reise dann wieder fort.

Bevor ich ein Gartenprojekt beende, begutachte ich abschließend immer noch einmal die Wegführung und stelle mir vor, die Wege seien Wasserläufe. Die geradlinigen Wege sind wie Kanäle, die gewundenen Pfade wie ein mäandernder Bach. Treppenstufen sind Wasserfälle, terrassierte Flächen Teiche. Gemeinsam bilden diese Elemente eine Art Flußlandschaft: Die Reise verläuft auf einem gewundenen Wasserlauf – ein sich schlängelnder Pfad; dann wird das Wasser an einem Wehr aufgestaut – eine Schwelle; es fließt in kleinen Rinnsalen und Kaskaden abwärts – Treppenstufen; diese sammeln sich wieder in einem tiefer gelegenen Teich – ein Rasenstück oder eine Geländestufe.

Auf unseren Gartenstreifzügen folgen wir dem Weg des geringsten Widerstandes und nehmen Abkürzungen. Wir lieben langgezogene Kurven und brauchen immer wieder Erweiterungen vor und nach engen Passagen, Korridoren oder Stufen. Die Wege können eben oder holprig sein, direkt oder auf Umwegen ans Ziel führen. Sie können unscheinbar oder durch optische Anziehungspunkte akzentuiert und durch Niveauunterschiede, Lichtungen oder die Bodenbeschaffenheit beeinflußt sein. Man kann auch auf einem Bummel durch den Garten hinter jeder neuen Biegung auf geheimnisvolle Entdeckungen stoßen.

Wie entwirft man eine Fussreise

Wir Gartendesigner sind wie Choreographen – wir bestimmen, wie sich der Gartenbesucher fortbewegt. Ich möchte nun gerne einige Gestaltungsprinzipien vorstellen, die sich auf kleinstem Raum ebenso wie in großen Parkanlagen realisieren lassen.

Geheimnisvolle Mäander

Sind Sie beim Waldspaziergang schon einmal an eine Stelle gelangt, an der Sie sich scheuten, weiterzugehen? Beobachten Sie doch einmal, wie Kinder sich auf Spaziergängen verhalten. Auf breiten Wegen marschieren sie munter drauflos, aber sobald sie eine Biegung erspähen, preschen sie vor und sehen nach, was dahinter liegt. Voller Begeisterung geben sie sich der neuen Richtung und den Überraschungen hin, die sich hinter einer Schleife oder Biegung verbergen.

Jeder fühlt sich vom Geheimnisvollen angezogen. Ein Weg, der plötzlich seine Richtung ändert, macht uns neugierig. Wir verspüren den starken Wunsch, das Geheimnis zu lüften. Wenn die Landschaft hinter der Kurve dieselbe ist, sind wir enttäuscht. Wenn sie aber anders ist und uns neue Perspektiven eröffnet, wenn sie den Blick auf eine Skulptur, die wogenden Äste eines Baumes, auf eine geliebte Person freigibt, dann wird dieser Augenblick zu einem Erlebnis, an das wir gerne zurückdenken.

Aufstieg und Abstieg

Der Aufstieg zu Fuß ist für uns eine ganz andere Erfahrung als der Abstieg. Wenn wir zum Beispiel einen Turm besteigen, schrauben wir uns Stufe für Stufe, Windung für Windung aufwärts. Unser Herz schlägt schneller, und wir schnappen nach Luft. Oben angelangt, sind wir darauf erpicht, die Aussicht zu genießen und alles aufzunehmen, was es zu sehen gibt. Zufrieden machen wir uns dann wieder an den Abstieg, aber diesmal gehen wir schneller und ohne weiter auf die Umgebung zu achten, denn wir haben ja bereits alles beim Aufstieg gesehen.

Ein Aufstieg ist jedesmal so, als würden wir eine heilige Stätte zum ersten Mal betreten. Wir sind gespannt, nehmen unterwegs viele Details wahr, fühlen uns aber immer vorwärts, zum Ziel hin getrieben. Die Zeit vergeht sehr langsam. Beim Abstieg verlassen wir die heilige Stätte wieder. Unsere Sinne sind befriedigt, wir haben alles gesehen, weshalb wir hergekommen sind. Der Rückweg in die profane Welt kommt uns viel kürzer vor. Diese Unterschiede zu kennen, kann bei der Gestaltung Ihrer Gartenreise hilfreich sein.

Hierarchien

Wir alle gelangen früher oder später im Leben an einen Scheideweg – an eine Weggabelung oder -kreuzung, an eine Stelle, an der wir uns für den »oberen« oder den »unteren«, für den »richtigen« Weg entscheiden müssen.

Blühende Rhododendren rahmen diese Stufen ein, die der Besucher mit Leichtigkeit nimmt. Auf dem ansteigenden Weg verlangsamt sich der Schritt, und die Sinne nehmen jedes Detail in sich auf. Der Abstieg ist anders – der Schritt wird beschleunigt, bis das Ziel am Ende des Weges erreicht ist.

Wir Gartenarchitekten können unseren Besuchern bei diesen Entscheidungen behilflich sein, indem wir gezielte Signale setzen. Wir markieren die Rangfolge von Wegen durch deren Größe, Breite und Beschaffenheit. In meinem eigenen Garten führt zum Beispiel ein gerader, breiter und gepflasterter Weg direkt zur Treppe vor der Haustür. Rechts von diesem Weg bilden einzelne, lose und unregelmäßig gesetzte Steinplatten einen Pfad zwischen den Beeten. Er signalisiert den Beginn des »Privatbereichs« mit Wildblumen und Farnen, der meiner Familie und unseren Freunden vorbehalten ist. Gegenüber dieses Pfades führt ein gewundener Weg aus quadratischen, blauen Tonsandstein-Platten über den vorderen Rasen und bietet Besuchern eine willkommene Abkürzung von der Auffahrt zum Haus. Durch die Festlegung von Wege-Hierarchien in Ihrem Haus und Garten bestimmen Sie, wie und von wem sie benutzt werden sollen.

Wenn man sich klarmacht, welche Funktionen Wege haben sollen, bekommt man leicht eine Vorstellung von der Größe, Form, Richtung und den anderen Eigenschaften, die man ihnen zuordnen kann. Da gibt es zum Beispiel den ganz privaten, unauffälligen Weg, die Spur, wie die, welche ein Eichhörnchen im Wald hinterläßt. Am anderen Ende der Skala ist der öffentliche Weg, die *Promenade*, auf der zwei oder auch mehrere Personen bequem nebeneinander gehen können. Zwischen diesen beiden Extremen gibt es noch die *Fährte*, ein schmaler Fußpfad für einen einzelnen Wanderer sowie den *Spazierweg*, einen etwas breiteren, direkteren Weg, der stärker frequentiert wird. Im allgemeinen deuten gerade verlaufende Wege darauf hin, daß sie öffentlich genutzt werden, etwa um an ein Ziel zu gelangen, während man bei verschlungenen, geheimnisvollen Pfaden eher an ganz private Streifzüge denkt. Wenn Sie eine Skizze Ihres Gartengrundstückes anfertigen, können Sie anhand unterschiedlicher Linien markieren, wohin die Wege die Besucher führen, wie diese sich darauf fortbewegen und wie sie die Wegbeschaffenheit wahrnehmen sollen.

Vorfreude ist die beste Freude

Als Faustregel für Ihr Wegekonzept sollten Sie sich merken, daß man umso mehr Vorfreude empfindet, je länger man unterwegs ist. Bei einer Reise an den Comer See durchstreifte ich den wundervollen Garten der Villa Melzi d'Eril. Wir schlenderten am Seeufer entlang, kamen an herrlichen Bäumen und Statuen nahe der bemerkenswerten klassizistischen Villa vorbei und gingen dann den Weg zum Berg hoch, flankiert von hohen, duftenden Kamelien- und Azaleenbüschen. Nur wenige Bänke luden zur Rast ein, und anfangs hatten wir auch noch nicht das Verlangen, uns auszuruhen.

Nach einer Stunde allerdings nahmen wir das Angebot einer unterhalb der Bergkuppe stehenden Bank dankbar an und genossen von dort einen herrlichen Ausblick auf den nebelverhangenen See. Fast eine Stunde lang saßen wir wie gebannt auf dieser schlichten Bank und nahmen das Panorama der Berge und des Sees in uns auf. Wäre der Weg kürzer gewesen oder hätten wir schon früher Halt gemacht, wäre mein Eindruck von dem Garten weniger faszinierend gewesen. Die gespannte Erwartung gipfelte in zufriedener Erschöpfung, als mein Körper zur Ruhe kam und mein Geist weiterwanderte.

Beständigkeit im Wechsel

Einen Weg könnte man definieren als »eine zusammenhängende Struktur oder Abfolge von lose miteinander verbundenen oder aufeinander bezogenen Werten oder Elementen, die sich durch geringfügige Abweichungen unterscheiden«. Diese Definition gibt ein wichtiges Design-Prinzip wieder, das ich als Beständigkeit im Wechsel bezeichne. Es besagt, daß bei Veränderung der Merkmale eines Elements der Gartenkomposition die anderen Elemente unverändert bleiben sollten. Wenn man also von einem Teil des Gartens in den nächsten wechselt, muß etwas, zum Beispiel das Design des Weges, gleich bleiben, während sich die Bepflanzung, der Maßstab oder das Licht verändern.

Der Sinn dieser Regel wird klar, wenn man sich einen Garten vorstellt, in dem sich alles verändert und es keine Konstanten gibt. Wenn ein Kräutergarten direkt neben einem japanischen Garten angelegt ist, der wiederum übergangslos zu einem englischen Blumengarten wird, ohne daß es gemeinsame Bezugspunkte gibt, wirkt das auf den Betrachter verwirrend. Wenn sich aber ein Kieselweg vom japanischen Garten sowohl durch den Kräuter- als auch den Blumengarten fortsetzt, können wir dieses direkte Nebeneinander wahrscheinlich eher akzeptieren. Auch wenn jeder dieser Gärten von einer einheitlich gestalteten Umgrenzung eingesäumt ist oder wenn in allen drei Gärten Bäume der gleichen Spezies für Schatten sorgen, nehmen wir etwas

Dieser Steinplattenweg wird durch die Gartennelken (Dianthus sp.), *die in den Zwischenräumen gedeihen, erst so richtig interessant und aufgelockert. Wenn der Untergrund aus Schotter, Steinmehl oder Erde besteht, setzt sich gerne Moos, Mastkraut oder Thymian in den Ritzen an.*

Diese Bank ist eine von vielen im Pool Garden von Knightshayes Court im englischen Tiverton. Die zinnenartigen Eibenhecken bilden eine hohe »Rückenlehne«, ein kleines Podest aus Steinplatten den »Fußboden« und die beiden seitlichen Yukka-Palmen niedrige »Wände«.

visuell und ästhetisch Verbindendes zwischen diesen so grundverschiedenen Gartentypen wahr.

Das Prinzip der Beständigkeit im Wechsel begegnet mir in meiner Arbeit als Gartendesignerin fast ständig, vor allem dann, wenn es um die Ausformung von Details geht. Wenn Sie zum Beispiel die Höhe eines Zaunes verändern, ist es ratsam, andere Eigenschaften desselben Zaunes beizubehalten, etwa die Form der Zaunspitzen, die Farbe oder die Pflanzen daneben; wenn Sie einen Weg planen, können Sie die Größe einer Steinplatte variieren, aber beim Material, dessen Verarbeitung oder bei den Abständen zwischen den Platten sollten Sie Kontinuität wahren; oder Sie lassen die Plattengröße gleich und wandeln die Ausrichtung und die Abstände ab. Was die Pflanzenwahl betrifft, könnten Sie bei einer bunt gemischten Staudenrabatte zum Beispiel mit einer durchgehenden Rosenhecke Kontinuität schaffen. Wenn Sie mindestens ein Element oder Merkmal konstant halten, lassen sich in Ihrem Garten nahtlose Übergänge schaffen.

Wenn Ihnen klar ist, daß ein Garten als Fußreise konzipiert werden kann, können Sie sich beim Designen ganz von Ihrer Intuition leiten lassen. Zapfen Sie Ihre eigenen Erfahrungen an und schaffen Sie damit die Möglichkeiten für einen abwechslungsreichen und vergnüglichen Ausflug durch Ihren Garten. Erwarten Sie nicht, daß Sie bereits im ersten Jahr alles perfekt hinbekommen. Lassen Sie sich Zeit, um die richtigen Start- und Zielpunkte, Wege und Ereignisse herauszufinden. Ihre richtige Wahl erkennen Sie, wenn Kinder an Ihrem Gartentor stehen und es nicht erwarten können, bis sie eingelassen werden und durch den Garten streifen – oder noch besser rennen – dürfen. Wenn Sie sich in Ihrem Garten natürlich, ungezwungen und frei bewegen können, dann können Sie sicher sein, daß Sie eine zauberhafte Vergnügungsreise choreographiert haben. Wie meinte doch der englische Essayist William Hazlitt: »die Seele einer Reise ist die Freiheit ...«

Gedankenreisen

Wir begeben uns jeden Tag nicht nur körperlich auf Reisen, wir sind auch im Geist ständig »unterwegs«. Wenn wir in der Morgendämmerung den Sonnenaufgang betrachten, begibt sich unser Geist auf Wanderschaft. Wenn wir an der Ampel auf grün warten und den Blick über die Straße und die Landschaft um uns herum schweifen lassen, gehen unsere Gedanken auf Reisen. Wenn wir auf einer Parkbank sitzen und den Enten im Teich oder den Kindern beim Spiel zusehen oder einfach nur Passanten beobachten, lassen wir unseren Gedanken freien Lauf. Und auch wenn wir in der Hängematte liegen und den Wolken dabei zusehen, wie sie ihre Form verändern, unternehmen wir Gedankenreisen.

Egal wo wir sind oder womit wir uns gerade beschäftigen, wir sind immer unbewußt dabei, ästhetische Kompositionen zu entwerfen – uns in Gedanken durch den Raum zubewegen. Wie bei einem Spaziergang zu Fuß wandert unser Geist durch den Raum. Anders als beim Spaziergang fordert eine Gedankenreise eher unseren Geist als den Körper. Stellen Sie sich vor, Sie betreten zum ersten Mal den Garten von Freunden. Sie stehen am Gartentor und sehen sich um. Was geschieht? Sie versuchen, den Raum zu interpretieren, verweilen mit dem Blick an leuchtenden, farbenprächtigen Stellen, an einer schönen Aussicht, an Bänken oder Schauobjekten. Sie »lesen«, was im Garten steht. Wenn Sie den Sinn des Gelesenen »verstehen«, ist das Design dieses Gartens ansprechend und schlüssig. Wenn Sie an einigen Stellen Ungereimtheiten finden, dann ist dieser Garten wahrscheinlich noch nicht fertig gestaltet.

Auch Ihr eigener Garten wird von den Besuchern auf ähnliche Weise gelesen. Sie mustern Ihr Werk und bewegen sich unbewußt in Gedanken darin fort. Ihre Aufgabe als Formgeber des Gartens ist es, diese gedankliche Fortbewegung zu *gestalten*, sie zu steuern, den einzelnen Gestaltungselementen eine Ordnung aufzuerlegen, die ihnen künstlerische Schönheit verleiht. So wie ein Maler auf der Leinwand mit Form und Farben jongliert oder ein Architekt ein Gebäude auf einem Grundstück baut, so müssen Sie aus verschiedenen Komponenten einen Garten schaffen, der Sie – und Ihre Besucher – zu einer angenehmen Gedankenreise anregt.

Das ist nicht so schwierig, wie es sich anhört. In den folgenden Abschnitten werde ich die drei Wesenszüge einer Gedankenreise erläutern und auf einige Gestaltungsprinzipien hinweisen, die Ihnen von großem Nutzen sein können. Sie werden bald feststellen, daß Sie bereits genug wissen, um mit dem Entwurf Ihres Gartens beginnen zu können. Ich werde mich bemühen, meine Erklärungen auf Ihr vorhandenes Wissen über Gartendesign abzustimmen.

Ein Rahmen macht aus dem, was sich dahinter befindet, ein Bild, in diesem Fall aus einer seltenen Zierbirne (Pyrus salicifolia »Pendula«).

Grundelemente der Gedankenreise

Ob im eigenen Garten, im Park oder vor einem anderen kontemplativen Arrangement – für eine erfüllende Gedankenreise sind drei Dinge erforderlich: ein *Blickwinkel* – ein Standort, von wo aus wir ungestört und entspannt in Gedanken einkehren können; ein *Rahmen*, der unseren Blick begrenzt oder rundum einrahmt, der die Perspektive einschränkt und das Bild von der Umgebung abhebt; und ein *Fokus* oder Brennpunkt, auf den sich unsere Wahrnehmung konzentriert – die Landschaft, eine Kulisse, Objekte oder Bilder.

Bei der Kontemplation konzentrieren Sie sich auf ein bestimmtes Motiv und haben das Gefühl, eins mit ihm zu werden. Nach einer Weile verliert das Bild an Realität und wird abstrakt; Sie transzendieren sowohl das Bild als auch die Welt. Eine solche Reflexion bringt Sie wieder näher zu sich, Sie fühlen sich gestärkt, gelöst, beschwingt und in der Lage, sich wieder den Dingen der äußeren Welt zuzuwenden.

Blickwinkel, Rahmen und Fokus schaffen miteinander ein dynamisches Gleichgewicht zwischen der körperlichen Entspannung und sinnlicher Erregung. Während der Körper untätig ist, wird der Geist von den Bildern und ästhetischen Kompositionen im Fokus angeregt und zugleich durch den Rahmen auf einen bestimmten Raum begrenzt. Man erfährt Besänftigung und Verlockung in einem. Hat ein Bild genügend Anziehungskraft, kokettiert es mit unserem inneren Auge und fordert uns auf, neue Welten zu erschließen. Betrachten wir die drei Grundelemente Blickwinkel, Rahmen und Fokus noch etwas näher.

Blickwinkel. Wenn wir an einem Zielpunkt angelangt sind und unser Geist sich auf Entdeckungsreise begibt, nehmen wir die Umgebung aus einem Blickwinkel, dem unseres Standortes, wahr. Das kann ein natürlicher oder ein von Menschenhand geschaffener Aussichtspunkt sein; eine Laube am Wasser, ein Wäldchen auf einem Hügel oder eine Waldlichtung – archetypische Orte in der Landschaft um uns herum oder ein einfaches Gartenhäuschen.

In einem Garten kann es viele Blickwinkel geben. Im kleinsten aller Gärten gibt es oftmals nur einen, meistens die Terrasse. Manchmal fallen einem aber auch noch andere mögliche Blickwinkel ein, die vielleicht weniger augenfällig sind, etwa Türen oder Fenster, auch wenn sie noch so klein sind, durch die man den Garten betreten oder ihn betrachten kann. Größere Gärten verfügen über mehrere Blickwinkel: Bänke, Patios, Schaukeln, Torbögen, Veranden, Kuppelbauten, Balustraden, Fenster im Nachbarhaus. Von jeder dieser Stellen erschließen sich verschiedene Perspektiven, manchmal von oben herab, manchmal von unten herauf oder auf gleicher Ebene.

Wenn ich ein Gartendesign entwerfe, betrachte ich das Gelände aus allen möglichen Blickwinkeln beziehungsweise von allen Aussichtspunkten, die ich finden kann. Dann stehe, sitze (oder gar liege) ich da und lasse es auf mich wirken. Untersuchen auch Sie vor, während und nach der Gestaltung jede Ecke Ihres Grundstücks unter diesem Aspekt. Wenn Sie die vorhandenen Aussichtspunkte entdeckt haben und wissen, welche Blickwinkel Sie brauchen, können Sie daran gehen, die entsprechenden Konzepte zu entwerfen.

Wenn Sie dies mit Sorgfalt tun, werden Sie feststellen, daß Sie nie zu viele Blickwinkel haben. Obwohl unser Grundstück nur etwa einen halben Hektar groß ist, habe ich mindestens dreizehn Aussichtsstellen eingeplant. Die schönste befindet sich auf einem großen Felsen, der von den Kindern und von uns Erwachsenen als Aussichtspunkt genutzt wird, zum Beispiel wenn wir einem Feuerwerk in der Umgebung zusehen. Im Schutz von Hemlocktannen habe ich eine rustikale Bank aufgestellt, von der man einen indirekten Blick auf das Haus und die

Diese beiden von Edwin Lutyens und Gertrude Jeckyll gestalteten Wasserbecken in Little Thakeham in der englischen Grafschaft Sussex veranschaulichen eindrucksvoll, wie der Blick durch den Raum geführt werden kann. Das Becken im Vordergrund ist mit Wasser und Wasserpflanzen gefüllt, das hintere mit leuchtenden Stauden. Der Einschnitt in der Hecke dahinter – genau in der Breite der Wasserbecken – zieht den Blick sogar noch weiter in den hinter dem Garten liegenden Bereich.

Straße hat. Bei schönem Wetter sitzen wir auf unseren Rattan-Gartenstühlen auf dem Rasen, direkt neben dem Staudenbeet. In der Nähe des Wasserfalls baumelt eine Hängematte zwischen zwei Kiefern. Unsere Töchter haben in ihrem eigenen Garten unter einer Kiefer eine kleine »Terrasse« mit Schieferplatten ausgelegt, auf die sie ihre Kinder-Gartenstühle stellen. Unser Sohn verschanzt sich mit seinen Freunden in einem Gewirr aus selbstgebauten Forts nahe des Eisenbahndammes. Mein Mann und ich sitzen gerne auf einer nostalgischen Gartenbank unter einem Baum, dessen Äste durch zwei Säulen abgestützt werden, die wir durch einen Balken miteinander verbanden. Von dort haben wir einen herrlichen Blick über Boston. Für jeden etwas – und dabei fehlt von Terrassen, Pergolen oder Lauben noch jede Spur.

Rahmen. Wenn Sie damit beginnen, sich über die verschiedenen Blickwinkel in Ihrem Garten Gedanken zu machen, werden Sie merken, daß viele der besten Stellen Ihnen bereits einen gerahmten Einblick in Ihren Garten bieten. Tür- und Fensterrahmen, aber auch die gebogenen Äste eines Ihrer Lieblingsbäume können die »Rahmenbedingungen« für eine einzigartige Aussicht liefern. Im wörtlichen wie im übertragenen Sinn definiert der Rahmen die physikalischen Grenzen eines Bildes, er trennt das Objekt der Betrachtung von der Umgebung. Fenster, Türen, Spaliere, Baumstämme, Dachvorsprünge – all das sind Rahmen, die einen Ausblick einfangen.

Ein Rahmen macht aus dem, was dahinter ist, ein Bild. Machen Sie sich einmal den Unterschied klar zwischen dem Blick aus einem Fenster mit und einem Fenster ohne Sprossen. Wenn Sie aus dem Fenster ohne Sprossen schauen, haben Sie einen ungetrübten Blick auf die Welt draußen. Es ist fast so, als ob gar kein Fenster da wäre, als ob die Landschaft sich mit Ihnen im Zimmer befände. Die vielen kleinen Unterteilungen eines Sprossenfensters drücken der Welt draußen ihr Muster auf. Durch diese Segmentierung erscheint Ihnen das, was Sie sehen, zweidimensional und abstrakt. Jedes der Quadrate kann als selbständiges Bild oder als Teil eines Gesamtbildes interpretiert werden.

An diesem Aussichtsplatz im Jardin Majorelle von Marrakesch verweilt der Besucher und läßt seine Gedanken wandern. Der Bogen umrahmt den Blick auf einen langen Kanal mit Wasserpflanzen und quakenden Ochsenfröschen, direkt gegenüber ist die Gartenvilla zu erkennen.

Durch das Mondtor betritt der Besucher den chinesischen Garten von Naumkeag in Massachussetts und wirft einen ersten Blick auf den chinesischen Hof, den Tempel und die Pflanzen.

Thomas Jefferson blickte von seinem Haus in Monticello durch diese beiden übers Eck gebauten Fenster auf den Gemüsegarten. Jedes Fenster kann die Aussicht auf den Garten einrahmen, wenn das Design es so vorsieht. Stellen Sie vor dem Fenster ein Schauobjekt auf oder gestalten Sie eine hübsche Kulisse, die den Betrachter zu einer Gedankenreise anregt.

Sogar die Farbe des Rahmens kann unsere Wahrnehmung der Landschaft vor dem Fenster beeinflussen.

Tolstoi bevorzugte tiefe grünliche und bräunliche Erdtöne für seine Fensterrahmen. Damit wird der Betrachter regelrecht in die Landschaft draußen hineingezogen, der Rahmen löst sich auf, das Drinnen verschmilzt mit dem Draußen. Weiße Fensterunterteilungen dagegen schaffen eine visuelle Grenze zwischen dem Drinnen und dem Draußen. Sie betonen die Verschiedenheit von Architektur und Garten, indem sie den Blick des Betrachters auf das Gittermuster des Fensters konzentrieren.

Wenn ein Garten wie unserer mit einer herrlichen Aussicht gesegnet ist, sollte diese Aussicht ins Design integriert werden. Die Frage ist, wie »fängt« man die Landschaft im Hintergrund ein und bringt sie auf eine Bildebene? Japanische Gärten bedienen sich hierzu der Technik des *shakkei* (»geborgte Landschaft«). Eine Schnittkante, die entweder durch eine niedrige Hecke oder eine Wand gebildet und beiderseits durch Bäume begrenzt wird, stellt den Rahmen dar und weist auf diese Weise dem Hintergrund den gleichen Stellenwert zu wie dem Vordergrund. Wir haben in unserem Garten die Oberkante einer Ligusterhecke leicht abgerundet; dahinter ragen in der Ferne die beiden

Ein Künstler findet Muße in diesem von hohen Hecken umrahmten Gartenraum des Augustus-Saint-Gaudens-Gartens. Von hier fällt der Blick auf den Mount Ascutney, der sich hinter den Feldern und Wäldern des 60 Hektar großen Anwesens erhebt.

fünfzigstöckigen Hochhäuser von Boston in den Himmel, eingerahmt von den Ästen unserer großen Kiefer.

Auch wenn Ihr Garten nicht über ein spektakuläres Panorama verfügt oder sehr klein ist, können Sie die Rahmen-Technik anwenden. Zum Beispiel durch eine Lücke oder Öffnung in einer einheitlichen Hecke oder einem Zaun, durch zwei benachbarte Birken, Säulen oder eine Pergola. Der Blick wird von diesen Stellen magisch angezogen und nimmt alles auf, was dahinter liegt. Diese Technik verringert zwar die Tiefenwirkung im Garten, wertet ihn aber gleichzeitig auf: Man bleibt stehen und sieht genauer hin, als wenn kein Rahmen vorhanden wäre.

Wenn wir eine Landschaft einrahmen, definieren wir den Ausschnitt, den der Betrachter an den einzelnen Aussichtspunkten zu sehen bekommt. Wir betonen bestimmte Gartenmerkmale, Verbindungen und kompositorische Skizzen. Jeder Rahmen kann so zum Ausgangspunkt für eine neue, wunderbare Gedankenreise werden. Sobald wir eine Stelle erreicht haben, die uns einen gerahmten Ausblick bietet, stellen wir unser Auge auf das eingerahmte Objekt oder Bild scharf und lassen uns auf eine Gedankenreise durch die Landschaft entführen. Dieses fokussierte Objekt oder Bild richtig zu treffen, macht aus der Gartengestaltung Gartenkunst.

Fokus. Ein Fokus ist die Attraktion in einem Garten, das Objekt, das die größte Aufmerksamkeit auf sich zieht; die Stelle, an der der Blick hängenbleibt. Ein Fokus kann ein einzelner Gegenstand sein (eine Statue), eine Gruppe (von Steinen) oder eine ganze Szene (ein Kräutergarten). Vielleicht entscheiden Sie sich für einen zentralen Fokus, vielleicht für mehrere, willkürlich verteilte Schauobjekte oder für Anziehungspunkte, die entlang eines Gartenweges aufgestellt sind. Spüren Sie einmal alle Brennpunkte, Gruppen oder Szenen in Ihrem Garten auf. Jeder oder jede kann ein wichtiger Pfeiler im künstlerischen Design Ihres Gartens werden.

Gute Gedankenreisen kommen nur dann zustande, wenn die Objekte im Fokus auch das ästhetische Empfinden des Betrachters befriedigen, wenn sie so gruppiert oder plaziert sind, daß das Auge, und damit die Seele, sie akzeptiert. Versuchen Sie, Ihren Schönheitssinn zu schärfen, indem Sie eine eigene Gedankenreise entwerfen. Denn es ist immer besser, Erfahrungen selbst zu machen. Mit der folgenden Übung, dem Plazieren von Objekten, können Sie Ihr designerisches Können und Ihr Auge schulen.

Gegenstände gekonnt plazieren

Wählen Sie aus dem Repertoire Ihrer Küche sieben oder mehr Gegenstände aus, zum Beispiel ein Gewürzschälchen, ein Tischset, Eßstäbchen, Reisschalen, eine Topfpflanze, und arrangieren Sie damit ein Stilleben auf dem Eßtisch. Betrachten Sie Ihr Werk aus verschiedenen Blickwinkeln – aus der Vogelperspektive, im Stehen oder aus gebückter Haltung. Wenn Sie das Gefühl haben, jedes Objekt ist im Verhältnis zu den anderen an der richtigen Position, lassen Sie Ihre Zusammenstellung von einer dritten Person beurteilen. Was passiert, wenn ein Gegenstand verschoben wird?

Dieses Stilleben mit Kirschblüten ist so arrangiert, daß ein ästhetischer Gesamteindruck entsteht.

Fügen Sie dem Stilleben als nächstes ein zusätzliches Objekt hinzu. Vielleicht müssen Sie einige oder alle ursprünglichen Gegenstände umstellen. Finden Sie gemeinsam mit Ihren Freunden den geeigneten Standort? Suchen Sie anschließend eine weitere Perspektive, aus der das Arrangement stimmig wirken muß. Ändert sich dadurch etwas an Ihrem ursprünglichen Konzept?

Diese Übung habe ich auf vielen Lehrgängen zur großen Belustigung der Teilnehmer durchgeführt. Man lernt dabei sehr schnell, daß unser Schönheitssinn erstaunlich gut ausgeprägt ist und daß unsere Arrangements oft auch von Außenstehenden als »schön« empfunden werden. Manchmal stelle ich meine Schüler vor die Aufgabe, aus den Materialien, die sie im Klassenzimmer vorfinden, während meiner Abwesenheit einen imaginären Garten zu entwerfen. Wenn ich den Raum nach einer Viertelstunde wieder betrete, empfangen sie mich meist mit Gelächter, aber auch mit bemerkenswert phantasievollen Landschaften, in denen Tische zu Wänden werden, Stühle zu Bänken, Papierschnipsel zu Trittplatten, Papierkörbe zu Sträuchern, Mäntel zu Teichen und in denen Menschen sich in Wäldchen, Bäume mit hängenden Ästen oder in eine lauschige Laube verwandeln.

Stellen auch Sie sich eine solche Aufgabe. Decken Sie beim Mittagessen mit Ihrer Familie den Tisch einmal ganz neu. Oder schaffen Sie beim Kneipenbesuch aus Biergläsern, Bierdeckeln und Aschenbecher ein hübsches Motiv. Sie werden überrascht sein über die sichere Kenntnis, mit der Sie richtige und falschen Positionen unterscheiden können. Ohne besondere Vorkenntnisse wissen Sie intuitiv, wie man Gegenstände im Raum anordnet – Sie wissen, wie man eine Gedankenreise konzipiert.

Vom professionellen Arrangieren einer Reisschale auf dem Tischset bis zur sicheren Wahl des Standorts für einen Baum im Garten ist es in der Tat nur ein kleiner Schritt. Beide stehen in der Mitte des Blickfeldes, bei beiden braucht man ein gutes Auge für den richtigen Platz. Beide können die Seele des Betrachters in angenehme Gefilde entführen.

Welche ästhetischen Prinzipien spielen bei der Gestaltung eines Fokusses eine Rolle? In den folgenden Abschnitten werde ich zeigen, wie Bewegung, Gleichgewicht und Maßstab die Harmonie einer Komposition beeinflussen.

Ob wir im Garten Plastiken, Kübelpflanzen, Stühle, Bäume oder Steine verwenden – wir müssen einige Grundregeln über das Plazieren von Objekten im Raum beherrschen. Hier im Thuya Garden in Northeast Harbour, Maine, wird die Wölbung des großen Steingefäßes von der Hecke und seine Oberflächenstruktur von den Steinen im Vordergrund aufgenommen, so daß alle drei Komponenten trotz unterschiedlicher Materialien wie eine harmonische Gruppe wirken. Zudem bewirkt die riesige Steinvase im Vordergrund eine optische Verkleinerung des Hintergrundes.

Zwei Atlaszedern (Cedrus atlantica »Glauca Pendula«) *in einem privaten Garten in Washington DC. lassen ihre Zweige über diesem Ort der Stille hängen.*

Bewegung

Wenn sich unsere Gedanken auf Exkursion begeben, durchforsten die Augen den Garten und nehmen die Anordnung der unterschiedlichen Gestaltungselemente auf – das Pflanzenmaterial, Umzäunungen, Einfassungen, den Boden selbst, Wasserspiele, ja sogar so kleine Details wie ein Vogelhäuschen. Auch wenn keine Bewegung wahrzunehmen ist, impliziert doch jede dieser Komponenten Bewegung. Egal ob es sich um eine pyramidenförmige oder eine windgepeitschte Kiefer handelt, ob Wasser in Fontänen nach oben spritzt oder eine Wasserwand bildet, ob ein Standbild aufrecht dasteht oder am Boden liegt, immer geht von ihnen eine gewisse Dynamik aus, die der Designer berücksichtigen muß.

Es gibt zwei Arten von Bewegung, die dazu beitragen können, einen Garten zu beleben: die tatsächliche und die virtuelle. Das Wasser in Springbrunnen, Teichen, Bächen oder Wasserfällen vermittelt eine *tatsächliche Bewegung.* Wir folgen ihr in dem komplexen Zusammenspiel aus stehendem und fließendem Gewässer, aus Wirbeln und sanftem Gekräusel, aus bewegungsgeladenen Strudeln und synkopenhaften Rhythmen. Auch das wechselhafte Treiben von Blättern im Wind, von Wolken am Himmel, von Rauch, Dunst oder Nebel stimulieren alle unsere Sinne auf angenehme Weise.

Die in einem Stilleben ausgedrückte virtuelle Bewegung fordert uns aber genauso heraus, wenn wir es intensiv betrachten und alles um uns herum vergessen. Eine *virtuelle Bewegung* ist die Bewegung und Dynamik, die ein statisches Objekt oder das Zusammenspiel mehrerer Objekte im Raum durch ihre Form ausdrücken. Eine schiefe Kiefer läßt zum Beispiel die Richtung und Kraft erahnen, die der Wind auf Bäume ausübt, die hoch auf einem Berg stehen, und verleiht selbst einer symmetrisch gehaltenen Anlage eine gewisse Dynamik. Die geschmeidigen Rundungen von Sträuchern bringen als Hintergrund zu der strengen Rechteckform eines Swimmingpools Bewegung ins Spiel. Eine glatte Wasseroberfläche verbreitet Spannung; schon ein leiser Windhauch kräuselt das Wasser, und ein einziger Regentropfen genügt, um Wellen in alle Ecken des Bassins zu schicken.

Virtuelle Bewegungen entstehen in unseren Köpfen, wenn wir Gegenstände hinsichtlich ihrer Form und Größe, der Materialbeschaffenheit und Farbe miteinander vergleichen. Ein statischer Garten, in dem jedes Ding von gleichem Umfang, gleicher Größe und gleicher Intensität ist, läßt uns gleichgültig. Anregung finden wir vielmehr durch Kontraste. Wir brauchen den Eindruck tatsächlicher oder virtueller Bewegung, um im Geist auf Wanderschaft zu gehen. Und weil die meisten Materialien, die wir im Garten verarbeiten, an sich unbeweglich sind, ist es unsere Aufgabe, sie so zusammenklingen zu lassen, daß sie Harmonie und Bewegung ausstrahlen.

Gleichgewicht

Gleichgewicht der Komponenten ist ein weiteres Kriterium, nach dem wir eine Gartenanlage bemessen. Auch hier unterscheiden wir zwei Arten: das perfekte und das dynamische Gleichgewicht, beziehungsweise die Symmetrie und Asymmetrie.

Die am leichtesten zu handhabende und verständlichste Art der Raumeinteilung ist die *Symmetrie,* die spiegelbildliche Gleichheit zweier Gartenteile. Die Symmetrie ist seit Generationen ein beliebtes

Ohne die Pflanzen enthüllt dieser Garten seine streng formale und symmetrische Gliederung. Abgesehen von den rautenförmigen Eiben an den vier Eckpunkten ist die Anlage eher ein informelles Nebeneinander von Pflanzen verschiedener Farbe, Struktur und Größe.

Eine symmetrische Anlage gewinnt an Dynamik und Attraktivität, wenn große Sorgfalt auf die Details verwendet wird. Gelb lenkt den Blick zurück in den Raum, die spitzen Schwertlilien im Wasserbecken und die Bäume hinter dem Garten lenken ihn nach oben und unten. Immer wiederkehrende Formen, wie hier die horizontalen Linien der Wand, des Zauns und der Hecken im Hintergrund, stellen einen Wechsel in Klang und Rhythmus der Komposition dar. Ein Bruch in der Symmetrie, hier durch die Konifere links der Mittelachse außerhalb des Gartens, bringt Energie in ein »zu perfektes« Design.

Dieser symmetrische Eingangshof des Daitoku-ji-Tempelbezirks in Kyoto gewinnt durch den rechtwinkligen Richtungswechsel des Weges an Dynamik.

Gestaltungselement – wegen der Leichtigkeit, mit der wir sie begreifen, der Perfektion der Linien, der Deutlichkeit ihrer Beziehung zur Architektur, der Regelmäßigkeit und Ausgewogenheit der Proportionen.

Symmetrische Gartenanlagen übten in den verschiedensten Kulturen lange Zeit eine große Faszination auf Gartenarchitekten aus. Beispiele formaler Raumgestaltung aus aller Welt bezeugen den Wunsch nach einem Gleichgewicht, ob in Versailles, im Garten des Taj Mahal oder in den Gärten von Boboli. Eine Mittelachse, manchmal in Form eines Kanals oder Rasenweges, stellt die Verbindung zwischen den architektonischen Elementen rechts und links der Achse her, ungeachtet ihrer Größe, Form oder Position.

Eine symmetrische Gartenanlage ist vom Design oftmals aber so durchgeplant, daß nichts mehr dem Zufall überlassen bleibt und es an Spielraum für die Phantasie des Betrachters mangelt. Es ist unbedingt darauf zu achten, daß der Raum, den man schafft, nicht zu spannungslos, statisch, zu stark vorherbestimmt und offensichtlich wirkt – denn ein Betrachter durchschaut ihn sofort und widmet ihm höchstens einen flüchtigen Blick. Wenn ich zum Beispiel eine meiner Freundinnen besuche, bleibe ich nur selten vor ihrem Kräutergarten mit seinen symmetrischen Beeten und Rabatten stehen. Aber am restlichen Garten kann ich mich kaum satt sehen. Bei dem hat sie große Sorgfalt und Liebe fürs Detail bewiesen. Zwischen den rosa, weißen und roten Kosmeen leuchten hellblauer Rittersporn und gelbe Lilien, und dazwischen entdeckt man einen Taubenschlag, einen Sessel aus Zweigen, Holzskulpturen, eine rebenumrankte Laube und viele andere kleine Überraschungen, die sie sorgsam in ihr streng formales Konzept eingeflochten hat, um den Besucher zu erfreuen.

Ich verwende symmetrisches Gleichgewicht, um Elemente zu verbinden, die andernfalls zusammenhanglos im Raum stehen würden. Mit einer symmetrischen Staudenrabatte verknüpfe ich beispielsweise in unserem Garten die Verschiedenheit zwischen der Stuckverzierung an der Garagenwand auf der rechten und einer Kiefer auf der linken Seite. Das Gleichgewicht wird durch ein kunstvoll gearbeitetes weißes Vogelhäuschen hergestellt, das im Staudenbeet als Blickfang dient.

Die meisten Menschen ziehen ein weniger formales, eher naturnahes Design einer streng symmetrischen Anlage vor. Doch wie ist es da mit dem Gleichgewicht? Sie können im Garten mit *Asymmetrie* ein dynamisches Gleichgewicht erzeugen.

Bei einem asymmetrischen Design sind die Entsprechungen in bezug auf Größe, Form oder Position der Gestaltungselemente nicht so ausgeprägt, aber dennoch herrscht eine gewisse Ausgewogenheit. Sie läßt sich nur durch Trial-and-Error erreichen, das heißt, man schiebt oder trägt die Pflanzen oder Gegenstände, die als Schauobjekt fokussiert werden sollen, so lange hin und her, bis man den richtigen Platz gefunden hat.

Ein Objekt ist der Fokus für eine Gedankenreise. Diese Steinlaterne ist ein dynamischer Punkt mit einem aufwärts zeigenden Deckstein und einem abwärts weisenden Dach. Der ebene Stein davor wirkt statischer, wird aber durch die benachbarte Laterne »aufgeladen«.

Werfen Sie einen Blick auf dieses Bild eines japanischen Tempelgartens. Welche »Punkte« stechen Ihnen besonders ins Auge? Die immer wiederkehrende Kugelform der Hecken, das kräftige Rot und Gelb der Herbstblätter und die aufrechten Kiefernstämme weisen als Punkte den Weg durch diesen Gartenraum. Dynamik kommt durch die plötzliche Biegung des gepflasterten Weges ins Spiel.

Machen Sie sich klar, daß jede Komponente auf Ihrem Planungsentwurf entweder einen Punkt, eine Linie oder eine Fläche darstellt. Ein Baum, ein Standbild oder eine Laube sind immer Punkte, eine Kopfsteineinfassung, ein Bachbett, ein Weg sind immer Linien, während ein Schwimmbecken, ein Durchgang oder eine Wiese Flächen oder Ebenen sind. Zusammen bilden sie eine abgerundete und harmonische Gartenschöpfung.

Punkte. Punkte sind Schauobjekte, die aus der Landschaft herausragen: zum Beispiel markante Bäume, Skulpturen, Felsen oder Architekturen. Sie alle besitzen innere Kräfte, die entweder Dynamik (Bewegung) oder Statik (Ruhe) ausdrücken. Auch ein Baum kann Bewegung vermitteln, zum Beispiel wenn seine Äste durch den Wind dazu gezwungen wurden, nur in eine Richtung zu wachsen; eine pyramidenförmige Eibe dagegen bietet einen standfesten, symmetrischen und kompakten Anblick, ihre Äste streben sowohl nach oben als auch zur Seite, sie scheint in sich zu ruhen.

Wir nehmen bei allen Gegenständen um uns herum dynamische oder statische Kräfte wahr. Pflanzen haben unterschiedliche Wuchsformen – ihre Äste zeigen nach oben, unten oder zur Seite; manche plustern sich auf, lassen ihre Äste hängen, stehen aufrecht wie eine Säule oder sind rund wie eine Kugel. Auch Gebäude üben durch ihre jeweilige Form unterschiedliche Kräfte auf die Landschaft aus. Sie können zum Beispiel L-förmig, quadratisch, rechteckig oder rund, ausladend oder kompakt, vertikal oder horizontal ausgerichtet sein. Und auch der Boden kann Bewegung vermitteln, etwa durch steile Abhänge, Hügel, Mulden oder plötzliche Böschungen. In allen diesen Formen manifestieren sich nicht zu unterschätzende, innewohnende Kräfte.

Ein Gegenstand, der einzeln steht, fordert unsere Aufmerksamkeit besonders dann, wenn er gleichzeitig Dynamik ausstrahlt. Ein leuchtendgelber Turm, der sich spiralförmig in den Himmel schraubt, wird in unserer Vorstellung zu einem leuchtenden Weg, der uns nach oben führt. Von einer römischen Büste, die mit steinernen Augen auf den Ozean hinausblickt, kann eine fast greifbare Kraft ausgehen, weil ihr Blick fest auf ein Ziel gerichtet scheint.

Eine visuelle Verknüpfung zwischen zwei Punkten kommt zustande, wenn auch ein ästhetischer Zusammenhang zwischen ihnen besteht. Unbewußt verbinden wir Objekte mit ähnlicher Form, Farbe oder Gestalt zu einer Einheit. Zwei stattliche Kiefern, die einen Weg säumen, bilden ein Tor; eine Statue blickt quer über den Rasen zu ihrem Gegenstück auf der anderen Seite. Die visuelle Koppelung zweier Punkte erlaubt dem Designer, gezielte Gedankenreisen im Raum vorzugeben.

Auch ein fokussiertes Motiv kann aus mehreren Objekten bestehen, die eine harmonische Gruppe bilden. Die Skulpturengruppe des von Walter Schott entworfenen Untermeyer-Brunnens im Conservatory Garden in Manhattan zum Beispiel setzt sich aus drei Steinfiguren zusammen, die Ringelreihen tanzen. Sie bewegen sich nicht tatsächlich, aber Schott suggeriert Bewegung durch die Wechselbeziehung zwischen den Punkten – den Figuren – und ihrer dynamischen Körperhaltung.

Linien. Wenn Sie unterschiedliche Bereiche Ihres Gartens durch Linien verbinden, verleihen Sie ihm einen dynamischen und ausgewogenen Charakter. Bei der Raumaufteilung haben Sie die Wahl zwischen perspektivischer, diagonaler oder paralleler Linienführung.

In der westlichen Welt blickt die perspektivische Linienführung auf eine reiche Tradition zurück. Das sind parallele Linien in Form von Wegen, Becken, Beeten oder Hecken, die in die Tiefe des Raums gerichtet sind und (ähnlich wie Bahngleise) in einem Fluchtpunkt zusammenlaufen. Die Dynamik und Tiefenwirkung, die eine perspektivische Linienführung erzeugt, ist enorm.

Linien, die parallel zur Perspektive des Betrachters verlaufen, teilen den Raum in mehrere überlappende Streifen auf, und lassen so zum Beispiel eine Landschaft mit Bergen weiter entfernt erscheinen, als sie tatsächlich ist: die Gebirgsausläufer und die davorliegende Ebene sind deutlich zu erkennen, der mittlere Bereich ist schon etwas undeutlicher, während die Berge im Hintergrund abstrakt wirken.

In der asiatischen Gartenkunst bedient man sich dieser horizontalen Linienführung, um den Raum zu »schichten«, ihn also in Vordergrund, Mittelgrund und Hintergrund aufzugliedern. Durch diese Staffelung wirken Räume optisch sehr viel größer. Stellen Sie sich vor, eine Hecke würde Ihren Garten in einen Vorder- und Hintergrund aufteilen. Wenn Sie zwischen Ihrem Standort und der ersten Hecke eine zweite einführen, wenn Sie also einen zusätzlichen mittleren Bereich

Kann es ein besseres Plätzchen für ein Stelldichein geben als einen lauschigen Garten? Aus unserem Blickwinkel scheint der Weg wie ein Fußweg, der unseren Blick in den Raum hinein zieht. Das Liebespaar sieht denselben Weg als Schwelle zu der angrenzenden Grasfläche.

Shoden-ji ist ein Trockenlandschaftsgarten im Norden Kyotos und demonstriert eindrucksvoll die Technik der »geborgten Landschaft«. Die zu sanften Hügeln geschnittenen Azaleensträucher im Vordergrund sind zu 3-5-7-Gruppen zusammengestellt und wiederholen die Form des Hiei-Berges im Hintergrund, der höchsten Erhebung Kyotos. Der Granitstreifen ganz im Vordergrund, die weiße Gartenmauer im Mittelgrund und das Dach des Durchgangs im Hintergrund gliedern den Raum in Streifen, die parallel zum Blickwinkel verlaufen.

schaffen, erhöht sich die Tiefenwirkung, es entstehen Vordergrund, Mittelgrund und Hintergrund.

Manchmal werden kleine Räume auch durch diagonale Linien optisch vergrößert. Eine diagonale Linie in einem viereckigen Raum bringt Dynamik ins Spiel. Diagonale Linien ziehen den Blick stärker an als parallel beziehungsweise senkrecht zur Blickrichtung verlaufende Linien. Doch Vorsicht: Ist der Blick einmal auf eine Diagonale gefallen, folgt er ihrem Verlauf unweigerlich bis zum Endpunkt; es gibt kein Zurück mehr. Eine diagonale Linie strahlt eine so starke Kraft aus, daß alles andere, was sich in ihrer unmittelbaren Umgebung befindet, untergeordnet erscheint.

Fläche. Wir nehmen in Gedanken nicht nur einzelne Punkte wahr oder folgen dem Verlauf perspektivischer, horizontaler oder diagonaler Linien, unsere Aufmerksamkeit gewinnen auch einfache Flächen wie zum Beispiel Dreiecke oder Rechtecke, die den Raum optisch aufgliedern. Flächen können Punkte oder Linien oder beides beinhalten. Stellen Sie sich einen streng geometrischen Rosengarten vor, der von Hecken eingefaßt ist. Die farbenprächtigen Rosenstöcke entsprechen dann den Punkten, die Wege den Linien, die rechteckigen Beete den Flächen. Eine formale Gartenanlage wie diese kann von jedem Besucher leicht interpretiert werden.

Auch die Heckeneinfassung des Rosengartens empfinden wir als Ebene, sowohl was ihre vertikale Ausdehnung (Höhe) als auch was die Fläche betrifft, die sie umgrenzt. Wird die Heckenlinie von einem Tor unterbrochen, entsteht eine neue Raumebene, ein Rechteck, das den Blick auf den Garten gleich beim Betreten einrahmt.

Auch bei einem asymmetrischen Design sind räumliche Ebenen zu erkennen, aber wir interpretieren sie seltener als Rechtecke oder Quadrate, sondern eher als Dreiecke. Machen Sie sich den Unterschied bewußt, indem Sie Ihr Konzept im Modell oder mit einfachen Mitteln im Garten auf diesen Aspekt hin überprüfen. Stellen Sie zum Beispiel eine einfache Gartenbank in den Vordergrund und plazieren Sie dann einen Pfahl mit einem Vogelhäuschen ganz im Hintergrund links von der Bank und ein Vogelbad aus Ton etwas rechts nach hinten versetzt. Im Geist verbindet der Betrachter diese drei Punkte wie bei einem Zahlenverbindungsspiel zu einer dreieckigen Fläche. Wenn Sie in der Natur den Blick über die Landschaft schweifen lassen, registrieren Sie im Geist oftmals überlappende, meistens gleichschenklige, manchmal aber auch gleichseitige Dreiecke.

Kräfteausgleich. Jeder Gegenstand im Garten besitzt eine innere Kraft und Richtung. Sie kennen das: Ein Stein, der in einen Teich geworfen wird, schickt Wellenkreise bis ans Ufer. Nun stellen Sie sich vor, Ihr Haus (ein herausragender Felsen oder Ihre Gartenbank) sei solch ein Kieselstein. Die Aura um jedes Gestaltungselement im Garten dehnt sich ebenfalls so weit aus, bis sie auf die Aura eines benachbarten Gegenstandes stößt.

Mit Hilfe von Punkten, Linien und Flächen läßt sich im Garten ein Gleichgewicht zwischen den widerstreitenden Kräften schaffen. Fällt das Gelände nach Osten hin ab, hat man die Möglichkeit, den Blick durch hohe, an der Ostseite stehende Bäume in Richtung Westen zu lenken und somit ein Gegengewicht und Ausgleich zur Bodenneigung zu schaffen. Ist der Fokus eine Rundplastik, könnte man sie mit einer kreisförmigen Hecke einfassen und auf diese Weise ihre Aura auf die Umgebung ausdehnen. Wenn ein Haus L-förmig ist, bildet eine gegenüberliegende, ebenfalls L-förmig gebaute Wand ein Rechteck als harmonischen Ausgleich. Das Design kann also die aus dem Gleichgewicht geratenen Kräfte wieder ins Lot bringen.

Leere und Materie im Gleichgewicht. Eine andere Möglichkeit, Kräfte auszugleichen, ist die aktive Gestaltung des »leeren Raumes«. Er belebt die Gegenstände, die er umgibt. Man denke zum Beispiel an die Felseninseln eines Zen-Gartens, die aus einem wellenlinig geharkten Kieselsee herausragen. Das Rillenmuster dieser Trockenlandschaft soll Wellengekräusel darstellen und verleiht dem unbelebten Kieselfeld eine lebendige Komponente. Die Punkte, sprich die Felseninseln, wirken aktiv am Design mit.

Wir empfinden ein Bild als harmonisch, wenn das Verhältnis zwischen freier und »belegter« Fläche ausgewogen ist. Gebäude, Baumgruppen und Beete brauchen solche leeren Zwischenräume. Manchmal hilft es, die Augen leicht zuzukneifen und das Verhältnis zwischen Leere und Materie im Garten zu überprüfen. Wieviel Raum ist leer, wieviel »belegt«? Gehen die Zwischenräume ineinander über oder wirken sie abgehackt, ohne Zusammenhang oder überflüssig? Stehen die Gegenstände zu dicht gedrängt oder isoliert? Bilden Leerraum und gefüllter Raum ein harmonisches Ganzes?

Die wahren Proportionen eines Objektes werden oft erst im Kontrast mit einem bekannten Gegenstand in natürlicher Größe erkennbar. Ohne das Auto könnten wir nicht entscheiden, wie groß dieser Landsitz in Virginia wirklich ist. Im unteren Bild vermitteln uns erst die Blätter des Berglorbeers einen Eindruck vom Maßstab der Mooslandschaft auf dem Waldboden.

Maßstab: Raumverkleinerung und -vergrößerung

Der Maßstab eines Gartenobjektes – die Größe im Vergleich zu benachbarten Objekten – kann seine ästhetische Wirkung hervortreten oder es unscheinbar wirken lassen. Besonders kleine oder sehr große Elemente ziehen unsere Aufmerksamkeit normalerweise stärker auf sich als solche, die dem Maßstab des Menschen angepaßt sind. Bilder, die von den normalen Proportionen abweichen, zeigen uns die Welt aus einer neuen Perspektive, sie wirken *verkleinert* oder *vergrößert*, je nach Blickwinkel.

Wir finden Gefallen an einer Puppenstube oder einem Terrarium, weil wir uns im Vergleich dazu groß fühlen, im Geist aber zu kleinen Bewohnern dieser Welten werden. Stundenlang können wir das geschäftige Treiben im Ameisenhaufen oder Aquarium beobachten und uns vorstellen, wir würden uns selbst von den Arbeiterinnen versorgen oder von Seepferdchen durchs Wasser tragen lassen. Die Miniaturlandschaften aus Moos, Felsen und Zwergbäumen von japanischen Gärten finden zahlreiche Liebhaber, ebenso lassen die Zwergpflanzen von Alpengärten Sammlerherzen auf der ganzen Welt höher schlagen. Ein faszinierendes Hobby sind auch Modelleisenbahnen, die durch liebevoll gestaltete Miniaturlandschaften fahren.

Werden Miniaturgegenstände in einer Umgebung gezeigt, die nicht genauso klein dimensioniert ist, muß man sie auf irgendeine Weise hervorheben, damit der Betrachter sie leichter als solche erkennen und von den umgebenden Gegenständen in natürlicher Größe unterscheiden kann. Wenn Sie beispielsweise einen großen Garten haben und darin ein Spielhaus für Ihre Kinder bauen möchten, ist es ratsam, einen kleinen Garten mit einem Gartenzaun im gleichen Maßstab wie das Haus anzulegen. Eine andere Möglichkeit, Miniaturen zu kennzeichnen, ist der Kontrast mit überdimensionierten Elementen.

Die meisten Menschen lieben weite Landschaften oder steil aufragende Gipfel. Auch Dinosaurier übten wegen ihrer Größe auf uns Kinder immer eine große Faszination aus. Besucher aus aller Welt strömen zu dem Naturdenkmal am Mount Rushmore, das die Portraits amerikanischer Präsidenten in Stein gemeißelt zeigt. Sonnenblumen, die über ein Meter großen Stengel der Gunnera-Pflanze, weite Aussichten, überlebensgroße Statuen – von all diesen Dingen geht eine große Anziehungskraft aus.

Wie kann man überlebensgroße Gegenstände beim Gartendesign einsetzen? Zuerst macht man eine Inventur aller großen Dinge, die bereits auf dem Gelände vorhanden sind (Bäume, aufragende Felsvorsprünge, Felsbrocken oder Fernsichten) und definiert sie als Fokus. Vor kurzem testete ich die Grenzen eines Schaufelbaggers, als ich einen sieben Tonnen schweren Felsbrocken aus der Steinwand meines Auftraggebers herausnehmen, 15 Meter weiter nach hinten versetzen und auf den Kopf stellen ließ, wo er als zentrales Element eines Steingartens dienen sollte. Diesen eindrucksvollen zweieinhalb Meter hohen und fast eineinhalb Meter dicken Granitblock kann man nun vom Haus aus durch die Glasscheibe der Haustür, die Fenster des Wohnzimmers und der oberen Stockwerke sowie von einer Aussichtsplattform aus sehen. Meine Auftraggeber nennen ihn den »Mondscheinstein«, weil er im Mondlicht weiß schimmert und einen dazu veranlaßt, zu der weißen Scheibe am Himmel hinaufzublicken.

In einem zweiten Schritt sollten Sie versuchen, mit Objekten verschiedener Größen zu experimentieren. Dabei werden Sie einzigartigen und paradoxen Effekten begegnen. In einem winzig kleinen Hinterhausgarten eines Backsteinhauses stellte ich zum Beispiel zwei überdimensionierte Tierplastiken aus Stein auf, die der Besitzer aus einer privaten Sammlung erworben hatte. Meinen Vorschlag, die beiden Tiere zum Mittelpunkt des Gartens zu machen, schlug der Hausherr zunächst ab, weil er sie für zu groß hielt. Da erklärte ich ihm, daß übergroße Gegenstände einen kleinen Garten auf paradoxe Weise größer erscheinen lassen. Zur Veranschaulichung fertigte ich originalgetreue Pappmodelle der Tiere an und stellte sie an der vorgesehenen Stelle auf. Der Kunde verstand nun, was meine Modelle ausdrücken sollten, und billigte mein Vorhaben. Heute wirkt der Miniatur-Garten durch die Steinplastiken wie eine großzügige Anlage.

Wird ein Designelement im Vordergrund und ein ähnliches, etwas kleineres, im Hintergrund plaziert, vergrößert sich die Tiefenwirkung, der Raum wirkt größer, als er tatsächlich ist. Umgekehrt wird der Raum gestaucht und optisch verkleinert, wenn kleine Objekte im Vordergrund und sehr große im Hintergrund auftreten. Mit einem kleinen und einem großen Pappkarton können Sie dieses Prinzip in

Pflanzen mit sehr kleinen Blättern oder Blüten können über die wirkliche Größe dieses Holzhäuschens hinwegtäuschen. Könnte sich ein Vogel einen schöneren Futterplatz wünschen?

Ihrem eigenen Garten nachvollziehen. Beobachten Sie die unterschiedlichen Beziehungen der Kartons aus einem fixen Blickwinkel. Sie werden feststellen, daß Sie schon mit zwei sorgfältig plazierten Gegenständen Ihren Minigarten weitläufig oder Ihren großen Garten beschaulich klein wirken lassen können. Wozu brauchen wir Gartendesigner diese Kenntnisse? Weil solche Spiele mit den räumlichen Gestaltungsmöglichkeiten Spaß machen, gerade weil sie jede Logik und bisherige Raumerfahrungen des Betrachters auf den Kopf stellen. Sind wir in einem Miniatur-Golfplatz Zwerge oder Riesen? Fühlen wir uns als Wichte oder als Giganten, wenn wir ein Haus auf einem entfernten Berghang betrachten? Objektiv bleiben wir gleich groß, aber unser subjektives Empfinden macht uns zu Wesen eines völlig anderen Maßstabes. Was der Maßstab bedeutet, erkennen wir oft besser durch unsere Phantasie als durch den Verstand.

Massenpflanzungen mit einer kleinen Pflanzenauswahl können interessante Muster bilden und räumliche Rätsel aufgeben.

Bei Steinplattenwegen gibt es einige Faustregeln zu beachten. Am besten eignen sich flache, etwa 10 cm dicke Natursteine von der Größe 30 x 50 cm. Der Abstand sollte etwa eine Handbreit betragen, damit man bequem von einem Stein zum nächsten gelangt. An Aussichtspunkten oder Wegkreuzungen immer eine größere Steinplatte verwenden, auf der man mit beiden Füßen stehen kann. Trittsteine immer so setzen, daß sie sich formal ergänzen: eine Ausbuchtung gegenüber einer Einbuchtung usw. Unterschiedliche Effekte werden erzielt, je nachdem, ob die Trittplatte in den Boden versenkt ist oder einige Zentimeter herausragt.

Setzen von Steinen

Den Umgang mit Steinen lernte ich im Atelier von Professor Kinsaku Nakane in Kyoto. Wenn mein japanischer Lehrmeister Steine setzte oder gruppierte, mußte ich alles immer genau beobachten. Wirklich verstanden habe ich es aber erst, als ich selbst daranging, Steine als Gestaltungselemente zu verwenden. Erst als ich sie selbst in meinen Händen fühlte, ihr Gewicht, ihre Beschaffenheit, markante Stellen auf ihrer Oberfläche, ja ihren Eigencharakter spürte, bekam ich eine Vorstellung davon, wo der richtige Platz für sie war.

Denn es gibt so etwas wie den richtigen Platz für Steine. Die alte japanische Shinto-Religion lehrte die Menschen, daß Steine von Göttern bewohnt werden und daher mit größtem Respekt behandelt werden müssen. Frühe japanische »Geheimtexte« erwähnen Tabus und günstige Setzungen von Steinen und anderen Landschaftselementen. David Slawson schrieb in seinem Buch *Secret Teachings in the Art of the Japanese Garden*, es bringe Unglück, einen Stein »aufrecht hinzustellen, dessen natürliche Form flach sei, und umgekehrt; diese Regel zu verletzen, bringt unweigerlich Unheil.« Fluch also über den Designer, der Steine falsch plaziert!

Stellen Sie sich eine Ladung Felsbrocken vor, manche so schwer wie ein großer Lastzug. Sie sollen nun jedem den Standort zuordnen, der ihn ausgewogen, dynamisch und als Teil einer Gesamtkomposition erscheinen läßt und der sowohl äußerlich wie auch im spirituellen Sinn positive Gefühle hervorruft. Wie gehen Sie vor?

Wählen Sie zunächst das Bild, das sie schaffen möchten. Denn niemand, auch nicht der erfahrenste Gartenarchitekt, kann einen Garten entwerfen, ohne ein Bild, eine Metapher vor Augen zu haben. Steine horchen auf die Natur – dieses Symbol ist uns ja vertraut. Die Verwendung von Naturmetaphern verlangt ein genaues Hinsehen und Verständnis – was passiert in Flüssen, wann werden Steine weggewaschen, wann finden sie Halt, wie kommt es zu Sandanhäufungen hinter Inseln, welch vielfältige Formen können Wasserfälle annehmen. Ein Steingarten gewinnt seine Schönheit nicht durch einfaches Kopieren der Natur, sondern durch die Abstraktion ihrer auffälligsten Schönheitsmerkmale. Er ist der Versuch, eine großflächige, natürliche Kulisse auf einen Bereich zu konzentrieren und sie so für den Betrachter sichtbar und begreifbar zu machen.

Nachdem Sie Ihr Bild bedacht und skizziert haben, legen Sie den Stein fest, mit dem Sie beginnen. Es empfiehlt sich, mit dem Felsbrocken oder jenen Steinen anzufangen, die das größte Landschaftsmerkmal bilden. Untersuchen Sie den Stein und überlegen Sie, wie er gesetzt werden soll: bei manchen bietet sich eine aufrechte, bei anderen eine flache oder gar diagonale Lage an. Manchmal hilft es, den Stein aus einer anthropomorphen Perspektive zu betrachten, das heißt, seinen Kopf, Fuß, die vordere und rückwärtige Partie zu suchen. Die nächste Frage lautet: Wie tief soll er in den Boden gesenkt werden? Nach der alten Faustregel der Meister sollte ein Stein bis zur »Hüfte« in der Erde sein. Man kann sich aber auch zur Regel machen, den Stein wieder so tief einzugraben, wie man ihn in der Natur vorgefunden hat. An den Erdspuren ist oft noch zu erkennen, in welcher – oft gefälligen – Position der Stein ursprünglich zur Ruhe gekommen ist.

Nun müssen Sie den Stein also in den Boden einlassen. Je nach Größe benötigen Sie dazu ein oder zwei starke Helfer, vielleicht aber auch ein Gestell, einen Schlitten, Schaufelbagger oder Kran, um ihn in die gewünschte Position zu bringen. Es ist schon ein gewisses Können erforderlich, einen an Ketten oder einem Draht hängenden Stein aufrecht zu halten. Noch eine andere Kunst müssen Sie beherrschen lernen: große Steine so auf kleineren Steinen zu lagern, daß die Vorderseite sich im richtigen Winkel befindet.

Farne, Moos und der Fatsia japonica-*Strauch sind wasserliebende Pflanzen. An diesem Becken wäscht der Besucher vor dem Betreten des Teehauses Hände und Mund. Es liegt auf einem Überlauf, der durch locker in ein Loch gesetzte Steine gebildet wird, auf die eine dünne Schicht kleiner Kiesel gestreut wurde.*

Anschließend muß das Verhältnis der Steine zueinander bestimmt werden, damit ein harmonisches Gefüge entsteht. Stellen Sie sich die Steine als abstrakte Punkte im Raum vor.

– Wenn ein Stein isoliert stehen soll, wählt man einen kräftigen, plastisch wirkenden Felsblock als Blickfang. Jeder Stein sollte ein Landschaftsmerkmal darstellen: ein dreieckiger Stein einen Berggipfel, ein an der Spitze abgeflachter Stein eine Hochebene, ein niedriger, flacher Stein eine schwimmende Insel.

– Werden Steine paarweise in Beziehung gesetzt, sollte einer in bezug auf Größe, Form oder Standort dem anderen untergeordnet sein. Mögliche Konstellationen sind Hauptstein-Nebenstein oder Mutter-Kind. Man kann auch eine Tiefenwirkung erzeugen, indem man zwei Steine unterschiedlicher Größe einsetzt. Ein großer, aufrechter Stein im Vordergrund, dem ein kleinerer, ebenfalls aufrechter Stein im Hintergrund gegenübersteht, erweckt den Eindruck, die Entfernung dazwischen sei groß; umgekehrt bewirkt ein großer Stein im Hintergrund und ein kleiner Stein im Vordergrund, daß der Raum gestaucht wirkt. Experimentieren Sie damit in Ihrem eigenen Garten. Anstelle von Steinen können Sie auch mit Plastiken, Vogeltränken, Laternen, Bäumen oder Hecken arbeiten – die Wirkung bleibt dieselbe. Mit dem paarweisen Einsatz von Steinen haben Sie also die Möglichkeit, Leben und Bewegung in Ihren Garten zu zaubern.

– Aus drei Punkten lassen sich ungleichseitige Dreiecke bilden. Dies ist die in Japan und China am häufigsten verwendete Gruppierung von Steinen. Die Zahl drei gilt dort als Symbol für Unendlichkeit, die drei Eckpunkte stehen für Himmel (vertikaler Stein), Erde (horizontaler Stein) und Menschheit (diagonaler Stein). Auch wir »lesen« einen Garten, indem wir jeweils drei Punkte, die zueinander in Beziehung stehen, als Dreieck interpretieren. Mit den Augen nehmen wir drei vertikale Gegenstände wahr, die wir zu einer Einheit verbinden, zum Beispiel die Oberkante eines Wasserfalls, eine Steinlaterne und ein großes Wasserbecken. Suchen Sie in Ihrem Garten nach solchen Dreieckspunkten. Vielleicht fehlt manchmal eine Seite eines Dreiecks – das ist dann ein geeigneter Platz für einen Stein, eine Statue oder einen prächtigen Baum. Achten Sie darauf, daß zwischen diesen Eckpunkten ein asymmetrisches, ein »okkultes« Gleichgewicht herrscht. Das Bild sollte sowohl lebendig als auch in sich ruhend

Dieser ernste Meditationsgarten, ein ehemaliges Schwimmbecken, in Washington (Bloedel Reserve), zeigt eine Methode, wie man mit dem Rechen Muster in Kies oder Sand zieht. Weil ein einziger Fußabdruck sowohl das Bild von Inseln in einem Kieselsee als auch das Gefühl für Paradoxie und Maßstab zerstören würde, muß der Kies von jedem Stein aus geharkt werden, indem man von hinten beginnt und den Rechen sorgfältig um den Stein herum führt. Keine leichte Sache, denn so ein Rechen kann bis zu zu 30 Kilogramm wiegen.

wirken. Wenn die Gesamtkomposition harmonisch ist, gewinnen die einzelnen Punkte an Dynamik.

– Bei Steinen, die in mehreren Gruppen gesetzt werden sollen, wählt man jeweils drei, fünf oder sieben Exemplare aus: drei Azaleen, die zu runden Hügeln geschnitten sind, fünf Steininseln in einem Trockenteich, sieben Steine, die wie eine Gruppe von Menschen beisammenstehen. Ungerade Zahlen suggerieren Unvollständigkeit und vermitteln das Gefühl, sich an den Formen nicht satt sehen zu können.

Eine alte Zen-Legende veranschaulicht, welcher Gedanke sich hinter dem letzten Prinzip der Steinkomposition verbirgt: *suteiishi* – das ist der Stein, der einfach nur dahingeworfen oder -gestreut wird. In der überlieferten Erzählung verlangt ein Meister von seinem Schüler, er solle den Teegarten saubermachen. Dieser gibt sich die größte Mühe, alles perfekt zu machen. Kein Staubkörnchen liegt mehr am Boden, jeder Stein befindet sich an seinem Platz. Der Meister aber ist unzufrieden und schickt ihn erneut zurück. Wieder und wieder fegt der Schüler den Garten, aber nie wird er den Ansprüchen seines Meisters gerecht. Schließlich greift der Meister nach einem Ahornzweig und schüttelt ihn leicht. Einige Blätter schweben auf den Pfad nieder. Jetzt, sagt der Meister, ist der Garten vollkommen. Die Moral von der Geschichte ist, daß wir ein gewisses Maß an Unvollkommenheit brauchen, um die Perfektion der Natur zu begreifen.

Genauso verhält es sich mit den Steinen. Streuen Sie, wenn Ihr Kunstwerk »steht«, eine Handvoll kleiner Steinchen aus, um das Ganze unvollkommen und natürlich erscheinen zu lassen. Steine auszustreuen ist vielleicht die höchste Kunst von allen.

Ein Garten mit Meeresstrand wie hier in Rockport braucht ein Konzept, das die klimatischen, geographischen und natürlichen Bedingungen des Standortes und zugleich die Wünsche und Vorstellungen seiner Besitzer berücksichtigt.

Kapitel VI

Beseelte Gärten
Die grosse Designidee

Nun können Sie Ihrem inneren Garten Profil geben, einen schematischen Plan für den Garten hinter Ihrem Haus entwerfen. Anhand der fünf Schritte, die ich beschrieben habe, haben Sie die Komponenten Ihres Gartens kennengelernt und Ihre Bilder zum Vorschein gebracht. Sie haben Ziele definiert, sich Ihre Lieblingsplätze aus der Kindheit vor Augen geführt, Fakten über den inneren und äußeren Garten zusammengetragen, die Grundelemente analysiert und die Gestaltungsprinzipien notiert, die für Ihre ganz persönlichen Streifzüge und Gedankenreisen relevant sind. Wie zeichnen sich nun aus diesen Vorstellungen und Bildern die Konturen eines inneren Gartens ab, eines Designs, das Sie auf Ihr Land übertragen können?

Es mag ironisch klingen, aber Sie müssen noch weiter in Ihren inneren Garten hineinschauen. Lassen Sie die Anregungen und Bilder aus diesem Buch bis in die tiefsten Sphären Ihrer Vorstellungswelt vordringen. Die Träume oder meditativen Gedanken, die wieder an die Oberfläche des Bewußtseins driften, haben sich in der Zwischenzeit wahrscheinlich verdichtet und zu Kollagen zusammengefügt: Sie haben sich in ein Design Ihres inneren Gartens verwandelt.

Dieser Schritt ist der Dreh- und Angelpunkt des kreativen Prozesses. Er setzt voraus, daß Sie sich ganz Ihrer Phantasie überlassen und Vertrauen in Ihre eigene Kreativität gewinnen müssen. Wenn der Plan Ihres inneren Gartens reich an Ideen und Vorstellungen ist, wird sich

Manchmal reicht eine einzige Idee, um einen ganzen Garten zu organisieren, wie hier in Neuschottland.

daraus mit der Zeit ein behutsam gestalteter Garten von ästhetischem Wert entwickeln, ein Garten, von dem Sie schon immer geträumt haben.

Die grosse Designidee

Jedes Kunstwerk besteht aus einer oder mehreren *großen Ideen* – aus Themen oder Konzepten, die eine Gartenanlage zu einem geschlossenen Gefüge werden lassen. Eine große Idee ist so etwas wie ein großes Bild oder eine Reihe zusammenhängender Bilder, die die Form und Gliederung Ihres Gartens vorgeben.

Große Ideen haben wir jeden Tag. Sie geben Antworten auf die großen und kleinen Probleme des Alltags: als plötzliche Eingebung kurz vor dem wichtigen Vortrag, als Geistesblitz, ein neues überzeugendes Argument, mit dem wir einen Kunden zufriedenstellen können; als plötzliche Vorstellung der Farbe, in der das Wohnzimmer gestrichen werden soll; als Inspiration zu einem neuen Gedichtvers. Plötzlich macht es »klick«, und wir sehen alles anders.

Große Ideen kann man nicht erzwingen. Sie kommen meistens von ganz allein, und meistens dann, wenn man am wenigsten mit ihnen rechnet, wenn man ganz anderen, banalen Beschäftigungen oder Routineangelegenheiten nachgeht, zum Beispiel wenn man die Wäsche bügelt, U-Bahn fährt, den Rasen mäht, eine Kaffeepause einlegt oder Unkraut jätet.

Große Ideen strukturieren unsere Vorstellungen, sie sind der rote Faden, der sich durch Planung und Ausführung einer Gartenanlage zieht. Ohne sie gibt es kein geschlossenes Design. Vor einiger Zeit arbeitete ich für einen Kunden, der den Garten seines Hauses in einer neuen Siedlung anlegen wollte. Er hatte die Licht- und Windverhältnisse im Jahresverlauf studiert und Steine ausgewählt, die er in seinem Design verwenden wollte. Er hatte mit Stöcken Wege markiert, Mulchhügel aufgehäuft und eine Skizze nach der anderen angefertigt. Aber nie war er mit seinen Entwürfen zufrieden. Zwei Jahre lang nahm er immer wieder neue Anläufe. Schließlich wandte er sich an mich. Mir fiel auf, daß allen seinen Entwürfen und Versuchen ein übergeordnetes, verbindendes Konzept fehlte.

Das Gelände selbst bot große Möglichkeiten. Sein Haus, eine Glas- und Holzkonstruktion, war von ausgewachsenen Buchen und Kiefern umgeben. In meinem Kopf tauchte langsam das Bild einer Hütte auf, die mitten in einer kreisrunden Waldlichtung stand. Dieses frühe Bild war die Eingebung, auf die ich gewartet hatte. Irgendwie wußte ich plötzlich, was ich zu tun hatte. Ich entschied mich dafür, den Garten in mehrere, immer größer werdende Kreise – Lichtungen – aufzuteilen, die sich bis an die Grenzen des Waldes hin fortsetzten. Jede Lichtung sollte von einem Ring aus großblättrigen Büschen gebildet werden und wie ein Hafen wirken. Für eine optische Verknüpfung würden verschiedene »Ereignisse« in den einzelnen Lichtungen sorgen: ein riesiger umgekehrter Felsbrocken; ein »Wasserbecken« und ein »Bach« aus Moos; ein ausgehöhlter Stein; ein runder Pavillon mit Veranda. Wege aus Trittsteinen sollten die einzelnen Teile des Gartens miteinander verbinden und für Kontinuität sorgen. Mein Auftraggeber billigte meine Entwürfe, und wir begannen mit der Arbeit. Heute, ein Jahr später, zeigt sich, daß die Anlage vom ursprünglichen Konzept her stimmte. Wenn die Pflanzen in den nächsten Jahre die Lücken gefüllt haben, wird sich zeigen, ob der Garten sein Versprechen erfüllt hat. Ohne jene inspirierende Eingebung ganz zu Beginn hätten weder mein Auftraggeber noch ich gewußt, wo wir anfangen sollten.

Für eine große Idee braucht man nicht unbedingt einen großen Garten. Man denke nur an all die kleinen Klostergärten, Kräutergärten oder die Grünstreifen in den Innenstädten, an die winzigen *karesansui*, die Plätze zum Meditieren. Sie sind oft die besten Beispiele für eine gute Umsetzung einer großen Idee. Umgekehrt liefert der französische Gartenbaumeister Le Nôtre mit dem Garten von Versailles ein Beispiel dafür, wie die große Idee des Absolutismus – die Überlegenheit des Menschen über die Natur – zum Strukturprinzip eines Gartens werden kann, der sich bis zum Horizont auszudehnen scheint.

Viele große Gartengrundstücke sind in mehrere kleinere Parzellen unterteilt, die dadurch interessant wirken, daß darin unterschiedliche Ideen verwirklicht werden. Im antiken Rom plante man die Villengärten um Innenhöfe und Säulengänge herum. So konnte man die jeweilige Lichteinstrahlung voll ausnutzen oder Windschatten gewährleisten. Bei Renaissance-Anlagen wie dem Garten der Villa Lante in Bagnaia nördlich von Rom besteht das Designprinzip in terrassierten Flächen, die auf mehreren Ebenen angeordnet sind und verschiedene Gedanken thematisieren. Bei den englischen Landschaftsparks des 18. Jahrhunderts begann man, mit Hilfe von Pflanzengürteln oder -gruppierungen Räume zu unterteilen, in denen mythologische, historische oder allegorische Motive in Form von Grotten, Tempeln, Obelisken und Statuen in Szene gesetzt wurden. Diese dienten als Schauobjekte oder kontemplative Bezugspunkte entlang des Weges. Kleinere Gartenanlagen im England um die Zeit der Jahrhundertwende, wie sie von dem Architekten Edwin Lutyens und der Gartenkünstlerin Gertrude Jekyll angelegt wurden, teilten den Raum in separate Einzelgärten auf, in denen sie Pflanzen zu malerischen Bildern zusammenklingen ließen. Das Paar entdeckte, daß man durch wirkungsvolle Hintergrundgestaltung auch auf kleinster Fläche »Räume« für formale Becken- und Sumpfbepflanzungen, Steingärten und Waldlichtungen schaffen kann.

Arbeiten mit Bildern

Die Bilder, die meine Gartenschöpfungen durchdringen, entstehen durch eine sorgfältige Analyse der Gegebenheiten des jeweiligen Geländes, durch spontane Skizzen, die ich anfertige und oft auch wieder verwerfe, und durch Eingebungen in stillen Augenblicken. Im Lauf der Jahre habe ich gelernt, jedem dieser Aspekte die gleiche Aufmerksamkeit zu widmen. Lassen Sie mich das durch ein Beispiel aus der jüngsten Vergangenheit veranschaulichen:

Meine Aufgabe war es, einen Lichtschacht im fünften Stock zu begrünen, der einer Empfangshalle eines 10-stöckigen Bürogebäudes in der Innenstadt von Boston gegenüberlag. Mein Auftraggeber war der Chef eines großen Finanzkonzerns. Die Schwierigkeit bestand darin, einen Dachgarten auf einer ziemlich kleinen rechteckigen Fläche zu entwerfen. Auf der einen Seite bot diese Landschaftslösung die Möglichkeit, ein Stück Natur mitten in die Stadt zu bringen, auf der anderen Seite sollte sie eine ausdruckstarke Wirkung haben und als dramatischer natürlicher Anziehungspunkt dieser Halle im fünften Stock einen Lichtblick verschaffen.

In Gesprächen mit dem Auftraggeber erfuhren wir, daß er eine Vorliebe für kontemplative Gärten hatte. Er war in New England aufgewachsen und liebte die Landschaft der Ostküste und das Meer. In seiner Firma förderte er herausragende Leistungen und Kreativität

Von dieser Empfangshalle eines Bürogebäudes aus fällt der Blick auf den Dachgarten, der seinen Bewohnern die Natur vor Augen führt. Dachgärten stellen den Designer vor schwierige Probleme. In diesem Fall fand ich trotz mangelnder Luftzirkulation, schlechter Lichtverhältnisse, Dränageproblemen und der begrenzten Traglast des Daches eine stimmungsvolle, elegante und abwechslungsreiche Lösung.

auf allen Ebenen. Unser Design sollte also seinem persönlichen Hintergrund und seinen Überzeugungen Rechnung tragen und auch seine Firmenphilosophie widerspiegeln.

Nach unserem ersten Treffen begannen wir im Team zu analysieren, welche Alternativen uns zur Verfügung standen und wo wir auf technische Grenzen stießen. Jedes technische Hindernis schränkte unsere Wahlmöglichkeiten ein. Aufgrund der begrenzten Tragfähigkeit des Daches konnten wir zum Beispiel keine großen Granitblöcke aufstellen. Wir erwogen alternativ, ausgehöhlte Steine, Steinattrappen oder aus Glas, Aluminium oder Holz nachgebildete Steine zu verwenden und fertigten ein paar Schemazeichnungen an. Aber sie überzeugten mich nicht. Es hätte bedeutet, daß wir den Steinen die Seele herausreißen, und das widerstrebte mir.

Ein anderes Problem war, daß die umliegenden Gebäude im Blickfeld lagen. Aus Erfahrung weiß ich, daß plötzliche Bewegungen, eine Änderung des Lichteinfalls oder andere Personen im Hintergrund eine freie Kontemplation stark beeinträchtigen. Die vielen Fensterfronten in unmittelbarer Nähe des Dachgartens mußten irgendwie abgeschirmt werden. Der Betrachter sollte seinen Blick nur auf den Garten richten, nicht auf die Stockwerke darüber.

Eines frühen Morgens kam ich spontan auf die Lösung. Eine innere Stimme sagte mir: Entwirf einen hohen, imposanten Bambushain. Bambus hat den Vorteil, daß er sehr leicht ist und sehr hoch wächst. Damit könnten wir das Problem der Traglast und der Abschirmung einfach und elegant lösen. Beim Betreten des Foyers würde der Blick zuallererst auf eine grüne Kulisse aus vierundvierzig *Phylostachys nuda* fallen. Die zehn Meter hohen Bambusstämme bilden eine eindrucksvolle Blätterwand, die die benachbarten Gebäude verdeckt und eine gute Kulisse für die Miniaturlandschaft mit ihren wallenden »Hügeln« und moosbewachsenen »Inseln« inmitten eines »Meeres« aus weißen Kieselsteinen abgibt. Mein Design lenkt das Auge nach unten und ist inspiriert von der Schönheit der Landschaft an der Ostküste.

Der Garten verändert sich im Wechsel der Jahreszeiten – jedoch fast unmerklich: Der Baum im Fokus wird nach einigen Wochen durch einen anderen Baum ersetzt, wodurch der Bereich in Augenhöhe jeweils ein neues Gesicht bekommt. Der neue Baum zeigt durch seinen Wuchs, die Struktur, die Blüten und durch Farbe und Form des Laubes die Veränderungen, die gerade draußen in der freien Natur stattfinden.

In meinem Abschlußbericht für den Kunden versuchte ich, meine Intentionen zu erläutern. »Dieser neue Dachgarten wird Ihren Mitarbeitern und Gästen eine Vision von der Schönheit der Natur vermitteln. Seine strukturierten und natürlichen, vertikalen und horizontalen, dunklen und hellen, weichen und harten Komponenten weisen auf die Gegensätze, die wir in unserer Welt vorfinden. Zentraler Blickfang ist der Baum, ein Symbol für das Paradox von Kontinuität und Wechsel. Er ist fest verwurzelt mit der einzigen Insel, die die führende Rolle Ihres Unternehmens in der Finanzwelt veranschaulichen soll.«

Dieser Dachgarten ist die eleganteste und kühnste Gartenkomposition, die ich bisher gestaltet habe. Sie demonstriert meinen Denkansatz. Hätte ich mich ausschließlich auf die vielen technischen Probleme konzentriert, hätte ich nie den Sprung zu einer unkonventionellen Designlösung geschafft. Hätte ich mich nur mit Ästhetik befaßt, hätten mir die technischen Probleme nicht den Weg zu einer originellen Lösung gewiesen. Wichtiges Merkmal eines guten Designs ist die Lösung technischer *und* gestalterischer Fragestellungen. Das Allerwichtigste ist vermutlich die Inspiration. Sie verhilft uns zu zündenden Ideen, die dann als innerer Garten Gestalt annehmen.

Themen, die uns auf grosse Ideen bringen

Eine große Idee reifen zu lassen, ist der aufregendste und kreativste Teil der Designarbeit. Doch Anfänger lassen sich davon leicht abschrecken. Im folgenden Abschnitt werde ich einige Themen vorstellen, die mich auf der Suche nach inspirierenden Lösungen im Gartendesign geleitet haben. Zur Veranschaulichung führe ich Beispiele aus eigenen und fremden Projekten an. Die Beschaffenheit und der landschaftliche Charakter Ihres Terrains, Sinneseindrücke, künstlerische Symbole und philosophische Gedanken können Ihnen dabei helfen, Leitmotive oder Grundkonzepte für Ihr Gartendesign zu finden. Vielleicht ist Ihnen bereits beim Lesen dieses Buches eine Fülle von neuen Bildern eingefallen, die sich wie ein Mosaik zu einer bestimmten Designidee zusammenfügen.

Der Geist des Ortes

Schon der englische Dichter Alexander Pope schrieb, jeder Ort habe seinen eigenen »Geist«; seine Gestalt; seine Grundstimmung. Das kann ein charakteristisches Merkmal sein, um das sich alles zu drehen scheint: ein Ausblick aufs Meer, eine Baumgruppe, ein Abhang, ein kleines Rasenstück – ein archetypischer Raum. Manchmal ist der Geist aber auch nur ein subjektives Empfinden, zum Beispiel von Weitläufigkeit, Enge, Schroffheit oder Melancholie. Treten Sie einmal einen Schritt zurück und fragen Sie: Welche Grundstimmung zeigt sich auf meinem Gartengrundstück?

Jedes Gelände bietet eine Reihe von Möglichkeiten und unterliegt gewissen Beschränkungen. Beide können bei der Suche nach der Grundstimmung nützlich sein. Die Möglichkeiten – ein ausladender Baum, eine Mulde, ein Abhang, ein Wiesenbach – sind oft gute Ausgangspunkte für Ideen. Der ausladende Baum kann zum Zentrum der ganzen Gartenanlage werden, der Abhang zu einem Steingarten mit farbenprächtigen Blütenkissen, der Bach zum Begleiter auf einem Wiesenspaziergang, im Verlauf dessen man hölzerne Stufen hinab- oder hinaufsteigt, auf Holzplanken zum anderen Ufer wechselt, die Wasserpflanzen bestaunt, dem Quaken der Frösche lauscht oder Fische und Kaulquappen beobachtet.

Manche Faktoren schränken die möglichen Alternativen ein. Mich haben oft die kniffeligsten Probleme auf die kreativsten Lösungen gebracht, und was schier unüberwindbar schien, wurde hinterher Grundlage eines Vorschlags. Einmal sollte ich ein Design für ein Grundstück ausarbeiten, das an der Ecke von zwei Hauptgeschäftsstraßen lag. Der Garten sollte ein sicherer Spielplatz für die Kinder der Kundin sein und darüberhinaus einen Eßplatz sowie Beete beinhalten.

Ein Anwesen hat ein Eigenleben und eine Geschichte, die weit zurückgeht. Man kann darauf einen Garten anlegen, der von den geographischen Gegebenheiten der Umgebung losgelöst ist, man kann sich aber auch für die Kontinuität in Zeit und Raum entscheiden und den natürlichen Kontext als Richtlinie betrachten, an der man sich orientiert. Thomas Jefferson, einer der frühen Präsidenten der Vereinigten Staaten, studierte sein Grundstück in Monticello eingehend, bevor er seinen Garten gestaltete.

Bodendeckende geometrische Muster, hier aus Storchschnabel, bilden einen malerischen Blickfang in Ihrem Garten.

Das Gelände selbst gab nicht viel her. Es war flach, ohne markante Bäume oder Pflanzen, und es war dicht umgeben von Häusern. Der einzige Trumpf war das im viktorianischen Stil erbaute Wohnhaus. Ich brauchte eine Lösung, die aus der Not eine Tugend machte. Also projizierte ich die Architektur des Hauses in den Garten hinein, indem ich den Garten ringsum durch dekorative Holzwände, Zäune und Pergolen begrenzte, die farblich zur malerischen Außenfassade des Hauses paßten. So entstand ein geschützter Ort, ein Hafen, der Privatsphäre bot und Geborgenheit vermittelte und eine ideale Kulisse für die schmalen geklinkerten Wege und Terrassen, die Beete und die kleine Rasenfläche abgab. Obwohl ich all mein Können aufbieten mußte, gelang mir – gerade wegen der Beschränkungen, die mir auferlegt waren – eine meiner besten Gartenanlagen. Auch in Ihrem Garten können die Vorzüge und Nachteile zu einer wertvollen Quelle der Inspiration werden.

Inspirierend kann auch die Überlegung sein, wie stark Sie in die vorhandene Struktur Ihres Gartens eingreifen möchten. Planen Sie, das vorhandene Material zu »überarbeiten«, indem Sie Teile wegnehmen und so die vorhandenen Strukturen besser zur Geltung bringen? Möchten Sie neue Elemente einführen, um den Garten besser zu strukturieren? Oder beabsichtigen Sie, Ihrem Garten eine völlig neue Struktur zu verleihen?

Überarbeiten. Manchmal kommen die guten Ideen von selbst, wenn man sich vorstellt, man würde das Layout des Gartens vereinfachen, Überflüssiges oder Störendes beseitigen. Diesen Vorgang bezeichne ich als »Überarbeiten des Geländes«.

Einer meiner Lieblingsgärten kam durch eine solche Überarbeitung zustande. Ich entfernte ein Gewirr aus Sträuchern und förderte darunter eine wunderschöne, zerklüftete Steinlandschaft zutage, die von Farnen überwuchert war und die eine Reihe archetypischer Orte beherbergte: höhlenartige Einschnitte, klippenartige Aussichtspunkte und winzige Berggipfel. Alles lag innerhalb eines Rings, der wie eine Hafenmauer die Felslandschaft und die benachbarte ebenerdige Terrasse umschloß. Nachdem wir die alte Vegetation entfernt hatten, legten wir Streifen von Haarmützenmoos aus und schufen so die Verbindung zwischen dem oberen und dem unteren Teil des Geländes. Mit Steinen stützten wir an einer empfindlichen Stelle den Rand eines Brunnens ab, auf dem »Andrew« saß, eine muntere Engelsfigur, die ein dünnes Rinnsal Wasser aus einer Steinamphore in den Brunnen gießt. Der Garten ist einfach und elegant, und unsere zurückhaltende Überarbeitung hat natürliche geologische Strukturen wieder ans Tageslicht gebracht. Ältere Gärten können oft von einer Überarbeitung profitieren.

Neue Elemente einführen. In manchen Gärten fehlt der rote Faden, der die bunt zusammengewürfelten Elemente verbindet. Klare Wegehierarchien, markante Durchgänge, eine größere Zahl von Einfassungen oder eine besondere Pflanzenauswahl können dazu beitragen, Verbindungen zwischen losen Kompositionselementen herzustellen. Einer meiner Kunden baute auf seinem Gartengrundstück eine aufwendige Hütte, von der er einen Blick auf ein Wäldchen, auf

Diese kindliche Steinfigur am Brunnen wurde von ihren Besitzern »Andrew« getauft. Unter einem Gestrüpp aus Wacholderbüschen kam eine Felslandschaft zum Vorschein, deren Kleinformat ich durch Bepflanzen mit Moos, Azaleenbüschen und Farnen erhielt.

Diese dreieinhalb Meter hohe Steinlaterne im Boston Public Garden erhielt einen neuen Sockel: einen 40 Tonnen schweren Megalithen, der den vorbeifahrenden Schwanenbooten als Leuchtturm und Orientierungshilfe dient.

terrassierte Ebenen, optisch wirkungsvolle Bäume und Felsvorsprünge hatte. Er wollte diese Elemente besser zur Geltung bringen und ließ sich ein paarmal von mir beraten. Mehrere Monate lang entwarfen wir immer wieder neue Skizzen, aber keine sagte ihm zu. Schließlich reiste die Familie für einen einjährigen Forschungsurlaub nach England und verbrachte die Wochenenden damit, berühmte Gärten zu besichtigen. Nach seiner Rückkehr wußte der Kunde genau, was er wollte: eine streng formale Komposition mit Parterres, Mäuerchen und Treppen und einem Senkgarten – alles entlang der Achse, in der sich die vorhandenen Elemente befanden. Obwohl der Kunde erst nach Jahren auf den zündenden Gedanken kam, hat er nun einen ganz individuellen Garten, der seinem Gelände und seinen Träumen entspricht.

Manchmal müssen Sie Struktur in Ihren Garten bringen, indem Sie einen Fokus schaffen, der eine neue Komponente ins Spiel bringt, sich aber ins Design einfügt. Im Public Garden von Boston, auf dessen See die berühmten Schwanenboote dahingleiten, sollte ich einen neuen Sockel für eine dreieinhalb Meter hohe japanische Steinlaterne entwerfen, die die Stadt vor ungefähr fünfzig Jahren geschenkt bekommen hatte. Nachdem ich die Landschaft und die anderen Attraktionen des Parkes genauer studiert, mich eingehend mit den traditionellen japanischen Lampensockeln befaßt und die technischen Voraussetzungen beim Arbeiten auf aufgeschüttetem Land ermittelt hatte, entwarf ich vier verschiedene Designs. Mein Favorit war gleichzeitig die kühnste Lösung: eine einzelne, vierzig Tonnen schwere Felsplatte, auf der die Laterne wie ein Leuchtturm thronte. Mein Design erhielt die Zustimmung der vielen Stellen, die für dieses Bostoner Denkmal zuständig waren, und so setzten wir eine 4,5 m x 2,7 m x 1,5 m große Felsplatte an die Stelle gegenüber der Felseninsel mit der Fußgängerbrücke. Die Platte trägt die gußeiserne Laterne mit Würde und stellt eine bereichernde Komponente in der stimmungsvollen Landschaft des Parks dar.

Neue Struktur. Manchmal weist ein Garten überhaupt keine interessanten Merkmale auf. Bei neu bebauten Grundstücken zum Beispiel wird der Eigencharakter oft durch Planierraupen und Baustellenfahrzeuge zerstört. Sie sind für mich am schwierigsten zu gestalten, denn ich kann mich nicht am Terrain selbst orientieren und muß meine Inspiration aus anderen Quellen – meiner Phantasie oder der des Kunden – beziehen.

Einen großen Vorteil haben solche plattgewalzten Areale aber: Man kann sie von Grund auf neu gestalten. Hier läßt sich fast jede Idee verwirklichen, die einem einfällt, sofern sie dem Maßstab, der Topographie und den klimatischen Bedingungen des Geländes entspricht.

Japanische Gartenbaumeister sind so sehr von der Reinheit ihrer Idee überzeugt, daß sie sie auch trotz widriger Umstände verwirklichen. Nicht selten lassen sie das ganze Gelände plattwalzen, um einen komplett neuen Garten auf »jungfräulichem Boden« entstehen zu lassen. Ihre Designs enthalten oftmals völlig neue Gestaltungselemente oder Pflanzen, die mit dem Garten in keiner Weise in Verbindung stehen. Diese Vorstellung ist für viele amerikanische Gartenarchitekten ein Unding, denn sie halten ein Design nur dann für vernünftig und ökologisch vertretbar, wenn es sich primär am Gelände orientiert. Wenn Sie aber ein neuerbautes Heim kaufen, kann es sein, daß das dazugehörige Gartengrundstück zuvor geräumt wurde und Ihnen nun die Möglichkeit bietet, eine völlig neue, originelle und vielseitige Landschaft entstehen zu lassen.

Die Landschaft als Vorbild

Auch die Landschaft, in der Sie leben, kann ein großartiges Vorbild für eine Designidee abgeben. Lassen Sie sich von Naturgegebenheiten, berühmten Orten, fernen Landstrichen oder Motiven aus der unmittelbaren Umgebung inspirieren. Gestalten Sie sie im Kleinformat nach, arbeiten Sie ihre wichtigsten Wesensmerkmale heraus, abstrahieren oder kopieren sie sie einfach. Sie werden eindrucksvolle Effekte erzielen. Diese Technik der Abstraktion ist besonders in Japan sehr beliebt. Ein gutes und bekanntes Beispiel hierfür ist Tenshin-en, der »Garten des Herzens des Himmels« im Museum der Schönen Künste in Boston, an dessen Schaffung ich als Projekt-Koordinator und Design-Assistentin beteiligt war. Ich wollte den Designer des Gartens Professor Kinsaku Nakane (mein Lehrmeister während meiner Ausbildung in Kyoto) dazu überreden, einen Bezug zwischen diesem japanischen Garten und der Landschaft Neu Englands herzustellen. Am Tag bevor wir mit dem Setzen der Steine begannen, mietete ich ein kleines Flugzeug und zeigte Professor Nakane die geographische Vielfalt und

Boston Museum of Fine Arts: das Wasserbecken des Tenshin-en-Gartens.

Schönheit Neu Englands. Nach einem langen Flug von Rhode Island zur Küste von Maine, über die White Mountains von New Hampshire, durch das Tal des Connecticut River und wieder zurück über den Mount Monadnock nach Boston war der Meister bereit, das Setzen der Steine in Angriff zu nehmen. Ohne von seinem ursprünglichen Konzept grundlegend abzuweichen, setzte er die Steine so, wie er sie aus der Vogelperspektive in Erinnerung hatte. In dem trockenen, etwa 25 m x 40 m großen Landschaftsgarten erinnert vieles an die Felsenküste, an die tiefen Flußtäler, sanften Hügelketten und zerklüfteten Berglandschaften Neu Englands, deren abstrahierte Nachschöpfungen den Besuchern die Schönheit und den Formenreichtum dieser Region im Rahmen eines japanischen Gartens vor Augen führen sollen. Nach Professor Nakanes eigenen Worte war es seine Absicht, innerhalb der Gartengrenzen »das Wesen der Berge, des Ozeans und der Inseln (...), so wie ich sie in der wunderschönen Landschaft Neu Englands gesehen habe« zu schaffen.

Tenshin-en ist eine Interpretation zweier Kulturen und vereint die tiefgründige Symbolik japanischer Gärten mit der landschaftlichen

Dieses Design entwarf ich für den privaten Garten einer Kundin, die sich auf japanische Kunst verstand. Ihr Vorbild war Daisen-in, der berühmte L-förmige Tempelgarten Kyotos aus dem 16. Jahrhundert, in dem ein trockener Flußlauf von einer Holzbrücke überspannt wird und anschließend in einen See aus weißem Kies »mündet«. Dieses Bild habe ich hier mit Steinen aus dem amerikanischen Nordosten und mit gewaschenen Flußsteinen nachempfunden.

Schönheit und Beschaulichkeit Neu Englands. Der Beweis, daß uns die Abstraktion der regionalen Landschaft wirklich gelungen war, kam eines Tages, als ein Entenpaar über den Garten flog. Die Miniaturlandschaft aus Azaleenhügeln und -tälern, die Inseln aus Moos, die aus einem bekiesten »See« herausragten, erschienen dem Entenpaar so naturgetreu, daß sie eine Wasserlandung wagten – die leider zur Bruchlandung wurde.

Ökologie. In jeder Region kann sich die Gartenkunst an der Natur orientieren. Die Prairie von Illinois, die Wüste Arizonas, die Azaleengärten von Virginia, die Rocky Mountains von Colorado oder die kalifornische Küste – um nur einige zu nennen – beleben das Interesse an Designs, die einen Bezug zur umgebenden Landschaft herstellen, ein Interesse, das im ganzen Land stark zunimmt. Es entspringt dem wachsenden Bedürfnis der Menschen, sich selbst und ihre Umgebung in der Gartenschöpfung zum Ausdruck zu bringen. Es erscheinen immer mehr Bücher über die ideale Pflanzenwahl in einzelnen Landstrichen und Klimazonen Amerikas oder für bestimmte Bodentypen und geologische Bedingungen.

Die Ökologie eines Standortes kann zu einer wahren Fundgrube für grundlegende Ideen werden. Sie können sich eine Sumpfland-

Diese Gänseblümchen haben sich in den Felsritzen eines Steingartens angesiedelt.

Ein Kirschbaum in voller Blüte. Die fruchtbare Landschaft Virginias inspirierte hier zu einem wundervollen Obstgarten.

Xerophile Pflanzen lieben die Trockenheit. Sie sind in den Wüstenregionen Santa Fes und Neu Mexikos beheimatet, stoßen aber neuerdings auch in Gebiete mit höheren Niederschlagsmengen vor, wo sie zu einer Einsparung von Grundwasser beitragen.

schaft, Felder, Hügel, Wald, einen Wiesenbach, Marschland, einen Sandstrand in Ihren Garten holen – je nachdem, welche ökologischen Voraussetzungen Ihr Stück Land aufweist.

Vor einiger Zeit entwarf ich ein Design für ein gut 1,2 Hektar großes Stück Ackerland in New England, auf dem ein Haus mit Garten entstehen sollte. An den sonnigen Stellen des Geländes wuchsen Wacholdersträucher und Rote Zedern, wie man es auf brachliegendem Weideland erwarten kann. Große Kiefern säumten den oberen Rand eines Abhanges. Wildblumen hatten sich entlang eines sumpfigen Bachlaufes ausgebreitet, der in einen alten, von einer eigenen Quelle gespeisten Teich floß. Die Weidetiere hatten ihn früher als Tränke benutzt. Nach Absprache mit meinen Auftraggebern kam mir die Idee, den Weideland-Charakter des Geländes in mein Design einzubauen. Ich legte mehrere Gärten an, die sich um das neue Haus herum gruppierten. Nach und nach entstanden ein Wacholdergarten, bei den Kiefern eine kleine, hübsche Felsenlandschaft mit Moos, ein Hügel mit Wildblumen und Stauden und ein Biotop entlang des Bachlaufes. Den See baggerten wir aus, um ihn als Badesee benutzen zu können. Wir brauchten bloß aus dem Fundus der Natur zu schöpfen, den das Stück Land uns darbot.

Heimische Pflanzen. Auch die heimische Flora kann Anregungen für eine Designidee liefern. Viele Gärtner bevorzugen heute Gewächse aus der großen Palette heimischer Pflanzen, weil sie besonders widerstandsfähig sind und gleichzeitig Lokalkolorit verbreiten.

In solch einem »wilden« Garten wachsen die Pflanzen so, wie sie in der freien Natur der Region vorkommen. Dabei kommt es nicht darauf an, daß alle Pflanzen der Region auch im Garten repräsentiert sind, man kann sich auch auf Pflanzen von besonderer Schönheit oder von botanischem Interesse beschränken. Ein naturnaher Garten soll in der Regel Pflanzen in ihrer natürlichen Beziehung untereinander zeigen oder den Gartenbesitzer an schöne Naturschauplätze erinnern.

Nordamerikanische Gräser erfreuen sich immer größerer Beliebtheit als dürreresistente Alternativen zum herkömmlichen Wiesenrispengras und Hundszahngras (beides Importe aus anderen Teilen der Welt). Sie weisen als Weide- oder Präriegräser zwar eine gröbere Struktur und ein blasseres Grün auf als traditionelle Rasengräser, brauchen aber nur halb soviel Wasser und müssen seltener gemäht werden. Die großflächige Verwendung von einheimischen oder importierten Ziergrasarten erinnert an die unendliche Weite der Prärien Nordamerikas. Dürreresistente Pflanzen finden im gesamten Südwesten der Vereinigten Staaten und in Kalifornien Verwendung, denn sie bilden einen interessanten Kontrast zu den üppigen englischen Staudenrabatten. Die Verwendung von heimischen Pflanzen ist durchaus eine belebende Alternative im modernen Gartendesign.

Eingebung durch Sinneswahrnehmungen

Wie wir schon im dritten Kapitel gelesen haben, spielen Sinneseindrücke bei der Planung eines Gartens eine wichtige Rolle, weil sie Bilder in uns hervorrufen. Der Designer kann auch durch Licht, Farben, die Textur (Beschaffenheit des Terrains), Geräusche und seinem Sinn für Humor auf eine zündende Idee kommen.

Gärten, die für ganz bestimmte Sinneseindrücke konzipiert sind, sind heute sehr beliebt: duftende Kräutergärten, Schmetterlingswiesen, Vogelparadiese, Gemüse- und Küchengärten, Sumpfgärten und Biotope – es mangelt nicht an einschlägiger Literatur. In diesem Abschnitt werde ich Ihnen einige andere Anregungen für große Ideen vorstellen, die mit der Sinneswahrnehmung, genauer mit Licht, Farbe und Textur, zusammenhängen.

Natürliches Licht. Eine Technik, die ich meinen Designs gerne zugrunde lege, ist die, die natürlichen Lichtverhältnisse des jeweiligen Gartens zu intensivieren und zum Designschwerpunkt zu machen. Ein besonders kniffliger Fall war ein kleiner Hausgarten mitten im Bostoner Stadtteil Beacon Hill, der auf drei Seiten durch vierstöckige Häuser regelrecht eingekesselt war. Dadurch fiel praktisch kein direktes Licht in den Garten, und auf der unbebauten Nordseite schluckte noch ein großer Lindenbaum viel Licht. Ich beschloß, den Schatten zum Kernstück meines Designs zu machen anstatt zu versuchen, die Lichtverhältnisse zu ändern. Ich pflanzte hohe, grüne japanische Ahornbäume, die die Höhe der umgebenden Fassaden optisch milderten und das einfallende Tageslicht filterten und brachen. Dadurch entstand eine angenehm schummrige Atmosphäre. Mit Granit- und blauen Tonsandsteinplatten legte ich eine Terrasse im sichtgeschützten und schattigsten Teil des Gartens aus, der durch einen Weg mit einer Aussichtsterrasse verbunden war, deren Mittelpunkt drei überdimensionale Steinplastiken darstellten. Ich vervollständigte meine Komposition mit Funkien, Weißwurz, Efeu und grün und blau schimmernden Farnen, zwischen die ich farbige und helle Akzente mit

Die flachen Wurzeln der Donnerwurz wurden hier im kalifornischen Mendocino zu einem dekorativen Gemälde zusammengebunden.

gelbgrünen Funkien und goldschimmerndem Efeu setzte. Meine Grundidee – den Eindruck tiefen, kühlenden Schattens zu verstärken – wurde durch den Kontrast dieser goldenen »Sonnenstrahlen« zu der eher dunklen unteren Pflanzenebene am besten realisiert.

Der preisgekrönte Gartenarchitekt A.E. Bye macht Licht- und Schatteneffekte zu einem wesentlichen Strukturprinzip seiner Designs. Bei seinen jüngsten Projekten formte er flaches Land zu wellenartigen Grasrillen, die er mit hochwachsenden Bäumen flankierte. Dadurch wird einerseits das Licht intensiviert und andererseits der Schatten der Bäume von den Hügeln in vertikale Abschnitte zergliedert. Durch den sensiblen Umgang mit Landschaft und Licht erinnern Byes ausgedehnte Grasgärten an das Wellengekräusel auf einem See.

Farbe im Wechsel der Jahreszeiten. Machen Sie die Farbe zum Gestaltungsprinzip Ihres Gartens, so wie es Gertrude Jekyll und andere englische Gartenkünstler aus der Zeit um die Jahrhundertwende praktizierten. In ihrem Garten in Munstead Wood bei Godalming gruppierte Gertrude Jekyll Pflanzen je nach Blütezeit und Farbe, wodurch sie die Pflanzungen zu Kunstwerken erhob. Die Künstlerin setzte Pflanzen, die zur gleichen Zeit blühen, in unmittelbare Nachbarschaft zueinander. Sie entwarf einen Frühlingsgarten mit Knollenpflanzen, Englischem Kerbel, hellgelben Schlüsselblumen, fliederfarbenen Schwertlilien, grüngelbem Goldlack, weißen Buschwindröschen und

Dieser riesige Rosengarten in Sussex erinnert an alte englische Herrenhäuser. Die ersten Gartenrosen stammen vermutlich aus dem Nahen Osten und kamen mit den Griechen und Römern nach Europa und schließlich nach Amerika. Die ursprünglich zu Heilzwecken gezüchteten Rosen werden heute wegen ihrer Blütenpracht und ihres Duftes gepflanzt.

anderen Pflanzen mit »zarten Farben«, den Junigarten mit Schwertlilien- und Lupinenbeeten, den Sommerblumengarten mit Einjährigen wie scharlachrotem Storchschnabel, gelben Pantoffelblumen und blauen Lobelien.

Heute nimmt das Interesse an Herbst- und Winterarrangements in den USA stetig zu. Herbstgärten mit kräftig gefärbtem Laub, Früchten und den typischen Herbstblumen Chrysanthemen, Astern und Fetthenne signalisieren den Ausklang des Gartenjahres. Winterkompositionen bringen Pflanzen mit leuchtenden Beeren, auffälligen Samenständen sowie ausdauernd blühende Gewächse zur Geltung oder setzen Bäume mit markanter Silhouette oder Rinde gegen das fahle Licht der kahlen Winterlandschaft ab.

Farbmuster. Gertrude Jekyll experimentierte mit Gartenräumen, in denen jeweils nur eine Farbschattierung vorherrschte. In Munstead Wood schlenderte man durch einen orangefarbenen Garten aus Studentenblumen, Mädchenauge und Sonnenhut, gelangte dann zum grauen Garten mit silberblättrigen Pflanzen, zum blau leuchtenden Staudengarten, anschließend zum goldenen Garten mit goldschimmernden Sorten wie Eibe, Stechpalme, Platane, mit verschiedenen gelbblühenden Ein- und Mehrjährigen und den mehrjährigen sonnenblumenartigen Pflanzen. Über den goldenen Garten schrieb sie: »sogar an den trübsten Tagen hat man das Gefühl, den Sonnenschein zu spüren«. Den Abschluß dieser Sequenz bildete der grüne Garten, in dem hell- und dunkelgrüne Sträucher mit glänzender Blattoberfläche vorherrschten und hie und da eine weiße Blüte erstrahlte. In einer Zeit, in der es Herrschaftshäuser und Gärtner wie Sand am Meer gab, war es ein leichtes, solche glanzvollen Kompositionen zu schaffen und zu pflegen.

Mit Blüten durchs Gartenjahr. Heute haben die meisten von uns nicht den Platz, den spezielle Jahreszeiten- oder Farbgärten benötigen. Wir brauchen Beete, die das ganze Gartenjahr über Blütenpracht garantieren. Wenn wir unsere Pflanzen aber doch nach Farben oder Blütezeit trennen, wählen wir für den »weißen Garten« normalerweise ein schattiges Plätzchen und für den »Sommergarten« eine besonders sonnige Stelle aus.

Die meisten Gartenliebhaber wünschen sich einen Garten, der während der gesamten Gartensaison »funktioniert«, und entscheiden sich deshalb für eine gemischte Bepflanzung: blühende Sträucher und Bäume, ausdauernde Stauden in Kombination mit kräftiger und stärker blühenden Einjährigen. Immer mehr Gärtner finden heute Geschmack an einem »Cottage-Garten«. Er bietet ganzjährige Farbenpracht auch auf kleinstem Raum. Der Cottage-Garten ist der typische Garten englischer Landhäuschen und bietet auf kleiner Fläche Platz für eine scheinbar willkürliche Mischung aus Gemüse und Blumen, Obstbäumen, Weinreben und Sträucher. Dort tummeln sich Gewächse aller Farben, Formen und Größen frei um ein kleines Haus oder Wirtschaftsgebäude. Cottage-Gärten bieten dem Gärtner große Entfaltungs- und Ausdrucksmöglichkeiten.

Margaret Hensel, Landschaftsarchitektin und Verfasserin von *English Cottage Gardening for American Gardeners,* schreibt hierzu: »Mir ist aufgefallen, daß die Menschen in England – und auch in Amerika – im Garten ihre Träume und Phantasien verwirklichen. Sie kopieren nicht einfach das, was sie in einem Buch oder bei anderen gesehen hatten – sie folgen einer inneren Stimme.« Als Beispiel führte sie eine

Schlafmohn (Papaver somniferum) *in voller Blüte.*

Dieses fröhliche Potpourri aus Rosen und Baldrian (Centranthus ruber) *bildet einen vertikalen Garten in einer Hinterhofmauer.*

Frau an, die ein Stück unbebauten Landes neben ihrem Haus anmietete und bepflanzte. Ihre Freunde hielten sie für verrückt, weil sie Geld in einen Garten steckte, der ihr nicht einmal gehörte. »Das hieß für mich: da war jemand, der in sich geht und Schönheit und Harmonie im Garten zum Ausdruck bringen will. Ich halte das gerade in der heutigen Zeit des schnellen politischen, gesellschaftlichen und spirituellen Wertewandels für besonders wichtig, denn der Garten bietet uns Menschen die Möglichkeit, tief in unsere Seele zu blicken und zu sagen: Ich kann meinen Teil zur Veränderung der Welt beitragen.

«*Farbfelder.* Einige moderne Landschaftsdesigner setzen wie ein Künstler Farbe als Gestaltungsmittel ein. Ihre Designs basieren auf der Nebeneinanderstellung, der Musterbildung oder auf der Auswahl von Pflanzen, die sie nach besonderen Merkmalen oder Farbeigenschaften zu großen Feldern zusammenfassen.

Massenpflanzungen von Gewächsen mit kräftiger Farbe können als architektonische Formelemente eingesetzt werden und gleichzeitig natürlich, intuitiv und spontan wirken. Dieser Auffassung ist auch die Landschaftsarchitektin Sheila Brady, die diese Kunst bereits praktiziert. Ein Farbfeld aus Pflanzen, in der Erde oder auf Leinwand, ist wie

In den Butchart Gardens in Britisch Kolumbia wird viel mit großflächigen Blumenfeldern gearbeitet. Bei diesem Feld fließen blauer Ziersalbei und, in der Komplementärfarbe, orange- und goldfarbene Tagetes zu einer eindrucksvollen Komposition zusammen.

Diese überdimensionalen Schachfiguren entlocken so manchem Spaziergänger ein Schmunzeln.

ein Reiz, auf den wir gefühlsmäßig reagieren. Als besonders geeignet für Farbfelder empfiehlt die Autorin unter anderem: Perovskia mit zartvioletten, fast transparenten Blüten; Blutweiderich, eine sich immer weiter ausbreitende Blütenpflanze mit purpurroten Blütenständen, die sich gut mit Gräsern verträgt; Taglilien in allen Farben, die sich ausgezeichnet für größere Beete eignen und nach der Blüte kräftige Blätter entwickeln; und Bärenklau, eine Pflanze, die durch aufrechten Wuchs, glänzendes Laub und hellrosa Blüten charakterisiert ist. Weiche Farbtöne kombiniert sie gerne mit dem kräftigen Rot der Stockrose. Beim Anblick ihrer sorgfältig gestalteten Kollagen von Farben und Formen fühlt sich Sheila Brady unwillkürlich an Musik erinnert.

Auch wogende Felder mit Ziergräsern sind für sie wie die Noten einer Partitur und lassen sich ganzjährig einsetzen. Dabei bevorzugt sie vor allem das rosa blühende, transparent wirkende Borstgras; die Rutenhirse, die sich weich anfühlt und in großen Feldern besonders schön aussieht; das Federborstengras, das sich wunderbar ausnimmt, wenn Wind über das Feld streicht; und ein Glanzgras *(Phalaris)*, das besonders durch seine Standfestigkeit und Kompaktheit auffällt. Solche Gartenfelder nehmen erstaunlich wenig Pflege in Anspruch.

Jede Pflanze in Sheila Bradys Landschaften ist wie ein Pinselstrich auf einer Leinwand. Anders als in der Malerei steckt in ihren Bildern aber Dynamik, denn sie verändern sich im Wechsel der Jahreszeiten.

Humor. Für Außenstehende erscheint Gartenarbeit oft als eine ernste Sache, und von manchen Gärtnern wird sie auch mit einiger Pedanterie betrieben. Ein Laie, dem lateinische Pflanzen- und Gattungsnamen, Boden- und Klimaverhältnisse und die Geschichte des Gartenbaus aufgedrängt werden, wird glauben, Gartengestaltung dürfe man auf keinen Fall auf die leichte Schulter nehmen. Es gibt jedoch auch Gartendesigner, die ihre Sache mit Humor angehen.

Robin Parers Garten bei San Francisco scheint auf den ersten Blick der einer passionierten Sammlerin – mit seinen sechzig alten Rosensorten, zweihundertfünfzig verschiedenen Arten von Storchschnabel und Reiherschnabel, Stauden und Ziersträuchern. Robin Parer ist nicht nur stolz auf ihre rekordverdächtige Sammlung, sie trifft sich auch regelmäßig mit Gartenfreunden aus San Francisco und Umgebung, den »Hortisexuals«, um Erfahrungen auszutauschen. Ihr Motto: »Trau keiner Pflanze«.

Ihr Garten, ein steiler Abhang, ist dicht bepflanzt. Dazwischen schlängeln sich winzige, wunderbar weiche Pfade, die sie mit Sägespänen und Rindenmulch bestreut hat. Mein Lieblingsplätzchen ist eine rosenumrankte Laube im hintersten Winkel ihres Gartens. Daneben liegt der Gemüsegarten. Er wird durch ein schmiedeeisernes Eisentor betreten, dessen geschwungene Seiten zwei üppige weibliche Nacktskulpturen bilden. Robin erzählte mir, sie habe auf ihrer Reise nach Ephesus eine Statue der griechischen Jagd- und Geburtsgöttin Artemis gesehen, die eine Halskette aus Brüsten trug. Sie beschloß, sich eine freie Nachbildung dieses Fruchtbarkeitssymboles anfertigen zu lassen, um das Wachstum ihrer Pflanzen anzuregen.

Als ich durch das Tor trat und zurückschaute, fiel mein Blick direkt auf diese beiden Skulpturen, und ich sah, daß jede fünfzehn Brüste aus Beton hatte, jede mit einer Warze aus rotem Marmor und von Ein-Cent-Stücken eingefaßt. Gleich daneben, mitten in einem Beet mit Kopfsalat, leuchtete ein Schild, auf dem stand: freudige Erregung. Und über dem Tor prangte, in geschwungenen Lettern aus Eisen »Hülle und Fülle«.

Inspiration durch Kunst

Vor vielen Jahren lehrte mich mein Gartenmeister: »Eine Kunst bedeutet alle Künste.« Das hieß, jede Form der Kunst kann Anregungen für Gartendesigns bieten, wenn man offen dafür ist. Die Künste, und dazu zähle ich auch die Architektur, Musik, Literatur und Ästhetik, erweisen sich manchmal als die beste Fundgrube für Ideen.

Der Stil des Hauses gibt oft den der Gartenanlage vor. Dieses im 18. Jh. erbaute Haus in Williamsburg, Virginia, verlangt geradezu nach einem strengen, symmetrischen Garten.

Architektur. Oftmals wird der Stil, in dem ein Haus erbaut ist, zur Grundlage der Designidee für den Garten. Manchmal schreibt er sie geradezu vor. Vor kurzem fragte mich eine Bekannte um Rat, die den Garten vor ihrem Haus neu gestalten wollte, das im griechischen Stil erbaut war und eine entsprechende Fassade aufwies. Man hatte ihr vorgeschlagen, eine kreisförmige Einfahrt mit einer Insel aus Sträuchern und Staudenrabatten anzulegen und das Haus seitlich durch hohe Bäume zur Straße hin abzuschirmen. Ich dagegen fand, der Akzent sollte auf dem klassizistischen Bau liegen, während der Garten eher streng und symmetrisch gehalten sein sollte. Mein Vorschlag war, vor dem Haus einen Rasen anzulegen, der von einem weißen Palisadenzaun eingefaßt wird – als schlichten Vordergrund, der das Augenmerk voll auf das Haus richten würde.

Längere Aufenthalte in Paris und Rom veranlaßten den in Cornish im Bundesstaat New Hampshire lebenden Bildhauer Augustus Saint-Gaudens dazu, die Verbindung zwischen seinem Haus Aspet und dem Garten durch klassische Elemente herzustellen.

Wenn Sie ein Kutscherhäuschen aus dem 18. Jahrhundert hätten, von hohen Mauern umgeben, würde ich Ihnen zu einem zeitgenössischen Gartendesign raten. Moderne Materialien, ein wilder Garten oder ein asymmetrisches Design könnten hier die Schönheit eines Kräutergartens, von Buchsbaum- oder Azaleenpflanzungen, streng methodisch angelegten Wegen, Steinterrassen, Wasserfontänen und georgianischen Sitzbänken nicht wettmachen.

Andere architektonische Stile verlangen weniger eklektische Lösungen. Mitten in einem Redwood-Hain in Nordkalifornien steht ein kleines Häuschen mit Schindeldach, bleiverglasten Fenstern und einem seltsamen Kamin, der aus Backsteinen, Teekannen und Sahnekännchen gemauert ist. Die Besitzerin wollte eine Gartenanlage, die dem Haus »entsprach«, eine Art Märchenwald wie bei Hänsel und Gretel. Mit dem Landschaftsarchitekten Beryt Oliver legte sie um das Häuschen und zwischen den riesigen Bäumen kleine Wege und winzige Beete an, die einem gewundenen Bachlauf folgten. Sie benutzten einmal formale Elemente (kunstvolle Backsteinwände und niedrige Buchsbaumhecken), dann aber auch wieder wilde Elemente (schmale, gepflasterte Wege, die sich zwischen mannshohen Kamelienbüschen zum Bachufer schlängelten, das von Farnen übersät war). »Nicht ich besitze das Haus« erklärt die Besitzerin, »das Haus besitzt mich!«

Manche Leute möchten den Garten dagegen bewußt in einem ganz anderen Stil halten als das Wohnhaus. Wie kann man zum Beispiel einen japanischen Garten in Neu England gestalten, ohne daß beide ihre Schönheit einbüßen müssen? Man grenzt beide einfach klar voneinander ab, etwa indem man einen neutralen Zwischenraum anlegt oder eine Umzäunung wählt, durch die die beiden grundverschiedenen Teile verbunden werden. Aussichtspunkte dürfen den Blick nur entweder auf den Garten oder auf die Landschaft gestatten, nie auf beide gleichzeitig. So kann man beides als das genießen, was sie sind – eine erfrischende Mischung zweier Bilder.

Musikalische Metaphern. Die Musik war eines der ersten Dinge, die mein ästhetisches Empfinden geprägt haben, und noch heute beziehe ich viele Bilder meiner Gartendesigns aus der Musik.

Wegen ihrer Struktur, ihres Gefühlsgehaltes und ihrer Fähigkeit, Stimmungen zu erzeugen, haben Musikstücke sehr viel Ähnlichkeit mit einem Gartendesign.

Nehmen Sie sich jeden Tag etwas Zeit, um Ihren Tagträumen nachzuhängen oder eine Zeitschrift durchzublättern, und nehmen Sie die Landschaften um sich herum bewußt war; denn zündende Ideen kommen manchmal ganz unerwartet.

Deshalb frage ich meine Kunden oft nach ihrem Musikgeschmack – nach Lieblingsstücken oder Lieblingskomponisten. Wenn möglich, höre ich mir diese auch selbst an und achte auf übergeordnete musikalische Konzepte: Soll der Garten an eine Sinfonie erinnern? An eine Tondichtung? An ein Konzert, eine Arie oder ein Kinderlied? Sollen pastorale Töne anklingen (wie in Beethovens 6. Sinfonie) oder soll er an Ballettmusik wie Aaron Coplands *Appalachian Spring* oder an gefühlsbetonte Musik wie Mendelssohns *Lieder ohne Worte* erinnern? Auf der Suche nach der großen Idee hinter einem Musikstück gerate ich in eine Stimmung, die ich dann durch mein Gartendesign auszudrücken versuche.

Die Musik liefert mir aber nicht nur die Stimmung, sondern oft auch die Form meines Designs: Wird mein Garten eine Sonate, ein Thema mit Variationen, ein musikalisches Potpourri oder ein einfaches Rondo? Wo liegen die Grenzen, wo die Möglichkeiten? Thema und Variationen – das könnte in einem Garten ein Bachlauf oder ein Kiesweg sein, dessen pflanzliche Begleitung (Bäume, Sträucher, Stauden) sich im Verlauf ständig verändert. Ein Garten-Potpourri könnte sich aus einzelnen »Gartenräumen« zusammensetzen, die durch Hecken abgegrenzt sind und jeweils unterschiedliche Gewächse zur Schau stellen: gesprenkelte Pflanzen, architektonische Hecken, eine grüne Sommerwiese.

Musikalische Metaphern können auch bei der konkreten Ausgestaltung einer Designidee viele Fragen beantworten. Wie läßt sich ein Spaziergang durch diesen Garten orchestrieren? Denken wir beim Anblick der Pflanzen an Flöten- oder an Harfenklänge? An Pauken und Trompeten? An Folklore oder Countrymusik? Und wie ist das Tempo – adagio (langsam), allegro (heiter) oder presto (schnell)? Ist der Garten eine Komposition in Dur oder in Moll? Ist er im Walzertakt, im Marschrhythmus, synkopisch, mit wechselnden Takten oder im einfachen Vier-Viertel-Takt?

Ein gutes Beispiel für eine musikalische Inspiration ist der Bok Tower Garden in Lake Wales in Florida. Im Jahr 1923 beschloß Edward Bok, der Redakteur und Herausgeber des Magazins *Ladies Home Journal*, einen Ort zu schaffen, »dessen Schönheit die Menschen anspricht und ihre Seele mit Ruhe und dem Genuß des Schönen erfüllt«. Bok, der durch das Vorbild seines Großvaters geprägt war, der angeblich eine triste Nordsee-Insel vor der holländischen Küste in ein Vogelschutzgebiet umfunktioniert haben soll, ließ auf dem Iron Mountain, dem höchsten Punkt Floridas, ein herrliches Paradies für Vögel und Menschen entstehen. Er beauftragte den Landschaftsarchitekten Frederick Law Olmstedt Jr. (Sohn des berühmten Architekten des Central Parks von New York) mit der Gestaltung des mit Kiefern und Zwergpalmen bestandenen Berges. Im Verlauf der Arbeiten kam Bok – angeregt durch die Vorbilder aus seiner niederländischen Kindheit – auf die Idee, einen Glockenturm zu errichten. Der von Milton B. Medary entworfene »Singende Turm« und die dazugehörigen Anlagen wurden von Grace und Calvin Coolidge eingeweiht und 1929 offiziell eröffnet.

Heute ist der 52 Hektar große Park in der Nähe der US-Bundesstraße 27 in Lake Wales, bei Cypress Gardens, ein musikalisches Gesamtkunstwerk. Olmstedt konzipierte ihn als einen stillen Zufluchtsort mit Spazierwegen, Aussichtspunkten und mit der Möglichkeit, den Klängen des Glockenspiels zu lauschen, die jede halbe Stunde über den Bäumen erschallen. Vom Design her ist der Garten wie eine Sonate strukturiert – mit Einleitung, Exposition, Durchführung und Reprise. Unsere Einleitung findet ein paar Meilen entfernt auf dem Gipfel des Iron Mountain statt, von wo wir den Glockenturm in der Ferne erspähen. Nach einer mehrere Meilen langen Fahrt durch Orangenhaine gelangen wir zum Eingang des Gartens und machen uns auf einem der mit Rindenmulch bedeckten Wege an den Aufstieg zum Turm. Hier beginnt die Exposition, in der die später wiederkehrenden Themen vorgestellt werden: dunkelstämmige Eichen, an denen Spanisches Moos wie Bartflechten herunterhängt, satte, grüne Frühlingswiesen, die zum Picknick einladen, Kamelien, Gardenien, Azaleen und schmiedeeiserne Bänke.

Oben auf dem Hügel wird das thematische Material verarbeitet und moduliert. Dort oben gibt es eine Exedra, einen halbrunden Kreis mit durchgehenden Sitzbänken, von wo man den Blick über die weite Landschaft Floridas schweifen lassen kann; oder man betrachtet den Glockenturm, der sich im Wasser eines langen, unsymmetrischen Wasserbeckens spiegelt. Der rosafarbene Marmor und der hellbraune Kalkstein des Turms bilden einen wunderbaren Kontrast zu dem Grün der Farne und Palmen. Der im Art-Deco-Stil erbaute Turm steht auf einer Insel, vom Land getrennt durch einen Wassergraben und durch Eisentore, die das Sonnenlicht reflektieren. In seine 62 m hohen Seitenwände sind Darstellungen der Pflanzen- und Tierwelt Floridas eingemeißelt. Leider sind die sieben Räume des Turmes und die Glocken selbst für Besucher nicht zugänglich.

Jonathan Shaw, Präsident der Bok-Tower-Garden-Stiftung, sagte einmal: »Milford Myhre hat das Glockenspiel nicht nur auf abwechslungsreiche Melodien eingestellt, er beabsichtigte auch eine psycholo-

Wenn man einmal am Gärtnern Gefallen gefunden hat, betrachtet man die Welt als ein ästhetisches Ganzes. Der Dichter Wallace Stevens schrieb: »Wie meine Finger auf den Tasten / Musik machen, so machen dieselben Laute / Musik auch auf meinem Geist.«

gische Wirkung auf den Zuhörer. Seine Melodien sollen, so glaube ich, mit dem Herzen und nicht so sehr mit dem Verstand aufgenommen werden.« Die Gartenbesucher lauschen der Musik im Freien, nicht in Unterständen wie im Ravinia Park von Chicago. Überall laden kleine Bänke aus verschiedenen Materialien zum Verweilen ein, die jeweils nur für eine oder zwei vertraute Personen konzipiert sind. Die Zuhörer konzentrieren sich in den ersten Minuten ganz auf das Glockenspiel des »Orchester-Turmes«, werden aber bald von anderen Dingen abgelenkt, die ins Blickfeld rücken: von einem Schwan, der auf einer Insel im See seine Federn putzt, einer Spinne, deren Netz im Gegenlicht zwischen Kamelienzweigen glitzert, einem Kind, das seine Eltern einen der geschwungenen Wege hinunter führt, wo es Aufregendes zu entdecken gilt.

»Unmittelbar vor und nach dem Glockenspiel«, so Shaw, »stellen wir für ein paar Minuten im gesamten Park den Strom ab.« Diese Maßnahme bringt auf wunderbare Weise Harmonie – das Hörerlebnis verschmilzt mit dem visuellen Empfinden der Schönheit dieser Landschaft zu einem einzigen Sinneserlebnis. Das Stimmengemurmel wird leiser, die Vögel stellen ihr Gezwitscher ein … und dann beginnt das Konzert der 57 Bronzeglocken – zuerst ein Solo, dann ein Quartett, ein Kammerkonzert, eine Sinfonie. Eingehüllt in die schwüle Hitze Floridas, in die Musik und die Schönheit dieser Gartenanlage, öffnen sich unsere Sinne für die Umgebung; unsere Stimmung verändert sich mit dem musikalischen Programm, und wir fühlen uns einmal großartig (Händel), melancholisch (Satie), aufgewühlt (Lerinckx) oder beschwingt (Mozart). Wenn die Klänge verstummen, kehrt völlige Stille ein, und für ein paar zauberhafte Augenblicke nimmt man diese Stille ganz in sich auf. Dann beginnen die Vögel wieder zu glucksen, zu zwitschern und von neuem ihre Lieder anzustimmen.

Die Philosophin Susanne Langer sucht in ihrem Buch *Feeling and Form* nach einer Erklärung für den Zusammenhang zwischen Kunst und Empfinden. Wenn wir einer musikalischen Darbietung zuhören, so die Autorin, befinden wir uns in einer Art »Hörkanal voller Bewegung«, in dem wir neben der normalen Zeit eine »virtuelle Zeit« wahrnehmen; in einer Ordnung, die eine Ähnlichkeit zur Realität aufweist, zugleich aber »Andersartigkeit, Transparenz, Eigenständigkeit« vermit-

In New Place in Stratford-upon-Avon, dem Geburtsort Shakespeares, wurde ein elisabethanischer Knotengarten angelegt, der von niedrigen Hecken aus Buchs, Heiligenkraut und Ysop eingefaßt und mit modernen Sommerblumen bepflanzt ist.

telt und »losgelöst von den tatsächlichen Ereignisfolgen« ist, wie ein »virtueller Raum im Vergleich zu realem Raum«. Auch Gartengestalter streben nach einer Ähnlichkeit mit der Realität. Gartenkompositionen sind so etwas wie imaginäre Welten, Ausdruck von Gefühlszuständen. Wenn wir die musikalische Metapher auf diese Weise verstehen, können wir unser Wissen in die Gestaltung unseres eigenen Gartens einfließen lassen.

Literarische Gärten. Manche Kunden beauftragen mich mit einem Design, dem ein literarisches oder ikonographisches Thema zugrundeliegt. In einem Fall fragte ich eine Kundin, eine Schriftstellerin, bei unserem ersten Gespräch nach ihren Lieblings-Kinderbüchern. Sie nannte *The Treasure* von Uri Shulevitz, das ich daraufhin las. Das Bilderbuch erzählt die Geschichte eines armen Mannes, der eines Nachts träumte, er fände einen Schatz an einem weit entfernten Ort. Als er nach einer langen Reise über Berg und Tal dort ankam, stellte er fest, daß der Schatz unter dem Ofen in seinem Haus vergraben war. Die Geschichte will uns sagen, daß wir manchmal sehr weit reisen müssen, um das Naheliegende zu entdecken. Mit den Bildern aus dieser Geschichte entwarf ich das Design für den Garten der Kundin. Ich schuf eine Miniaturwelt mit winzigen Wäldern, Bergen und einem Schatz in Form von Blumen, die entlang des Weges blühten. Vom Küchenfenster hat man nun Einblick in eine gleichnishafte Miniwelt, die die reiche Vorstellungskraft meiner Kundin und die Art, wie sie sie in ihrer Familie auslebt, wiedergibt.

Ein andermal erhielt ich von einer Literatur-Professorin den Auftrag, ihr Fachgebiet Shakespeare zum Thema eines Gartendesigns zu machen. Angeregt durch die Ikonographie ihres Buches baute ich auf der kleinen, eingezäunten Fläche hinter ihrem Haus viele der Schauplätze aus Shakespeare-Stücken nach. So entstanden kleine Burgen und Schlösser, Aussichtsfelsen, Inseln, Boote und Berggipfel, die man über Wege erreichen oder von einer gemütlichen, gepflasterten Terrasse aus betrachten konnte.

Der Garten als Theaterbühne. Eine andere Metapher, die ich für sehr nützlich halte, ist das Theater. Pflanzen und andere Gartenobjekte können wie Schauspieler auf einer Bühne agieren. Wählen Sie zunächst die Rollen und anschließend die Posen aus, die Ihre Darsteller einnehmen sollen.

Wie bei der Übung mit dem Stilleben auf dem Eßtisch ist es auch hier wichtig, die Objekte in eine räumliche Beziehung zueinander zu setzen, Spannung zwischen ihnen zu erzeugen und zu wissen, wie man die verschiedenförmigen Pflanzen zu einem harmonischen Ganzen arrangiert. Machen Sie eine Liste der Pflanzen, die Ihre Kriterien erfüllen, die optisch gut zueinander passen, deren Blütezeit sich deckt oder ergänzt. Verwenden Sie Pflanzen, von denen eine theatralische Wirkung ausgeht – Pflanzen, die besonders groß sind, auffällige Blätter haben oder eine ungewöhnliche Struktur, wie etwa Trauer-, Säulen- oder breitwüchsige Formen aufweisen.

Der Botaniker Marco Polo Stufano aus Wave Hill in New York dehnt seine Philosophie auf alle Gartentypen aus, auf wilde Gärten ebenso wie auf Waldungen oder Staudenrabatten: Der ganze Trick dabei sei, die Pflanzungen so natürlich wie möglich zu halten und dabei eine in sich schlüssige Struktur zu erzielen. Er schlägt vor, den wichtigsten Komponenten ihren Platz zuzuweisen und dabei mit den größeren Materialien, den Bäumen, zu beginnen, dann zu den Sträuchern überzugehen und sich allmählich zu den Blütenpflanzen und Stauden vorzuarbeiten. Stufano vertritt die Theorie, daß auch große Mengen von Pflanzen, die scheinbar ohne jegliches Konzept ausgewählt wurden, schön aussehen, wenn das Grundgerüst in seiner dramaturgischen Wirkung stimmt.

Ästhetische Problemlösungen. Manchmal sind es ästhetische Fragestellungen, die mir eine große Designidee oder ein Konzept nahelegen. Ein Beispiel ist der Entwurf, den ich für die Frühjahrs-Gartenschau 1993 in New England entworfen habe. Ich sollte einen Garten für das Isabella-Stewart-Gardner-Museum gestalten, ein Haus aus dem 19. Jahrhundert im Stil eines venezianischen Palazzos, in dem damals gerade eine Ausstellung über japanische Wände zu besichtigen war. Ich entschied mich für ein Konzept, das westliche und orientalische Motive vereinte. Gemeinsam mit den Museumsgärtnern gestaltete ich einen rechteckigen Hof, auf dem neben einigen Exponaten des Museums die hauseigenen Pflanzen vorzufinden waren – Zinerarien *(cineraria)*, Felberich, Schlangenwurz und Jasmin. Zum Schluß hängten wir drei »japanische« Schriftrollen – Nachbildungen, die durch das Übereinanderschichten feinster Seiden- und Damaststoffe entstanden – als asymmetrischen Kontrast zu dem streng rechteckigen Grundriß

Das Isabella Stewart Gardner Museum wurde im Stil eines venezianischen Palazzos erbaut. Ich genieße es jedesmal, den Blumenschmuck in dem strengen Innenhof zu arrangieren, in dem auch Museumsexponate und seltene Pflanzen aus dem hauseigenen Gewächshaus zu sehen sind.

Gartensessel im Isabella Stewart Gardner Museum.

des Gartens auf, um die Einzigartigkeit der Museumssammlungen hervorzuheben. Wir erhielten mehrere Auszeichnungen für dieses außergewöhnliche Design, das durch Ausgewogenheit, interessante Kontraste und gekonnten Umgang mit Gestaltungselementen gekennzeichnet war – eine ästhetische Herausforderung höchsten Ranges.

Bei der Gartenschau des Jahres 1994 wurde mein Können in anderer Hinsicht gefordert: Ich sollte ein Design für eine Bostoner Institution entwerfen, die sich mit Griechischer Kunst und Mythologie befaßte. Ich beschloß, meinem Design das klassisch-antike Weltbild zugrundezulegen. Die alten Griechen glaubten, die Erde *(gaia)* sei eine Scheibe, die auf dem Fluß namens Ozean *(okeanos)* trieb. Also bildete ich aus siebzig blauen Zinerarien einen »Ozean«, und mitten darin lag eine »Insel« aus Frühlingsblumen, die in allen Farben blühten. Die Vorstellung der Griechen, die Sonne *(helios)* würde im Tageslauf über den Himmel wandern, deutete ich durch einen goldenen Bogen aus acht Jasmin-Bäumen mit hängenden Zweigen an, die erhöht auf Podesten standen. Ich fügte noch eine didaktische Komponente hinzu: Am Beispiel der klassischen Mythologie erklärte ich die Ursprünge der Namen der Pflanzen, die ich verwendet hatte, wie zum Beispiel Narziß, Iris, Hyazinthe, Oleander, Myrte, Efeu, Krokus und Schlüsselblume. Wie bei allen schönen Gärten entfaltete mein Design seine Wirkung auf zwei Ebenen: auf der konzeptuellen Ebene und im Detail.

Manchmal setze ich mir zum Ziel, eine Lösung innerhalb einer vorgegebenen Struktur, festgesetzter Regeln oder einer begrenzten Formenauswahl zu finden. Ein solcher Ansatz verlangt sowohl fachmännische Kenntnisse als auch gestalterische Kreativität, denn das Design muß präzise auf die Vorgaben abgestimmt sein. Bei meinem jüngsten Projekt für einen Kunstsachverständigen löste ich die komplexen Geländeprobleme dadurch, daß ich drei geometrische Formen immer wiederkehren ließ. Wir entschieden uns für drei Strukturelemente: rechteckige Tonsandsteinplatten, große, runde Bergstof-

Dieser wunderschöne Eingang zum Saiho-ji-Tempelgarten aus dem 11. Jh. versinnbildlicht einen philosophischen Gedanken der damaligen Zeit. Diese Anlage, angelegt nach dem buddhistischen Prinzip des »Reinen Landes«, veränderte sich im Lauf der Jahrhunderte und durch Bürgerkriege und lädt heute zu einem wunderbaren Spaziergang um den Kokoro-Teich ein.

Platten und rechteckige Natursteinplatten. Aus diesen drei Grundformen sowie aus großflächigen Staudenrabatten und Sträuchern gestalteten wir eine einfache aber interessante Reise durch den muldenförmigen Garten. Solche Projekte sind nicht ohne Risiko, denn sobald man eine Regel verletzt oder eine Struktur durchbricht, kann das ganze Konzept zusammenbrechen. Aber sie bedeuten auch eine wertvolle intellektuelle und ästhetische Herausforderung für den Designer.

Philosophische Gärten

Die größte Herausforderung für einen Gartenarchitekt ist vermutlich ein Design, das sich an einem philosophischen Gedanken ausrichtet. Wenn ein Gartenkonzept von einer Ideologie, einem religiösen oder ästhetischen Ideal inspiriert sein soll, braucht man entweder einfache, faßbare Gliederungsprinzipien oder eigene, abstrakte Interpretationen.

Persische Gärten, die als schattenspendende, erfrischende Oasen einen Kontrast zur trockenen Wüstenlandschaft bieten sollen, leiten ihre Struktur direkt von den Lehrsätzen des Koran ab. Darin symbolisiert der Garten das Paradies und stellt ein weltliches Abbild des Gartens dar, in dem sich der Gläubige einmal mit Allah vereint. Der Koran spricht von »Früchten und Brunnen und Granatapfelbäumen«, »ausladendem Schatten«, »kühlen Pavillons« und »Brunnen mit fließendem Wasser« – alles Dinge, die die abweisende Wüstenlandschaft nicht zu bieten hat.

Persische Gartenlandschaften sind traditionell in vier Abschnitte oder *char bagh* (»vier Gärten«) gegliedert, deren Mittelpunkt entweder ein Wasserbecken – der Frühling des Lebens – oder ein Pavillon bildet. In den religiös-philosophischen Lehrsätzen des Islam sind das Layout und die Gestaltungselemente eines persischen Gartens klar vorgegeben.

Dem Garten von Saiho-ji in Kyoto liegt eine ganz andere Idee zugrunde. Die 1,8 Hektar große grüne Landschaft ist einer der frühesten japanischen Gärten, die heute noch erhalten sind. Der untere Garten wurde im Jahr 1150 angelegt und als Sitz von Amida, dem allmächtigen Buddha, verehrt, der im *gokurakujo* (Paradies) lebte. Das buddhistische Paradies stellte man sich als einen Ort des ewigen Frühlings vor, erfüllt von blühenden Pflanzen, Sonne und dem Gesang der Vögel. Die ursprüngliche Anlage wurde im Lauf der Jahrhunderte durch Krieg, Hochwasser und Erdbeben teilweise zerstört. Noch heute spürt man in der von Moos bedeckten Landschaft den Geist eines ehemaligen Paradieses.

Der obere Garten, der nach Überlieferung von dem berühmten Zen-Priester Muso Kokushi angelegt wurde, strebt nach dem ästhetischen Ideal des *yugen*, das als »Stille«, »Geheimnis und Tiefe« oder auch als »nachklingende Resonanz« übersetzt wurde. Vielleicht die anschaulichste Definition finden wir bei Shotetsu, der 1430 schrieb, *yugen* sei vergleichbar mit » ... einem dünnen Wolkenschleier, der sich vor den Mond legt, oder mit dem Nebel, der sich im Herbst auf das rotgefärbte Laub niedersenkt.« Die Trockenkaskade am Westhang soll Muso als Ort der Meditation gedient haben. Ihre mächtigen Felsformationen sind von Moosen und Flechten bewachsen. Saiho-Ji hinterläßt eine »nachklingende Resonanz« in der Seele und der Erinnerung seiner Besucher. Für mich, die ich schon viele Gärten weltweit besucht habe, ist er der schönste.

Diese Rosenhecken (Rosa mundi) *in einem Garten in Kiftsgate Court, Gloucestershire, führen zu einem Durchgang aus einer Ebereschenhecke* (Sorbus aria), *die einen skurrilen Sitzplatz umrahmt.*

Der innere Garten nimmt Gestalt an

Die Suche nach der grundlegenden Designidee liefert Ihnen die Bilder, Gefühle und Formen, die Sie im Gartendesign verwirklichen können. Doch vorher ist noch ein kleiner Schritt notwendig: Zeichnen Sie einen Plan Ihres inneren Gartens auf Papier, damit Sie eine visuelle Vorstellung von ihm bekommen.

Diese Skizze, der »Originalplan«, ist eine schematische Darstellung der großen Ideen, die Sie den verschiedenen Bereichen Ihres Gartens zuordnen. Er hält Ihre Bilder auf Papier fest und setzt sie in Relation zu den anderen Ideen, die Sie im Garten verwirklichen möchten.

Tragen Sie zunächst alle Designideen an der entsprechenden Stelle im Lageplan ein. Wählen Sie dabei anschauliche Bezeichnungen und beschreiben Sie Ihre Vorstellungen so genau wie möglich. Schreiben Sie also zum Beispiel: »Allee aus viereinhalb Meter hohen Birken im Abstand von eineinhalb Metern, darunter ein Grasweg, der zu einer Laube aus Birkenholz und Zweigen führt.«

Als nächstes sollten Sie Ihre Vorstellungen möglichst maßstabgetreu in den Plan einzeichnen. Die Zeichnung braucht nicht schön zu sein. Wichtig ist, wie Sie sie empfinden. Malen Sie zum Beispiel die Birkenallee aus der Vogelperspektive und zeichnen Sie sowohl den Stammdurchmesser als auch den Umfang der Baumkrone mit ein. Deuten Sie mit Punkten den Grasweg an und markieren Sie den Standort und die Größe der Laube. Anhand dieses Planes können Sie weiter entscheiden, wo die gewünschten Gestaltungselemente hinkommen sollen, von welchen Pflanzen und anderen Materialien sie begleitet sein sollen und wie Sie das alles zueinander in Verbindung setzen möchten. Darüberhinaus können Sie auf dieser Skizze schon im Vorfeld sehen, wie Ihr innerer Garten auf Ihrem Grundstück aussehen wird, und beurteilen, ob er Ihren Vorstellungen entspricht. Erst dann können Sie die ganze Mühe und Arbeit auf sich nehmen und erleben, wie faszinierend es sein kann, eine große Designidee zu verwirklichen.

Die Künstlerin Marcia Donahue aus Berkeley, Kalifornien, gestaltete einen sehr persönlichen Garten mit Steinköpfen, die wie natürliche Felsnasen zwischen den Pflanzen hervorragen.

Wie finde ich meine Designidee?

WOLFGANG AMADEUS MOZART, einer der produktivsten Komponisten überhaupt, soll einmal gesagt haben, »wenn ich ganz für mich alleine bin, wenn ich froher Dinge bin – zum Beispiel auf einer Kutschenfahrt (...) oder wenn ich nachts nicht mehr einschlafen kann; in solchen Situationen kommen mir die meisten und besten Ideen. Wann und wie sie kommen, weiß ich nicht; und ich kann sie auch nicht erzwingen (...)«. Wenn er also komponieren wollte, machte er es sich bequem und überließ sich der Muße, ließ seine Gedanken schweifen und träumte vor sich hin. Auch wir brauchen für unsere Kreativität im Garten gewisse Techniken, die uns auf große Designideen bringen.

Tagträume. Wenn ich mir jeden Morgen oder Abend etwas Zeit nehme, um meinen Tagträumen nachzuhängen, tauchen Bilder oder Gedanken auf, die ich während der täglichen Arbeit nur flüchtig wahrnehmen konnte. Ich verfolge dann diese Gedankengänge, auch wenn sie mir vielleicht seltsam vorkommen, bis ich zu einem Schluß gelange. Manchmal mache ich mir dabei Notizen, manchmal bin ich einfach nur entspannt und aufmerksam. Natürlich verlangt das eine gewisse Flexibilität, man muß die Bilder hochkommen lassen und sie dann genau beobachten, manchmal sogar lenken. Bei solchen Tagträumereien genieße ich mein Innenleben, und manchmal bringen sie mich sogar auf die kreativsten Ideen.

Meditation. Durch Meditation kann man verschiedene Bilder vor dem inneren Auge entstehen lassen. Wenn Sie sich durch tiefes Ein- und Ausatmen, durch Zählen der Atemzüge in einen Zustand tiefer Entspannung versetzt und alle anderen Gedanken beiseite geschoben haben, sehen Sie normalerweise klare und differenzierte Bilder. Wissenschaftler haben herausgefunden, daß eine regelmäßige Atmung das visuelle Vorstellungsvermögen fördert, eine unregelmäßige Atmung es hingegen schwächt. Der Psychologe Edward Hall schreibt: »Phantasien, die in entspanntem Zustand entstehen, können ihrerseits die Entspannung vertiefen und intensivieren. Und das wiederum führt zu belebteren und erweiterten Bildern.« Eine liegende Position, so Hall weiter, erhöht normalerweise den Fluß der Bilder – man geht davon aus, daß die Person entspannt ist und sich wohl fühlt.

Traumlandschaften. Landschaften, von denen Sie schon geträumt haben, können gute Anregungen für ein Design Ihres inneren Gartens bieten. Die Kinderbuchautorin Margaret Wise Brown schrieb darüber: »Dem kreativen Prozeß geht bei jedem menschlichen Bemühen eine unterbewußte Reifung voraus.« Kann man diese bedeutungsschwangeren nächtlichen Träume anzapfen? C.G. Jung würde sie auf das »kollektive Unbewußte« zurückführen, eine Reihe von Symbolen, die eine universelle Bedeutung haben. »Allgemein gilt,« so Jung, »daß der unbewußte Aspekt jedes Ereignisses uns in Träumen enthüllt wird, wo er nicht als rationaler Gedanke, sondern als symbolisches Bild in Erscheinung tritt.« Wenn Sie die Landschaften Ihrer Träume festhalten, finden Sie darin vielleicht einen Hinweis auf Ihr persönliches Gartendesign.

Visualisierung. Manchmal ist es während der Designphase hilfreich, im Geist einen Spaziergang durch Ihren Garten zu unternehmen. Sich bildhaft vorzustellen, durch das Gartentor zu treten, die Wege entlangzuschlendern, an Ruheplätzen zu verweilen, kann manche offene Frage beantworten oder Unsicherheiten aus dem Weg räumen.

Man kann die große Idee visualisieren, indem man die Gärten anderer Personen, einschlägige Zeitschriften oder Gartenbücher nach Spuren dieser Bilder durchforstet. Wenn man sieht, wie andere dieses oder jenes Problem handhaben, bekommt man vielleicht neue Anregungen für den eigenen Garten. Achten Sie aber darauf, daß Sie eine Designlösung nicht einfach nur kopieren, denn jeder Garten ist anders, der innere wie der äußere, und fremde Ideen müssen erst eine Wandlung durchmachen, bevor sie zu Ihren eigenen werden.

Dem Bild eigenhändig Form geben. Eine Zeichnung kann die große Idee, die sich in Ihrem Kopf herauskristallisiert, oft viel besser wiedergeben als Worte. Viele meiner eigenen Designs entstanden aus beiläufigen Skizzen auf einer Papierserviette im Restaurant oder aus Zeichnungen, die ich sukzessive anfertigte.

Zeichnen kann der direkte Weg zu Ihrer Phantasie sein. Indem Sie den Stift frei übers Papier gleiten lassen, probieren Sie Bilder aus, stellen Verbindungen her oder halten Ihre Ideen fest. Auch Gefühle kommen durch Ihre Entwürfe oder Kritzeleien zum Ausdruck: eine dunkle Linie bedeutet Intensität; Tupfen deuten eine Fläche oder ein Feld an; Schraffierungen bringen eine räumliche Tiefe; und mit Farbe markieren Sie, welche Funktion Ihr Garten haben oder welche Gefühle er ausdrücken soll.

Neue Weichenstellung. Wenn ich mit meinen Gedanken in eine Sackgasse gerate, brauche ich irgend etwas, was meine Gedanken wieder in eine neue, kreativere Richtung lenkt. Dann lese ich zum Beispiel ein Gedicht oder einen Roman, spiele Klavier oder höre Musik, sehe mir die Werke anderer Künstler in einem Museum an oder suche in Zeitschriften nach einem Hinweis in Berichten, Annoncen oder Fotografien. Wenn ich eine Zeitlang auf dieser anderen Schiene gefahren bin, sehe ich meine alten Vorstellungen in einem neuen Licht, oder neue Ideen verknüpfen sich mit meinen bisherigen. Wie bereits erwähnt, ermuntere ich meine Kunden dazu, mir Ausschnitte oder Kopien von Kunstwerken zu schicken, die für sie eine Bedeutung haben und mir oft den entscheidenden Hinweis für das passende Design liefern. Wenn ich weiß, daß diese Bilder meine Kunden ansprechen, kann vielleicht auch ich deren Botschaft empfangen.

Namen. Mit anschaulichen Begriffen können Sie die Orte, die Sie in Ihrem Garten entstehen lassen möchten, charakterisieren. Gibt man den Dingen schon bei der Planung einen Namen, ist es oft leichter, sich den Garten im Geist vorzustellen, ihn zu entwerfen, ein Gefühl für ihn zu entwickeln. Man kann das Bild eine Weile mit sich herumtragen und testen, ob es den eigenen Vorstellungen und den Bedingungen des Geländes entspricht. Ich versuche, für jedes meiner inneren Bilder eine Bezeichnung zu finden. Ich frage: Wie sieht es aus? Ist dieses Blumenbeet wie ein Hochzeitskuchen, ein Orientteppich oder ein impressionistisches Gemälde? Soll die Plattform an eine Balustrade, einen offenen Raum oder ein Pier erinnern? Werden Bilder aus einer neuen Perspektive betrachtet, verankern sie sich in der Vorstellung und bilden die Grundlage für das Gartendesign.

Meine Mutter malte ihr Haus und ihren Garten aus der Vogelperspektive – ein Bild, das ihren neunzehn Enkelkindern viel Raum für Phantasie läßt.

Weiterträumen. Wundern Sie sich nicht, wenn sich Ihre großen Ideen mit der Zeit verändern. Je länger Sie den Garten bereits kennen, desto mehr und aufregendere Bilder werden ihn ausfüllen. Immer fällt Ihnen ein noch besseres, noch ausdrucksvolleres, passenderes Konzept ein. Wenn Sie sich einfach weiter von Ihren Vorstellungen treiben lassen, entwickelt sich Ihr Garten zu einem Ort mit Ihrer ganz persönlichen Note.

Mozart rühmte die Vorzüge seiner Art zu komponieren so: »Das alles entzündet meine Seele, und wenn ich nicht gestört werde, erweitert sich mein Thema, es wird methodischer und klar definiert, dann sehe ich das Ganze, und mag es noch so lang sein, fast vollständig und fertig vor mir, so daß ich es wie ein schönes Gemälde oder eine Skulptur auf einen Blick begutachten kann. Auch höre ich in meiner Vorstellung die Teile nicht nacheinander, sondern so, wie sie sind, gleichzeitig. Ich kann gar nicht sagen, was das für eine Freude ist!« Obwohl wir mit unseren Designs wohl kaum Mozart das Wasser reichen können, werden wir mit den vorgestellten Techniken dennoch ebenso Freude an unserer Kunst empfinden wie er.

Zwei Schwestern plaudern unter einer Laube aus Bambusblättern in einem Garten, den ich für ihre Familie entwarf. Als die beiden älter wurden, veränderte sich auch ihr Garten: die Steinterrasse, auf der sie nun sitzen, war früher ein mit Feldsteinen eingefaßter Sandkasten.

Kapitel VII

Den Traum verwirklichen: Der euphorische Gärtner

SEIT ICH BEGONNEN HABE, DIESES BUCH ZU SCHREIBEN, habe ich für eine ganze Reihe nachdenklicher Kunden Gärten gebaut, und alle boten mir die lohnende Erfahrung enger Zusammenarbeit bei der Gestaltung ihres inneren Gartens. Sie alle haben sich zu hingebungsvollen Gärtnern entwickelt, insgeheim davon besessen, ihren Traum zu verwirklichen und ihren Garten in ein persönliches Kunstwerk zu verwandeln.

Auch ich bin eine euphorische Gärtnerin geworden, so wie jedes Mitglied meiner Familie auf seine Art. Unser Garten entwickelt sich langsam. Im ersten Jahr beschnitten wir Bäume, besserten den Rasen aus und bauten ein Baumhaus. Im zweiten Jahr legten wir einen Teich, einen Wasserfall und ein paar winterharte Beete an, und unser Sohn baute in den angrenzenden Waldgebieten Festungen. Dieses Jahr haben wir Wasserpflanzen in den Teich gesetzt, neue Rabatten und mit jeder Tochter einen Garten angelegt. Nächstes Jahr wollen wir neben dem Haus ein paar Terrassen bauen und mit dem Anlegen einer Wiese beginnen. Wir haben Pläne, mit denen wir neue Höhepunkte in unserem Garten schaffen können und die uns gut ins nächste Jahrtausend bringen.

Jeder nutzt unseren Garten auf seine ganz persönliche Weise. Unser elfjähriger Sohn Max spielt auf dem Rasen, baut Festungen neben den Wegen und mäht das Gras. Die zehnjährige Lindsey jagt Käfer, züchtet Mäuse, beobachtet intensiv den Karpfen und sammelt Schnickschnack, den sie auf ihrem eigenen kleinen Stück aufstellt. Charlotte, sieben Jahre alt, liebt Blumen und inszeniert Theaterstücke in unserem Hof, dabei benutzt sie den Felsen als Burg, die Laube als Haus und den Rasen als Bühne für ihre musikalischen Einlagen. Mein Mann John liebt einfach alles: jäten und pflanzen, die Hecken schneiden und die Pflanzen gießen. Gelegentlich legt er sich auch mal in die Hängematte und entspannt sich. Für mich umfaßt der Garten alles, was ich liebe: meine Arbeit, meine Träume und meine Familie. Unser Garten ist der kreative Mittelpunkt unserer Leben geworden.

Hier lockt ein Spielhaus im Viktorianischen Stil, das nach dem schottischen Stammhaus benannt ist. Kinder bemalten die hölzernen Blumen – winterharte Pflanzen, die den kalten neuenglischen Winter erhellen.

Der Garten für Kinder

Was sind die Mindestanforderungen für kreatives Spielen in einem Garten, wenn Kinder beim Design mit einbezogen werden? Laut Katherine Eberbach, Leiterin der Kinder- und Familienprogramme im New Yorker Botanischen Garten (NYBG), wecken nicht so sehr Spielgeräte, sondern besondere Gegenstände und Plätze die Phantasie des Kindes. »Kinder brauchen eine Schaukel, um sich hoch über die Welt zu schwingen, geheimnisvolle Büsche, ein offenes Gelände, auf dem sie sich frei bewegen dürfen. Einen Hügel zum Runterrollen. Wasser. Einen Baum zum Raufklettern. Alles übrige ist Zugabe«, sagt sie. Kinder suchen sich Plätze, die ihnen Gelegenheit geben, sich etwas auszudenken und zu erforschen, ohne ständig dem wachsamen Auge der Eltern ausgesetzt zu sein. »Das heißt,« sagt Frau Eberbach, daß »Kinder häufig brachliegendes Terrain am meisten lieben, borstige, buschige, moorige, grasige Hänge mit Unkraut, die man nicht einsehen kann, die aber nah an zu Hause liegen«.

Frau Eberbach ist der Ansicht, daß das typische Stadtkind von heute selten eine Chance hat, Natur aus der Nähe kennenzulernen. Ihre Programme für Kinder aus der Bronx im NYBG sollen Abhilfe schaffen. Sie bietet Kurse über traditionelle Pflanzungstechniken an und fördert ökologisches und umweltorientiertes Bewußtsein mit der Anlage von Teichen und Wiesen, dem Ausprobieren von Saatgut, Planen von Anbaugebieten, Anlegen von Komposthaufen und dem Entwerfen eines versteckten Gartens.

Ein anderes Programm, entwickelt vom Minnesota Landscape Arboretum, vermittelt achtzig Stadtkindern gärtnerische Kenntnisse, wobei das Schwergewicht auf der verantwortungsbewußten Pflege und

Betreuung eines Gemüsegartens gelegt wird. Die Leiterin des Programms, Sandy Tanck, gibt jedem Kind sein eigenes, umzäuntes Stück Land mit einem Schild, das für jeden sichtbar in großen Lettern den Namen des Kindes trägt, dem es gehört. Erwachsene sollten nicht den Garten für ihre Kinder anlegen, meint sie, sondern die Ernte der Kinder begeistert würdigen.

David Elkind, Autor des Buches *The Hurried Child* (Das gehetzte Kind) glaubt, daß Kinder gerne gärtnern, weil jemand, den sie lieben, auch im Garten wühlt, nicht wegen Büchern oder Kursen. »Gärtnern ist für Eltern und Kinder eine wunderbare Gelegenheit, etwas gemeinsam zu tun. In der heutigen Welt, in der Arbeit und Schule soviel Zeit in Anspruch nehmen, bleibt so wenig Zeit dazu.« Professor Elkind, selbst Hobbygärtner, glaubt, daß Gärten besondere Werte vermitteln: »Beim Großziehen von Pflanzen lernt ein Kind Verantwortung zu übernehmen, etwas zu pflegen und zu nähren und muß sich mit den Launen des Lebens auseinandersetzen, zum Beispiel damit, daß ein Kürbis aus unbekannten Gründen stirbt. Gärtnern bewirkt ständigen Gedankenaustausch und gemeinsame Erfahrung mit Ihren Kindern.«

Die Menschen haben die Macht, in ein Kinderleben eine reichhaltige Erfahrung von Raum einzubringen. Eltern können dadurch, daß sie Dinge wachsen lassen und die Kinder in diesen Prozeß mit einbeziehen, in ihnen die Liebe zu Pflanzen begründen. Eltern sollten sich Zurückhaltung auferlegen, die Bauwerke von Kinderhänden nicht zerstören, selbstgegrabene Teiche nicht auffüllen und Burgen aus Stöckchen nicht beseitigen. Stattdessen sollten sie Verständnis dafür haben, daß jedes Element von Bedeutung ist. Für ein paar Jahre sollte der Garten den Kindern gehören.

Fast jeden Nachmittag umgeben mich Kinder, meine eigenen drei und ein paar ihrer Freunde, die »helfen« wollen. Und das tun sie auch – obwohl die Löcher niemals tief genug gegraben sind, der Dünger nicht richtig verteilt und der Mulch nicht dick genug aufgetragen wird. Aber ich lasse sie mitarbeiten, solange sie wollen. Wenn das Interesse nachläßt, schlage ich ihnen vor, an einer ihrer »speziellen Festungen« zu arbeiten: am Rand der Klippe, oben auf dem Felsen oder unter den Rhododendren neben meinem Wildblumengarten. In der Nähe haben wir einen kleinen Abhang zum Rodeln sauber gemacht und eine Terrasse mit einer Bank aus Zweigen angelegt, von der aus wir alles sehen können.

Dieses Jahr haben meine Töchter beschlossen, ihren eigenen Garten anzulegen. Sie stellten ein altes hölzernes Puppenhaus auf ihren kleinen Landstücken auf, ihr Holzpferd, ein paar alte Fensterläden als Zaun, Schieferplatten als Gehweg und eine Auswahl an leuchtenden, immergrünen Pflanzen (die ich für sie gesetzt habe). Nächsten Sommer wollen wir einen »Feenblumengarten« nach dem gleichnamigen englischen Kinderbuch anlegen, in dem es Blaustern, Lavendel, Immergrün, Narzissen, Löwenmäulchen und alle anderen »Feen« gibt.

Die meiste Zeit spielen meine Kinder einfach. Ich arbeite neben ihnen, tummle mich aber fröhlich in meiner Phantasie, genieße unseren Garten, der so unmittelbaren Spaß für sie birgt und für mich eine solche Fülle an Erinnerungen.

Mennonitische Zwillingsschwestern spielen in ihrem Garten in Ontario. C. G. Jung schrieb: »Die kleine Welt der Kindheit mit ihrer gewohnten Umgebung ist ein Modell der großen Welt. Je intensiver die Familie das Kind geprägt hat, umso mehr wird das Kind dazu neigen, seine eigene frühe Miniaturwelt in der großen Welt des Erwachsenenlebens wiederzufinden. Selbstverständlich ist dies kein bewußter, intellektueller Prozeß.«

In diesem letzten Kapitel würde ich gerne einige Prinzipien und Vorschläge festhalten, die dazu beitragen können, Ihre Träume zu verwirklichen. Welches Vergnügen Ihnen das Planen eines eigenen Gartens auch immer gemacht hat, es wird noch größer, wenn Sie tatsächlich anfangen, ihn in Angriff zu nehmen.

Haben Sie keine Angst davor anzufangen

Der schwierigste Teil der Gartengestaltung besteht darin, wirklich zu beginnen. Die Leute fürchten anfangs, nicht genug zu wissen; sie sollten lieber fürchten, nicht mehr aufhören zu können.

Viele potentielle Gärtner zögern, weil sie fürchten, Fehler zu machen. Sie hören, wie sich Freunde und Nachbarn über Pflanzen, Insektizide und Schnittechniken unterhalten und werden so verunsichert, daß sie nicht eine einzige Pflanze kaufen. Eine ältere Lehrerin erzählte mir wehmütig, daß sie sich immer einen Wildblumengarten gewünscht hatte, daß sie aber dachte, sie müsse den lateinischen Namen jeder Pflanze und deren Bedürfnisse kennen, bevor sie auch nur beginnen könnte, ein Beet auszuheben.

Machen Sie nicht den gleichen Fehler. Sie hätte ihren Traum schon vor zwanzig Jahren verwirklichen können, wenn sie nur ihre erste Wildblume gesetzt hätte. Wenn nur ein einziger Stengel Salomonssiegel in ihrem Beet überwintert hätte und im Frühling wieder gekommen wäre, hätte sie genug Vertrauen gefunden, um weiterzumachen.

Erfolg gebiert Erfolg im Garten. Das Interesse an Wildblumen führt bald zum Interesse an winterfesten Stauden, die wiederum Interesse an rankenden Gewächsen wecken und dann an Funkien. In dem Maße, wie Ihr Selbstvertrauen wächst, wächst auch Ihr Stolz auf das Erreichte und Ihr Mut, mit anderen Spezies, Stilen und konzeptionellen Ideen zu experimentieren.

Sie werden, noch während Sie mit der Entwicklung des einen Gartenteils beschäftigt sind, bereits an den nächsten Bereich denken und voller Ungeduld weiterplanen und gestalten, sobald Sie eine Hand

Ein Flußbett bildet das zentrale Stück dieses Gartens im japanischen Stil in der Nähe von Boston. Um einen natürlichen Effekt zu erzielen, sollten Sie einen künstlichen Teich oder Kanal mit Felsen, kleinen Steinen oder Pflanzen verkleiden.

Eine einfache Steinlaterne beleuchtet die Ecke dieses japanischen Gartens in der Nähe von Boston.

frei haben. Sie werden die »fertigen« Gartenteile immer wieder überarbeiten, weil Sie ständig neue Wege finden, sie zu verbessern, indem Sie Pflanzungen, Ornamente und Bänke an neue Stellen setzen. Und Sie werden bald einen Garten mit Schnittblumen entwerfen, weil Sie Ihr Haus innen und außen mit Blumen schmücken wollen.

Tun Sie das, was Sie für richtig halten

Jeder Mensch hat andere Energie-, Zeit- und Geldreserven, die er für den Bau des Gartens aufwenden kann. Es gibt Zeiten, wo der Aufwand, einen Garten anzulegen, zu groß ist, wo es besser ist zu *träumen* als zu *machen*. Wenn Sie sehr kleine Kinder haben, kränkelnde Eltern oder eine unentwegt anstrengende Arbeit, dann sollten Sie vielleicht mit der Verwirklichung Ihres inneren Gartens warten, bis ruhigere Zeiten kommen. Gärten erfordern, wie Menschen, viel Zeit und Zuwendung, und es könnte sein, daß Sie die Energie oder die emotionale Zuwendung nicht aufbringen können.

Sie können jedoch klein anfangen und nach und nach mehr Arbeit investieren. Wählen Sie eine Ecke Ihres Geländes aus und legen Sie dort ein Plätzchen für sich an. Vielleicht sollten Sie nur Ihren kosmischen Baum setzen, eine Bank darunter stellen, einen kleinen Zaun errichten, ein paar Blumen drum herum pflanzen – und dann aufhören. Oder Sie heben den Zierteich aus, den Sie geplant haben, kleiden ihn mit Zement oder Butylgummi aus, setzen Pflanzen hinein und an den Rand, kaufen ein paar Fische und freuen sich daran. Wenn Sie einen kleinen aber maßgeblichen Teil Ihres Gartens gestalten, haben Sie das Gefühl, im ersten Jahr etwas fertiggebracht zu haben. Das wird Sie ermutigen, Ihren Möglichkeiten entsprechend weiterzumachen.

Ein anderer Bremsfaktor sind beschränkte oder fehlende finanzielle Mittel. Einen Traumgarten anzulegen kann sehr teuer kommen – Träume haben das an sich. Selbst die Heimwerker unter uns müssen Hunderte oder Tausende von Mark jährlich ausgeben, um einen Ort zu schaffen, der sich im Aussehen dem ersehnten inneren Garten nähert.

Sogar die kleinsten Gärten können unser Konto ziemlich belasten. Die meisten innerstädtischen Grundstücke benötigen mindestens einen Zaun, um Intimität herzustellen, eine Terrasse und intensive Bepflanzung – alles teuer, aber notwendig, um dem Besitzer einen gestalteten Freiraum in einer harten Welt zu verschaffen.

Vorbereitungen

Fangen Sie am besten mit der Struktur, der Bodengestaltung des Gartens an. Fangen Sie mit den Erdarbeiten an, bauen Sie Stützmauern, Stufen, Gehwege, Terrassen und Zäune, Lauben und Spaliere bevor Sie mit dem Pflanzen beginnen. Die Strukturierung Ihres Gartens wird den größten Teil Ihres Budgets beanspruchen, sie ist jedoch Grundlage eines zufriedenstellenden Designs.

Eine weitere Vorbereitung muß vor dem Kauf der Pflanzen in Angriff genommen werden: das Aufbereiten Ihrer Beete. Ihre Pflanzen werden über Jahre gedeihen, wenn Sie den Boden umgraben und mit den richtigen Zusätzen versehen. Meine ersten Jahre als Hausbesitzerin habe ich damit zugebracht, wunderschöne Pflanzen in schlecht vorbereitete Beete zu setzen, nur um viele von ihnen eingehen zu sehen. Seit damals versuche ich immer, die Beete vorzubereiten, bevor ich einkaufe.

Die Pflanzen kennen

Nachdem Sie den Boden vorbereitet haben, müssen Sie die Pflanzen wählen, die an dieser Stelle gedeihen. Wie fangen Sie das an? Wählen Sie die Pflanzen aus, die Sie am meisten mögen und *probieren Sie diese aus*. Die enorme Vielfalt der Pflanzen wirkt entmutigend auf den Anfänger. Der einzige Weg, etwas über Pflanzen zu lernen, besteht darin, sie zu gebrauchen; sie eigenhändig in die Erde zu pflanzen. Über Pflanzen und deren Anforderungen an ihre Umgebung zu lesen, hilft bei der Pflege. Aber für selbstgemachte Erfahrungen gibt es keinen Ersatz. Wenn Sie zu einem Gärtner gehen, um Pflanzen zu kaufen, nehmen Sie auf jeden Fall eine Liste mit. Ganz gleich zu welcher Jahreszeit Sie losziehen, es wird immer etwas Blühendes geben, was nicht auf Ihrer Liste stand. Widerstehen Sie der Versuchung oder kontrollieren Sie diese wenigstens. Kaufen Sie nur drei Pflanzen statt zehn. Was es auch immer war, es ist verwelkt, bis Sie nach Hause kommen und es gesetzt haben, und paßt vielleicht gar nicht in Ihr sorgfältig ausgedachtes Schema.

Eine gute Möglichkeit, Erfahrungen zu sammeln, besteht darin, während der Wachstumsperiode jeden Monat in die Gärtnerei zu gehen und zu beobachten, was gerade blüht. Auf diese Art können Sie neue Pflanzen kennenlernen und sie bis zum nächsten Monat, wenn eine andere Pflanzengruppe ihre Blüten zeigt, in ästhetische Relation zu anderen blühenden Pflanzen bringen.

Ich sorge dafür, daß ich in jedem Garten, den ich entwerfe, mindestens fünf neue Pflanzen ausprobiere. So lerne ich verschiedene Arten kennen, ich studiere die Wachstumsgewohnheiten und Blütezeiten und lerne mit einem Gewächs umzugehen, das ich vielleicht bisher nur in dem Katalog gesehen habe. Wenn ich im darauffolgenden Jahr wieder in den Garten gehe, kann ich den Erfolg oder Mißerfolg der neuen Pflanze unter den gegebenen Bedingungen begutachten und für die nächste Bepflanzung daraus lernen. Auf diese Weise werden Sie bald ein wachsendes Repertoire an Pflanzen zur Hand und im Kopf haben und Selbstvertrauen entwickeln, wenn Sie in das unüberschaubare Feld der Hortikultur vordringen. Es ist nicht schlimm, wenn Sie beim Pflanzen einen Fehler machen. Sie wären kein Mensch, wenn es

Gartenhortensien (Hydrangea macrophylla f. normalis) *blühen blau in saurem, pink in neutralem oder alkalischem Boden.*

nicht so wäre. Die kanadische Gärtnerin Susan Ryley, die zu den begabtesten Gärtnern gehört, die ich kenne, versetzt Pflanzen mit großer Leichtigkeit hierhin und dahin. Unter der Voraussetzung, daß der Boden sorgfältig vorbereitet und Pflanzen ausgewählt wurden, die auch dort wachsen, »muß man die Dinge aussuchen, die man liebt und sie ausprobieren,« sagt Frau Ryley. »Klappt es nicht, kann man die Pflanze immer noch versetzen, so lange man sie hinterher pflegt. Mein Garten ist immer im Fluß, manchmal muß ich ein Gewächs sechsmal umsetzen, bis es klappt.«

Sie werden es merken, wenn Sie schließlich den richtigen Platz für Ihre Lieblingspflanze gefunden haben. Sie wird gedeihen und geschnitten oder geteilt werden müssen. Vielleicht müssen Sie die Pflanze auch noch einmal versetzen.

Erhalten Sie, was Sie geschaffen haben

Gärten brauchen ständige Pflege. Neue Pflanzungen müssen genährt, bewässert, gemulcht, angebunden, geteilt und geschützt werden, damit sie ihre volle Größe erreichen. Die Kanten sollten sauber gehalten, der Rasen regelmäßig gemäht, Äste beschnitten und Blätter weggerecht werden. Im gleichen Maße, wie Ihr Garten gedeiht, wächst auch Ihr Wissen darüber, wie Sie ihn verbessern oder verändern können und Sie werden ständig nach neuen Ideen, Informationen, besonderen Exemplaren oder Züchtungen Ausschau halten, um ihn zu verschönern. Er wird Sie an die Burg oder das Schlupfloch ihrer Kindheit erinnern, die auch Pflege brauchten, ständig ausgebessert werden mußten und zum Tagträumen aufforderten. In einem gewissen Sinn wird Ihr Garten nur durch Ihre anhaltende Fürsorge zum Leben erweckt.

Einen umweltbewussten Garten anlegen

Wir müssen in unserem Garten und unserem Leben umweltbewußt handeln. Ganz gleich, wo Sie wohnen, sollten Sie unbedingt dazu beitragen, die Wasserquellen des Landes sauber zu halten. Sicher sind die Gemeinden in und um unsere Wüsten im Westen gewöhnlich zuerst von Wasserknappheit betroffen, aber diese Gefahr ist auch für Gärtner von Washington über Illinois nach Georgia von höchster Bedeutung. Viele Teile des Landes bilden nicht länger Landschaften sondern *Trockenschaften*, das sind Landschaften mit Pflanzen, die nur sehr wenig Wasser verbrauchen. Trockenland-Zierpflanzen und einheimische Gräser können Wasser halten und dennoch etwas von dem üppigen Ambiente eines englischen immergrünen Gartens behalten. Einige professionelle Gärtner importieren und studieren Pflanzen anderer Länder mit ähnlichem Klima, die im Sommer mit weniger Wasser auskommen.

Verantwortungsvoller Umgang mit Abfall ist gleichfalls von größter Bedeutung für den heutigen Gärtner. In Amerika haben fünfzehn Staaten Verordnungen erlassen, die Gartenabfälle von ihren Schuttplätzen ausschließen und es gibt weitere, die ihnen folgen werden. Auf den Mülldeponien ist einfach kein Platz für Mülltüten voll gehäckseltem Gras und verwelkten Blättern. Botanische Gärten gehen dazu über, Kurse über Mähen, Mulchen und Kompostieren in ihr Programm aufzunehmen, um Gärtner dabei zu unterstützen, verantwortlicher mit ihrem Abfall umzugehen. In ein paar Jahren wird es in den meisten Haushalten einen Komposthaufen im Garten geben oder sogar einen Eimer für Kompost in der Küche. Vermikultur – die Pflege und Fütterung von Würmern mit Essensresten – schafft einen hochwertigen Kompost für die winterfesten Blumenbeete.

Viele Gärtner entdecken gerade, daß die einfachste Art, das Abfallproblem in den Griff zu kriegen, die ist, Pflanzen auszusuchen, die keinen Müll machen: pflegeleichte Bodendecker statt Rasen; kompakte Büsche statt geschorener Hecken, immergrüne Bäume anstatt ihrer blatt- und laubreichen Verwandten, die zu riesigen fotogenen, aber abfallintensiven Haufen verwelkter Blätter im Herbst führen.

Wir scheinen auch bei der Verwendung von Chemikalien zurückhaltender zu werden und umweltverträglichere Wege zur Bekämpfung von Ungeziefer, Unkraut und Krankheiten zu finden. Ein neues System namens Integrated Pest Management (IPM) (Integrierte Schädlingsbekämpfung), das in Berkeley, Kalifornien, im Zentrum für biologische Wiederverwertung von Ressourcen erforscht und bekannt gemacht wurde, zielt darauf ab, verschiedene Schädlinge durch eine Vielzahl von hortikulturellen, biologischen und niedrig-toxischen chemischen Mitteln zu unterdrücken. Das übergeordnete Ziel des IPM ist eher die Langzeitkontrolle als kurzen Prozeß mit den Schädlingen zu machen. Vorsorge durch passende Düngung, Bewässerung

Einen Garten zu unterhalten erfordert Zeit und Kraft, wenn man so prachtvolle Ergebnisse erzielen will. Verzweifeln Sie nicht, wenn Ihnen die Energie oder die Mittel für einen glänzenden Start fehlen: fangen Sie stattdessen klein an und bleiben Sie dran – der Garten wächst mit Ihrem Interesse. Meine Mutter, Alice Moir, hat zwölf Jahre an diesem Garten gearbeitet.

Auch Hunde brauchen Gärten – dieser West Highland-Terrier, Checks, hat einen eigenen Auslauf, den ich für ihn und als ästhetisch ansprechende Nutzfläche für Müllagerung und zum Unterstellen von Geräten entworfen habe.

und Unterstützung der natürlichen Feinde von Insekten und Eindringlingen ist der Schlüssel dazu. Wie Leute aus den verschiedensten gesellschaftlichen Gruppierungen gerade entdecken, sind freundliche ökologische 100 Gramm Vorsorge einem gifthaltigen Pfund Heilmittel vorzuziehen.

Holen Sie sich professionelle Hilfe, wenn nötig

Sie brauchen Ihren Garten nicht ganz alleine gestalten. Wahrscheinlich haben Sie nicht alle erforderlichen Fähigkeiten, um Trockensteinmauern aufzurichten, Ihre Platane zu kappen oder ein Flußbett mit Mörtel auszukleiden. Und vielleicht haben Sie auch nicht die Vorstellungskraft, um Ihre Ideen im Alleingang ausführen zu können. Ich schlage vor, daß Sie sich Mitarbeiter zum Anpacken suchen. Es sollten Leute sein, die Ihre Wertvorstellungen teilen und mit ihren Fähigkeiten dazu beitragen können, die Details Ihrer Traumlandschaft zu verwirklichen.

Professionelle Designer

Gartendesign wird von vielen Berufsgruppen ausgeführt. Landschaftsarchitekten, Landschaftsdesigner, Gärtnermeister, Gärtner und einige Bauunternehmer entwerfen Gärten von unterschiedlichem Ausmaß, künstlerischer Qualität und gärtnerischer Intention. Sicherlich tragen Erfahrung, besondere Fähigkeiten und die Spezialisierung des jeweiligen Experten zur Entscheidungsfindung bei. Aber ich glaube, daß das wichtigste Attribut die Bereitschaft des Designers ist, Ihr Programm und Ihre inneren Bilder mit Sensibilität zu übernehmen.

Nachdem ich bei einer Lesung die Zuhörer gebeten hatte, von den Traumorten oder -landschaften in der Kindheit zu berichten, meldete sich eine Frau, die sich als »Kundin« zu erkennen gab. Sie fragte »Wie kann ich meinem Landschaftsarchitekten von meinen Traumlandschaften erzählen?« Als ich sie fragte, warum dies nicht ginge, antwortete sie: »Weil er sie als zu persönlich empfinden würde und weil er glaubt, er weiß, was für meinen Garten am besten ist.« »Dann erzählen Sie ihm nichts«, antwortete ich. »Suchen Sie sich einen anderen Designer.«

Viele professionelle Designer glauben, daß es ihre Rolle sei, Ihnen zu sagen, was Sie mit Ihrem Grundstück machen sollen, damit ein

Garten daraus wird. Sie begehen Ihr Grundstück, stellen ein paar Fragen, setzen sich an den Zeichentisch und kommen mit einer Reihe von Entwürfen zurück, von denen sie sich vorstellen können, daß sie den Traumgarten ergeben. Häufig sind das exquisite, kostenintensive Visionen, die perfekt zu Ihrem Haus passen. Das Problem dabei ist, daß die Designer *ihren eigenen* inneren Garten bauen und nicht *den Ihren*. Wenn Sie gerne Ihren inneren Garten bauen möchten, muß Ihr Designer eine andere Rolle einnehmen: er muß Ihnen Ihre persönlichen Bilder, Erinnerungen und Erfahrungen entlocken und diese in einen Garten für Sie umwandeln.

Wenn Sie Designer befragen, sollten Sie Ihre Absichten ganz klar machen. Schauen Sie sich ihre Arbeit an und prüfen Sie, ob die Bilder, die sie in anderen Projekten entwickelt haben, in den Vorstellungen mitschwingen, die Sie für Ihren Garten planen. Erzählen Sie ihnen, daß Sie Ideen gesammelt haben und diese gerne in ihr Design integriert sehen möchten und fragen Sie nach, ob sie in dieser Funktion schon einmal tätig waren. Wenn ja, arbeiten Sie mit ihnen zusammen. Wenn nicht, suchen Sie jemand anderen, den Sie fragen können.

Der talentierte und eigenwillige Landschaftsarchitekt Fletcher Steele bestand auf einer bestimmten Art, mit seinen Kunden zu arbeiten. Er schrieb: »[Der empfindsame professionelle Landschaftdesigner] lehnt es ab, im Vorgarten wie ein Hund an der Leine gehalten und herausfordernd gefragt zu werden ›Was würden Sie hier machen? Bauen Sie mir einen Teich unter dem Baum.‹ Stattdessen wandert er ins Haus und schaut, welche Bücher sie [die Kunden] lesen, welche Möbel und Nippes sie um sich versammelt haben. Er bringt sie dazu, über ihre Reisen zu sprechen und die Orte, die sie am liebsten mögen und solche, die sie nicht mögen. Er erforscht nicht, was sie haben, sondern wovon sie träumen, nicht was sie tun, sondern, was sie tun wollen.«

Eine Zusammenarbeit mit Fletcher Steele muß fabelhaft gewesen sein. Er wußte, daß der Zweck seiner Arbeit darin bestand, den Leuten zu helfen, ihren inneren Garten zu schaffen und keine ihm gewidmeten Gedenkstätten. Er brachte aber auch etwas anderes ein: ein bemerkenswertes Talent, die Bilder eines anderen mit den seinen zu verknüpfen, um wunderschöne Gärten zu schaffen. Das sollte ein Designer in den Entstehungsprozeß Ihres inneren Gartens einbringen: eine Vision des Möglichen und Talent und Erfahrung, die zur Umsetzung führen. Sie sollten kombiniert werden mit der Bescheidenheit, das Design auf der Grundlage Ihrer Bilder zu erstellen. Daraus sollte sich eine echte Zusammenarbeit zwischen Gleichgestellten ergeben, die auf dem Wissen *beider* Seiten – des Kunden und des Designers – aufbaut.

Landschaftsbaufirmen

Für die Anlage von Gärten benötigt man meist gut ausgebildete Handwerker. Wenn Sie Glück haben und einen empfindsamen, sorgfältigen und geduldigen Unternehmer finden, wird die Anlage Ihres Gartens zu einem der Höhepunkte Ihres Lebens. Wenn nicht, kann sie auch zu einer der großen Enttäuschungen werden. Der Unternehmer muß begreifen, daß es sich hier nicht um irgendeinen Gartenjob handelt. Ihre erste Frage an ihn sollte lauten: »Ist Ihnen klar, daß Sie meinen Traum verwirklichen?«

Ich habe gelernt, nur mit Unternehmern zu arbeiten, denen ich volles Vertrauen schenken kann und die mir vertrauen – beide Seiten müssen das Gefühl haben, daß sie voneinander profitieren. Sie möchten den erfahrensten, gewissenhaftesten Unternehmer mit Sinn fürs Detail engagieren, den Sie sich leisten können. Der Vertragspartner möchte für seinen Einsatz gut bezahlt werden. Das bedeutet, daß Sie die Preise frühzeitig und eindeutig festklopfen müssen, damit Sie mit der Umsetzung Ihres Traumes vorankommen können. Nichts kann die Harmonie eines Gartens schneller zerstören als ein ausufernder Streit ums Honorar.

In meinem Berufsleben habe ich die meiste Zeit mit denselben Unternehmern zusammengearbeitet. Wir haben unser Handwerk gelernt, indem wir unsere unterschiedlichen Fähigkeiten an einer Reihe von Grundstücken perfektioniert haben und uns mit vielen Kunden und deren Bedürfnissen auseinandersetzten. Ich lege Bilder und Kontext fest, zeichne die Pläne und verhandle direkt mit dem Kunden, während der Unternehmer das Material besorgt, die technischen Voraussetzungen und deren Umsetzung sicherstellt. Bevor wir mit irgendeiner Konstruktion anfangen, gehe ich jedesmal meine Bilder und Ideen auf dem Plan und im Gelände durch und bitte um die Meinungen und Vorschläge aller Beteiligten. Dann schaffen wir den Garten gemeinsam, als Team.

Vieles an der Gartenarbeit bedeutet körperlichen Einsatz – man schiebt Gegenstände hin und her, bis sie richtig »sitzen«. Das bedeutet, daß Sie einen Unternehmer brauchen, der für Veränderungen offen ist. Und wenn er im Herzen Handwerker ist, wird er dranbleiben, bis der Garten für Sie und für ihn vollendet ist. Wenn Sie ein gutes Verhältnis zu Ihrem Unternehmer haben, wird Ihr Garten bereits gedeihen, während er Form annimmt.

Lassen Sie sich Zeit – Ihr Garten ist Ihr ganz persönliches Kunstwerk

Einen Garten anzulegen kann ein langer und heikler Prozeß sein. Jedesmal, wenn Sie eine bedeutende Veränderung auf Ihrem Grundstück vornehmen, sollten Sie mit dem neuen Zustand eine Weile leben und darüber nachdenken, was Sie gelernt haben, bevor Sie das nächste Problem angehen. Sie werden überrascht sein, wie sich die Ideen aus Ihrem Design verändern, während Sie die Auswirkungen Ihrer Gestaltung betrachten.

Vor acht Jahren begann ich mit einem Kunden zusammenzuarbeiten, der einen japanischen Garten haben wollte. Er war mehrmals in Japan gewesen und zeigte mir die Art von Gärten, die er mochte. Jedes Bild wies die gleichen Elemente auf: moosige Flüsse, Bäche und Karpfenteiche. Er war ein Mensch, der eindeutig von Wasser angezogen wurde: er lebte am Rande eines geschützten Hafens in der Nähe von Boston und besaß auch ein kleines Landhaus mit Blick auf das Karibische Meer, wo er viele seiner Geschäfte erledigte. Er sammelte Fische, Wasserpflanzen und Begoniensorten, unterhielt Fischteiche und Aquarien und im ganzen Haus gab es Infrarotlichter für das Pflanzenwachstum. Wenn er Zeit fand, betätigte er sich als Heimwerker, seine finanziellen Verhältnisse waren jedoch keineswegs üppig. Wir fingen also an.

Sein etwa einen Hektar großes Grundstück lag auf der dem Wind abgewandten Seite seines Landhauses, das durch seine Masse die Pflanzen vor den Elementen schützte. Das Grundstück fiel von der Straße leicht zum Haus hin ab und lag in Richtung Westen, so daß der größte Teil des Besitzes sehr sonnig war, am Südende aber warfen riesige Bäume Schatten auf den Garten.

Im ersten Jahr arbeiteten wir den Plan aus: auf der Straßenseite des Grundstücks plazierten wir einen Wasserfall, der sich in einen kleinen Teich ergoß, von dem aus zwei Wasserläufe an den Seiten des langen, schmalen Grundstücks entlangfließen sollten. Sie würden sich in einem tiefen Koi-Teich unter einem großen Vordach treffen, das von einem Träger gehalten wurde. Im zweiten Jahr mieteten wir einen Bulldozer, verschoben Erde und gaben seinem Besitz die Form einer flachen Schale. Außerdem hoben wir die Wasserläufe aus. Während dieser Arbeitsphase verlegte der Kunde Plankenwege von der Einfahrt zum Haus.

Im dritten Jahr gossen wir die Kanäle mit Zement aus und befestigten Felsen an und in den Kanälen. Im vierten Jahr verteilten wir Natursteine auf dem ganzen Gelände und legten mit flachen Steinen Gehwege an, die den Besucher auf eine Reise über den Besitz schicken sollten. Wir bauten einen Vorsprung, damit man den Wasserfall betrachten konnte, stellten Sitzfelsen als Anziehungspunkte auf und konstruierten Brücken zum Überqueren der Wasserläufe. Im fünften Jahr wechselte mein Kunde die Stelle und nahm einen Monat frei, in dem er einen Zaun und ein Tor zur Straße hin baute. Das Tor wurde zu einem Aussichtspunkt, der beide Seiten des Gartens und die großzügige Plattform miteinander verband und wie eine große Schwelle zum Garten wirkte.

Vom sechsten Jahr an haben wir endlich gepflanzt. Wir begannen mit den großen Bäumen und den strukturellen Pflanzen – rote Zedern, Pechkiefern und einen Kirschbaum mit Massen von Föhren, Japanischem Wacholder und Heidekraut auf der sonnigen Seite, Japanischem Ahorn, Wacholder und Azaleen auf der schattigeren Seite. Seither habe ich verschiedene interessante Pflanzen hinzugefügt und diejenigen ersetzt, die dort nicht anwuchsen: Ziergräser, Iris, Zwiebelgewächse, niedrigwachsende Stauden und Bodendecker haben sich jetzt breitgemacht. Mein Kunde hat das Rohr- und Pumpsystem für den Garten fertiggestellt und das Wasser in die Läufe geleitet. Ergebnis ist ein wunderschöner, ganz einzigartiger Garten, der sich ständig weiterentwickelt und mit der Zeit immer vielfältiger wird.

Was ich an diesem Mann so mochte, war seine offenkundige Leidenschaft für Gärten, seine Ehrlichkeit in bezug auf seine beschränkten finanziellen Möglichkeiten, seine sichtbare Freude am Verwirklichen seines Designs, seine unendliche Geduld und seine Begeisterung für das Ergebnis. Sein Garten ist nicht großartig, die

Die Serpentinenpfade des Rosengartens geben dem Betrachter ein Rätsel auf. Der Designer, Landschaftsarchitekt Fletcher Steele, schrieb: »Meine Plätze sollen aussehen wie das Zuhause von Kindern und Liebespaaren. Ich möchte, daß sie angenehm sind und, wenn möglich, am Tag ein wenig mysteriös, mit Aussichtspunkten und Kompositionen, die den Maler anziehen. Ich möchte, daß sie im Mondlicht exstatisch sind … Ich glaube, daß es keine Schönheit ohne Häßlichkeit gibt und daß es nicht anders sein sollte. Beide können uns zum Leben anstacheln. Kontrast erscheint mir wahrhaftiger als fortwährende Selbstgefälligkeit. Das Hauptlaster der Gärten … besteht darin, bloß schön zu sein.«

Details nicht raffiniert, aber es ist alles Seins, und die Leute reagieren darauf. Sie können sichtlich erkennen, wieviel Spaß wir beim Anlegen dieses Gartens hatten.

Mein Ratschlag an jeden, der einen Garten anlegt, lautet, während des gesamten Bauvorgangs niemals zur Eile zu drängen. Ihren inneren Garten zu bauen, ist eine lebenslange Aufgabe und nichts, was innerhalb eines Jahres »erledigt« werden kann. Stattdessen sollten Sie jede kleine Veränderung, die Sie durchführen, genießen und eine Weile damit leben. Sie werden aus Ihren Erfolgen und Mißerfolgen lernen und dementsprechend Ihren Garten verbessern können. Fügen Sie Ornamente hinzu, probieren Sie neue Pflanzen aus, legen Sie neue Gärten an. Und freuen Sie sich daran. Denn Sie sind unwillkürlich ein euphorischer Gärtner geworden.

Die Baumstämme der japanischen Birke sind eigenständige Ereignisse. In einem Hain ist ihre strahlende Wirkung fast bestürzend.
Naumkeag's Blaue Stufen sind eine tour de force *des Landschaftsarchitekten Fletcher Steele, über die man vom hoch gelegenen Haus zum Blumengarten gelangt. Azurblaue Brunnenbecken werden von vier Treppenflügeln flankiert, deren weiße Geländer ein Echo der weißen Birkenstämme sind – ein vertikaler Rückhalt für das Bogendesign der Treppe.*

Wie wächst Ihr Garten?
Ein Garten, der über Jahre heranwuchs

Alice Moirs Garten ist reich an phantasievollen Details, die sie im Laufe ihres Lebens gesammelt oder selbst gemacht hat. Meine Mutter ist Künstlerin, Teppichhäklerin, Quiltstickerin und Gärtnerin und sieht jede Kleinigkeit mit dem Auge des Malers. Jede Ecke und Ritze scheint ausgefüllt, jeder Schritt ein neues Ereignis, über das man sich freuen kann.

FORGET-ME-NOTS

Ein einfacher, eleganter Plan mit ein paar ausgewählten Pflanzen

Ein kürzlich fertiggestellter Garten, den ich für einen Kunsthändler in der Nähe von Boston entworfen habe, zeigt eine andere Vorstellung von der Welt: Die Liebe des Kunden zur geometrischen Form, zu Kreisen und Quadraten, kombiniert mit einer Vorliebe für schlichte, elegante Linien, war maßgebend. Der Garten wirkt wie ein abstraktes Gemälde und erscheint, vom Deck oder der Gartenhütte aus gesehen, wohltuend geräumig trotz der geringen Größe des Grundstücks.

Nachwort

DAS GARTENDESIGN, auf das ich am meisten stolz bin, ist der Linda J. Davison Memorial Path im Arnold Arboretum der Harvard Universität, dem ältesten botanischen Park des Landes. Dieser Garten wurde angelegt, um an das Leben einer außergewöhnlichen, zu früh verstorbenen Frau zu erinnern; für ihre Verwandten sollte ein Ort des Trostes entstehen, gleichzeitig auch ein kontemplativer Park für die Öffentlichkeit.

Der Stifter des Gartens und mein direkter Kunde war Lindas Ehemann. Anstelle einer Erinnerungsplakette oder anstatt einen Baum in ihrem Namen zu pflanzen, beschloß er, einen kontemplativen Ort an ihrer Lieblingsstelle, dem Rhododendrongarten im Arboretum anzulegen. Dieser Teil beherbergt eine Sammlung wunderschöner Exemplare der Ericaceae-Familie einschließlich etwa tausend Hybriden und Kreuzungen von Rhododendren, der Pflanze, die Linda sammelte und für die sie bis zu ihrem Tod die Öffentlichkeitsarbeit im Arboretum erledigte.

Ich kannte diesen besonderen Platz sehr gut. Es war lange Zeit der Geheimplatz eines meiner Kinder, und bei unserem wöchentlichen Besuch hielten wir immer an dieser Stelle des wunderbaren Stadtgartens inne. Am Fuße eines steilen, felsigen Abhanges, von Hemlocktannen bedeckt, verläuft ein felsiger Bach, der sich in Windungen seinen Weg unter alten Rhododendronbüschen bahnt, von größeren Hemlocktannen und Kiefern überragt und durch zwei Wege, die sich am Eingang treffen, eingerahmt. Wir kamen, um an diesem verwitterten Flußbett zu spielen, Boote aus Stöckchen, Brücken und kleine Hütten an seinem Ufer zu bauen.

Ein Rhododendron in voller Blüte kennzeichnet einen Eingang zum Linda J. Davison Memorial Path im Arnold Arboretum in Boston.

Meine Aufgabe war in diesem Fall für einen Designer ungewöhnlich. Erstens sollte ich einen persönlichen Ort für jemanden entwerfen, den ich nie kennengelernt hatte. Zweitens sollte ich eine zur Meditation einladende Stelle an einem öffentlichen und vielgenutzten Platz einrichten. Drittens hoffte ich, dem Gebiet einen sicheren und doch abgelegenen Eindruck zu verleihen, um eine kontemplative Wirkung zu erzielen. Viertens mußte ich sicherstellen, daß der Garten widerstandsfähig war und leicht zu pflegen. Schießlich mußte ich lauter neue Elemente entwerfen, um den natürlichen Höhepunkten der Umgebung zu entsprechen, die ursprünglich von Frederick Law Olmsted, dem Urvater des amerikanischen Landschaftsdesigns, gestaltet worden waren.

Meine grundlegende Idee bestand darin, den Eindruck eines Tales zu erhalten, aber eine Fußreise hinzuzufügen, die an dem kleinen Bach entlangführte.

Ich wollte die Reise unter dem tiefen, dunklen Tunnel von hochaufgerichteten Hemlocktannen am Eingang beginnen lassen. Sie sollte von einem großen Stein eingeleitet werden, auf dem der Name des Weges eingraviert war. Direkt nachdem Besucher eingetreten waren, konnten sie einen Steinpfad wählen, der hinunter zur Wasserkante und dann weiter zu einem neu gegrabenen, reflektierenden Teich und einem Wasserfall führte. Oder sie konnten einen Kiefernadelpfad einschlagen, der sich durch die Rhododendren schlängelte. Spaziergänger gingen dann an Steinhaufen in Puddingform vorbei, die längs des Weges aufgestellt waren und als Anziehungs- und Aussichtspunkte dienten. Dann gelangten sie an einen kontemplativen Ort mit großen Steinen, der als Meditationsplatz auf dem Vorsprung, der durch die Flußbiegung geformt wurde, angelegt war. Von dort gelangten sie zu einer Brücke aus einem Baumstamm, die die Flußufer miteinander verband.

Immergrüne Pflanzungen am Fuß der Felsen und entlang des Pfades tragen dazu bei, den Halbschatten zu erhellen. Besucher finden Freude an unserer sorgfältigen Orchestrierung der Elemente: der blinkende Bach, die leuchtenden Blumen, die massiven Steine, die kleinen Pfade und das von den Rhododendren und Hemlocktannen gefilterte Licht. Mit der Fertigstellung des ersten Viertels dieses Parks war auch der Gebrauch dieses Teils des Arboretum auf subtile aber wunderbare Weise verändert worden.

Gärten – wie die Natur selbst – werden durch Rituale belebt. Während dieser besondere Platz vieles der Geschichte seiner Landschaft verdankt, wurde er zu einem Garten, als wir der Frau gedachten, für die er gebaut wurde. An einem Sonntag im Frühling kamen ihre Eltern, ihr Ehemann, ihre Verwandten und Freunde, um den Weg zu gehen, der ihren Namen trug. Ich führte durch den angelegten Teil und sprach von den Bildern, die ich während des Designs im Kopf gehabt hatte. Wir blieben am Flußufer stehen, um über ihr Leben nachzudenken und fanden Sinn in dem fortwährenden Fließen des Wassers und Kraft im Geist des Ortes. An diesem Tag wurde der Weg durch die gemeinsamen Erinnerungen, Gefühle und Bilder derer, die sie liebten, geheiligt; es war nicht länger mein Design, sondern ihr sichtbar gemachter innerer Garten.

Jeden Tag wird ihr Weg von den Kindern und Spaziergängern neu belebt, die ihn als einen Ort zum Spielen und Träumen in dieser großen Stadt entdeckt haben. Ich denke, daß ihr Geist und meine Vorstellungskraft an die nächste Generation weitergegeben werden, all diesen jungen Seelen beigegeben, als ein Bild ihres eigenen inneren Gartens, das ihnen ein Lächeln entlockt und ihr Herz wärmt.

Ist es nicht das, was wir am Ende unserer Reise alle wollen – einander Freude spenden und voneinander Freude empfangen, von der eigenen Umgebung, vom Leben, von der Welt? Welchen besseren Weg gibt es, als unseren eigenen Ort zu gestalten, so daß wir die Gefühle, die wir in unserer Seele tragen, an andere weitergeben und einen kleinen Teil dieses Gartens beleben, den wir Mutter Erde nennen?

John Milton schrieb in seinem *Verlorenen Paradies*: »Beschuldige nicht die Natur, sie hat ihren Teil getan; tu du nur das Deine.« Gehen Sie also hin und entwerfen Sie, für sich selbst und die Welt, Ihren inneren Garten.

Blüten zieren den kontemplativen Pfad, der sich durch das Rhododendrontal des Arnold Arboretums windet. Große Felsen dienen gleichzeitig als Anziehungspunkt und als Sitzplatz mit Blick auf den vorüberfließenden Bussey Brook. Er wird häufig von Bewohnern naheliegender Wohnhäuser auf ihren Spaziergängen aufgesucht und ist ein Ort des Friedens für andere, die Blumenopfer auf den Steinen zurücklassen.

Skizzen und Pläne

Archetypen

Konzeptskizzen

Verwenden Sie am Beginn des Designprozesses diese Skizzen der Archetypen, damit Sie daran denken, wie verschieden Sie Raum empfinden und auch, wie diese gestaltet werden können.

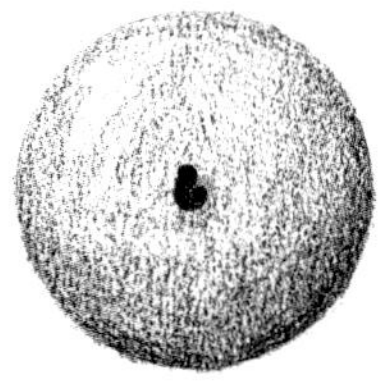

1. See

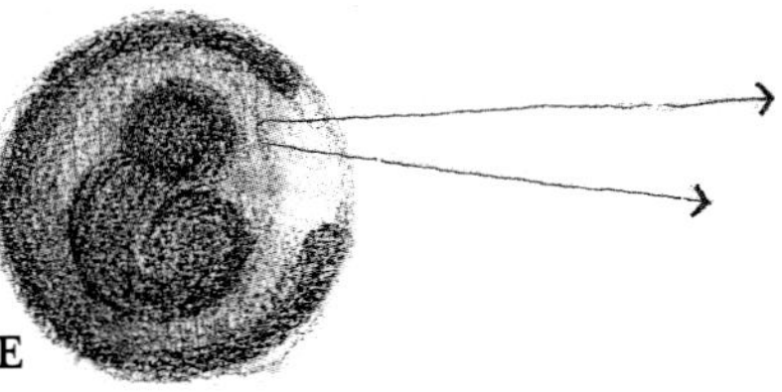

2. Höhle

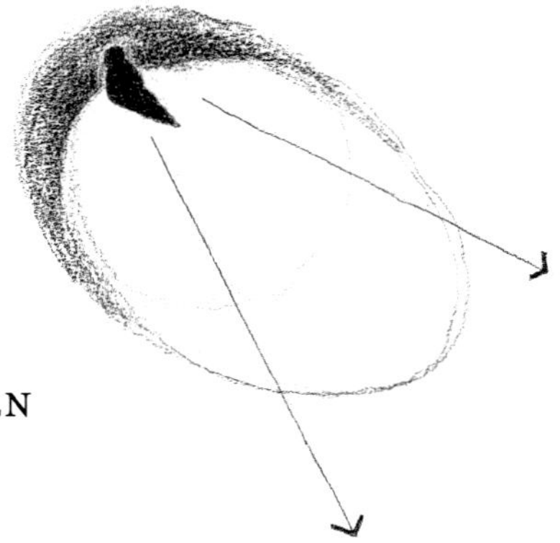

3. Hafen

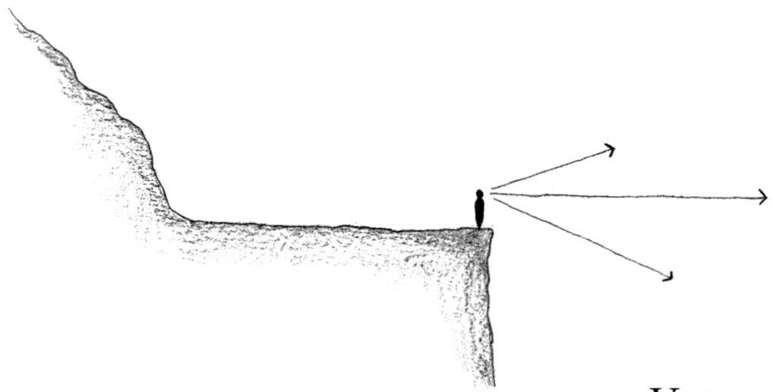

4. Vorsprung

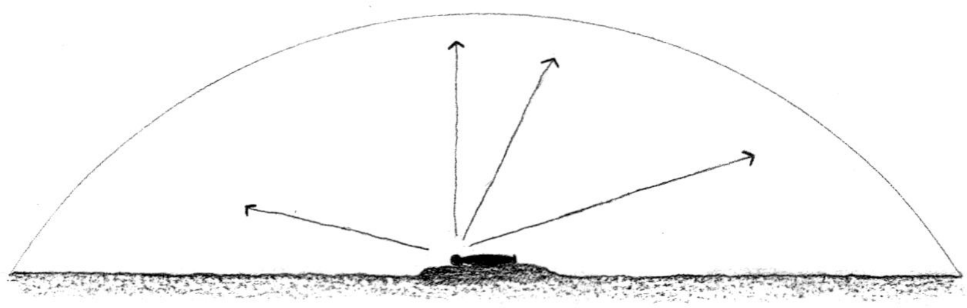

5. Insel

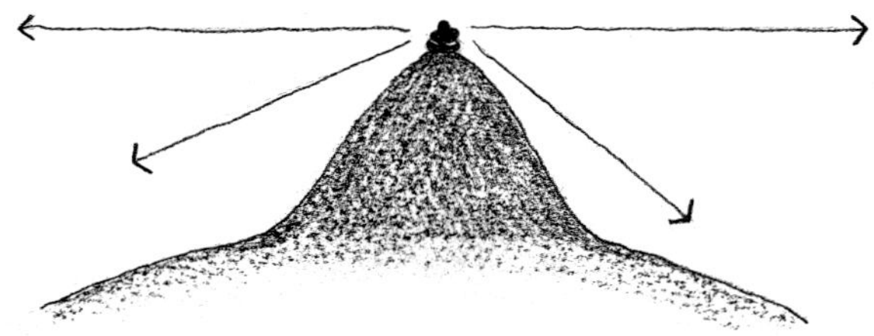

6. Berg

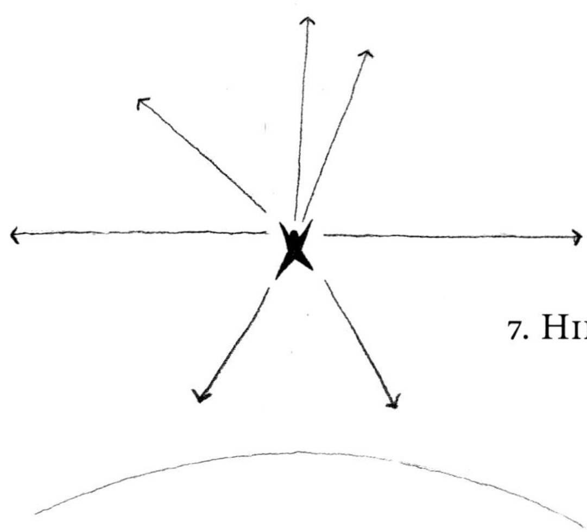

7. Himmel

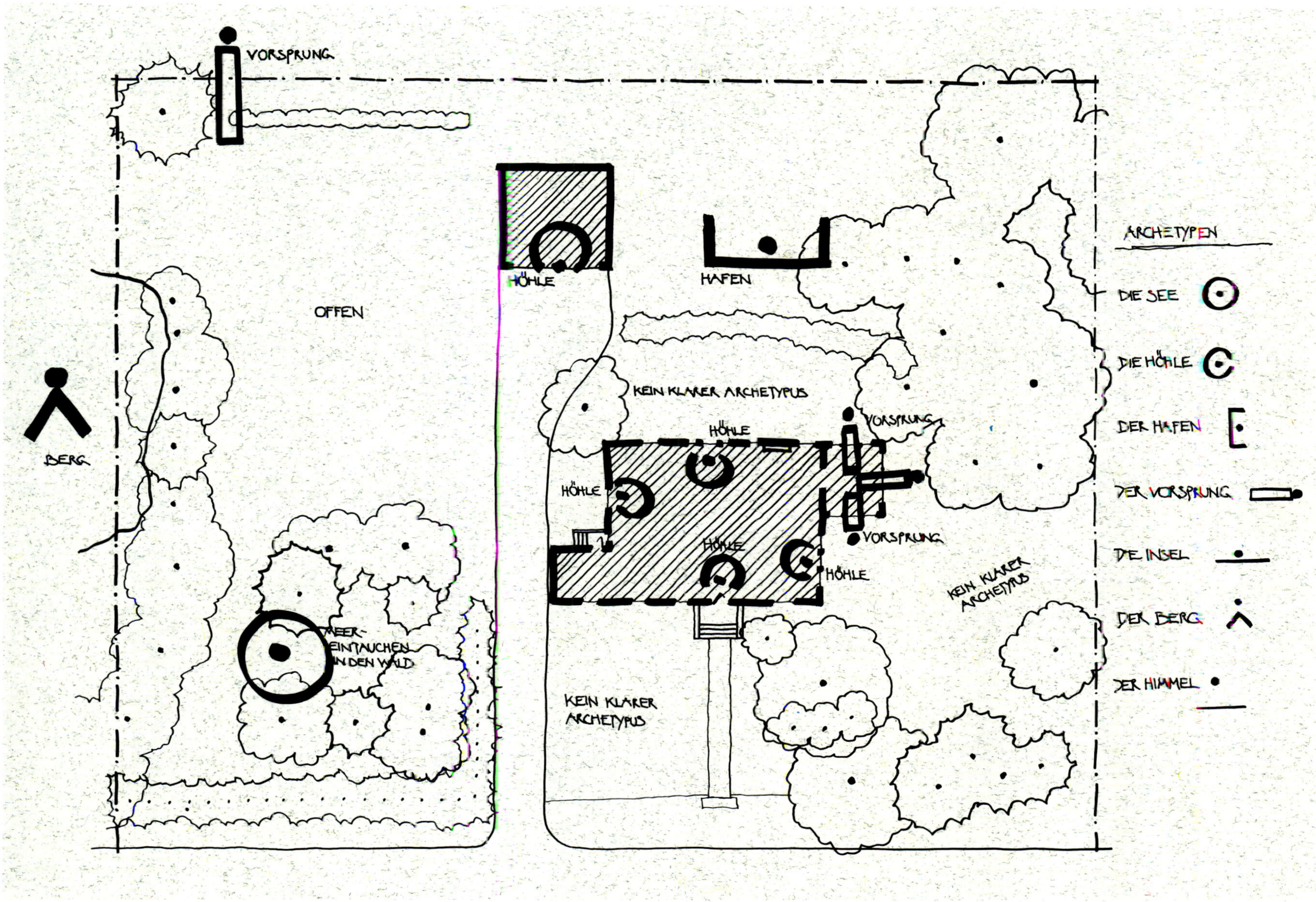

Diagramm der Archetypen

Eine Katasterkarte oder andere Pläne des Grundstückes liefern eine einfache Zeichnung von der Form Ihres Geländes. Lassen Sie sich von diesem Plan führen, nehmen Sie sich Zeit, Ihr Grundstück ausführlich zu begehen und überlegen Sie, welche Stellen den Archetypen entsprechen. Wo haben Sie diese Gefühle: Drinnensein, Innen- und Außensein, Einfriedung, Ganz-vorne-an-der-Kante-sein, Wegsein, Obensein oder Dahintersein? Verwenden Sie die nachfolgenden Zeichnungen, halten Sie diese archetypischen Stellen in Ihrem Plan fest. Behalten Sie diesen Plan als Referenz während des ganzen Designprozesses.

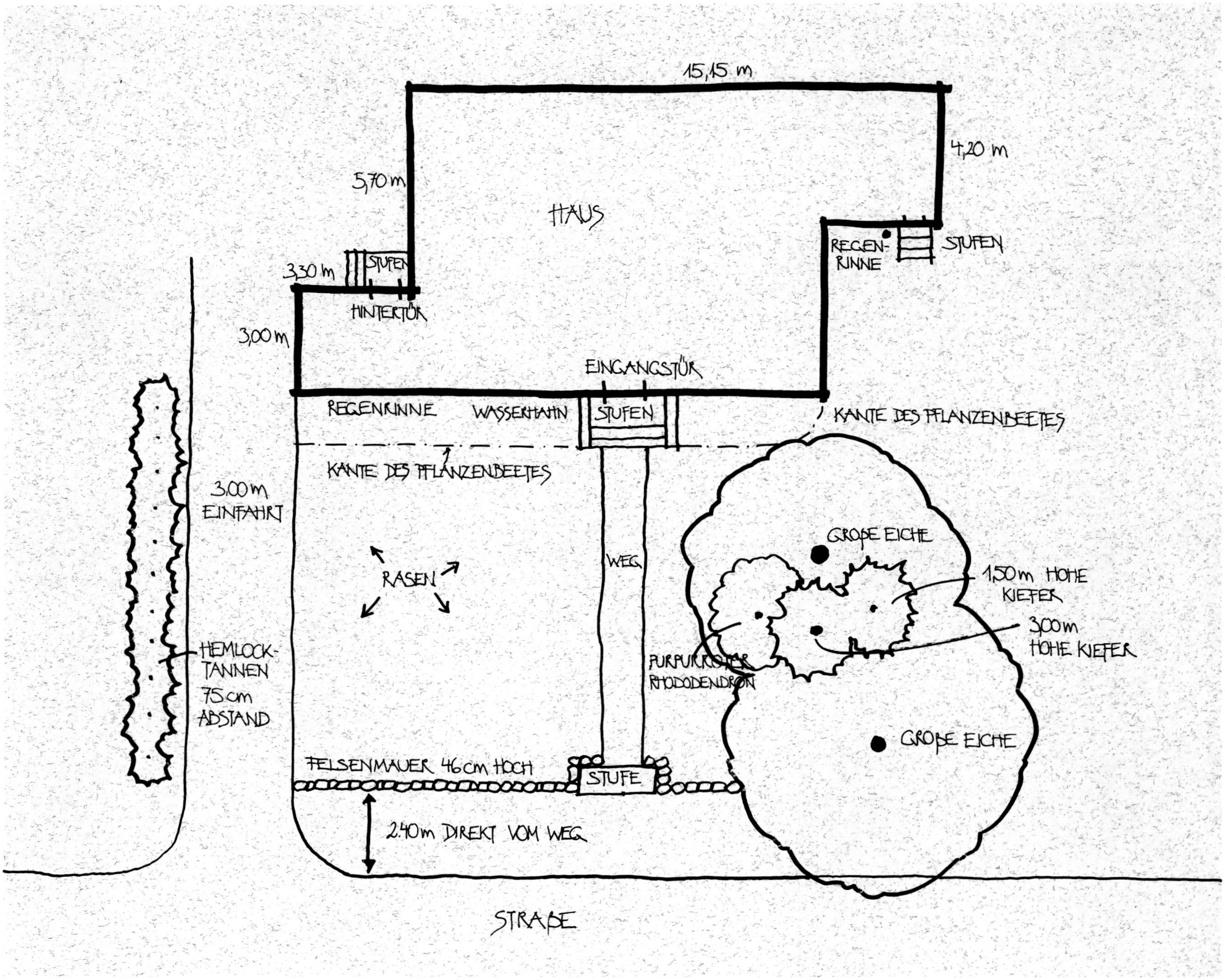
15,15 m
4,20 m
5,70 m
HAUS
REGEN-
RINNE
STUFEN
3,30 m
STUFEN
HINTERTÜR
3,00 m
EINGANGSTÜR
REGENRINNE
WASSERHAHN
STUFEN
KANTE DES PFLANZENBEETES
KANTE DES PFLANZENBEETES
3,00 m
EINFAHRT
GROßE EICHE
WEG
RASEN
1,50 m HOHE
KIEFER
3,00 m
HOHE KIEFER
HEMLOCK-
TANNEN
75 cm
ABSTAND
PURPURROTER
RHODODENDRON
GROßE EICHE
FELSENMAUER 46 cm HOCH
STUFE
2,40 m DIREKT VOM WEG
STRAßE

Organisation der Grundstücksvermessung

Wenn Sie Ihren Garten nach meiner Methode entwerfen wollen, brauchen Sie etwas Ausrüstung. Kaufen Sie in einem Schreibwarengeschäft einen Zeichenrahmen, damit Sie einen genauen Plan zeichnen können, eine Rolle Pauspapier mittlerer Breite, ein paar weiche Bleistifte, einen weichen Radiergummi, Millimeterpapier und ein Maßband. Sie können sich auch eine runde Schablone, um Bäume zu zeichnen, und ein Zeichendreieck mittlerer Größe für rechte Winkel besorgen.

Suchen Sie sich dann ein Sperrholzbrett oder ein Plexiglaspaneel, etwa 60 x 90 cm groß, auf dem Sie das Zeichenpapier anbringen und die Maße eintragen können.

Große oder unregelmäßig geformte Grundstücke oder Gelände sind oft zu komplex, als daß ein Hausbesitzer sie ohne professionelle Hilfe vermessen könnte. Bitten Sie einen staatlich anerkannten Landvermesser oder Ingenieur, Ihnen einen Überblick zu liefern, der die Grenzen Ihres Besitzes enthält, den Standort des Hauses und andere Faktoren wie Bäume, Unebenheiten in Abständen von 30 cm und andere wichtige Gegebenheiten. Dies wird dann die Grundlage für Ihr Gartendesign.

Wenn Sie ein kleines oder ziemlich flaches Grundstück haben, sind Sie möglicherweise in der Lage, es mit einer akzeptablen Genauigkeit selbst zu vermessen. Wählen Sie zuerst Ihren Maßstab. Ich habe die Erfahrung gemacht, daß ein 1:125 mm Maßstab ein guter Ausgangspunkt für Grundstücke von einem bis zwei Hektar ist und ein Maßstab von 1:250 mm für jedes Grundstück, das kleiner als ein Hektar ist. Es kann durchaus sein, daß Sie den Maßstab für unterschiedliche Teile Ihres Gartens ändern möchten.

Kleben Sie Zeichenpapier auf Ihr Brett und übertragen Sie die Informationen aus Ihrer Überblicksskizze in dem gewählten Maßstab auf das Zeichenpapier. Zeichnen Sie Ihr Haus im rechten Winkel zu den Linien auf dem Zeichenpapier. Vergleichen Sie Ihre Zeichnung mit den tatsächlichen Maßen des Grundstücks.

Lassen Sie sich vom Zeichenpapier führen und lokalisieren Sie Ihre Bäume, Sträucher, Beete, Pfade, die Einfahrt und andere bedeutende Gegebenheiten in Beziehung zum Haus. Wenn Sie den Grundstücksüberblick fertig haben, ziehen Sie diese Information noch einmal auf Pauspapier nach. Diese Zeichnung bildet den Basisplan für Ihr Gartendesign.

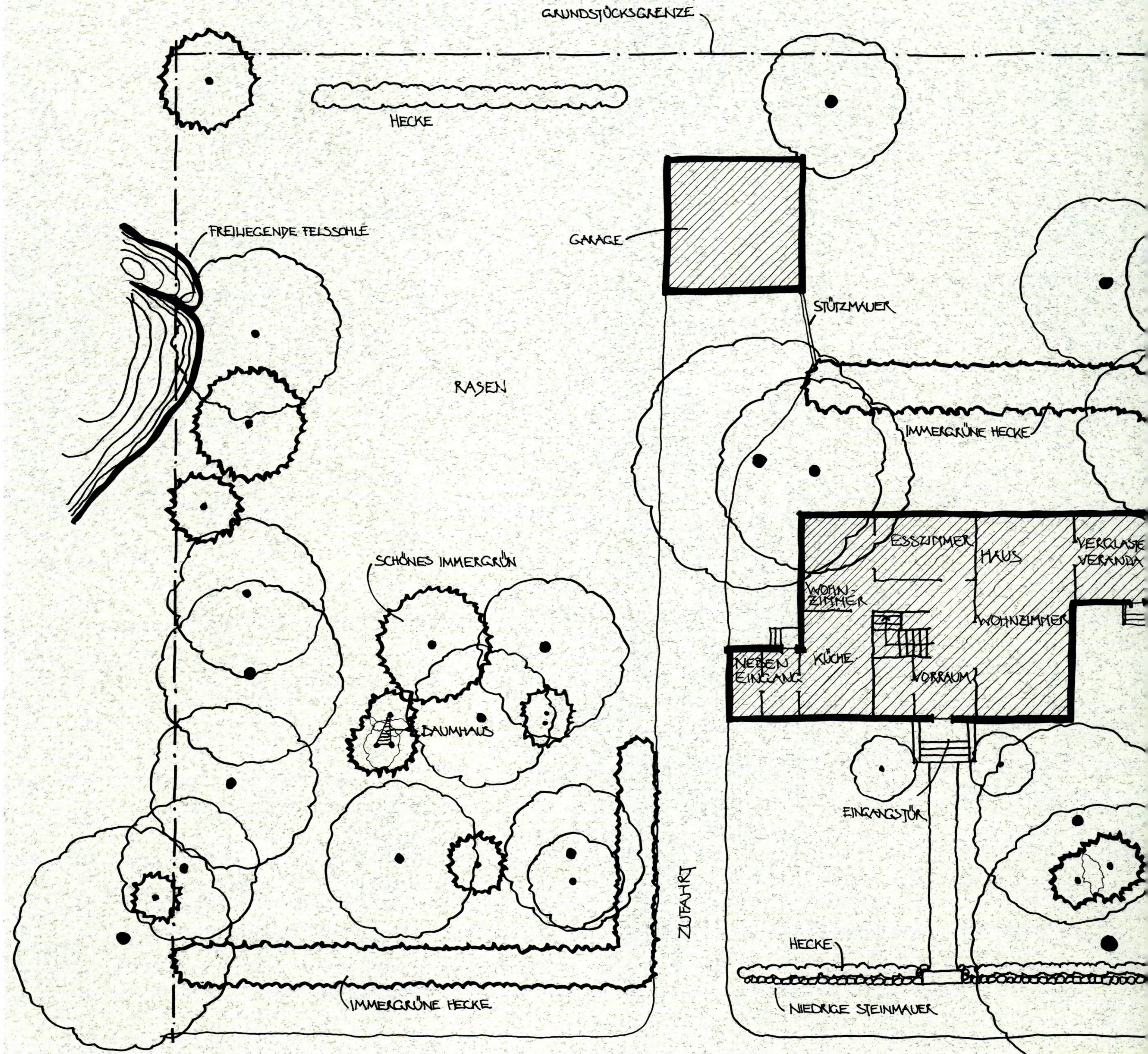
GRUNDSTÜCKSGRENZE
HECKE
FREILIEGENDE FELSSOHLE
GARAGE
STÜTZMAUER
RASEN
IMMERGRÜNE HECKE
ESSZIMMER
HAUS
VERGLASTE VERANDA
WOHNZIMMER
WOHNZIMMER
SCHÖNES IMMERGRÜN
NEBEN EINGANG
KÜCHE
VORRAUM
BAUMHAUS
EINGANGSTÜR
ZUFAHRT
HECKE
NIEDRIGE STEINMAUER
IMMERGRÜNE HECKE

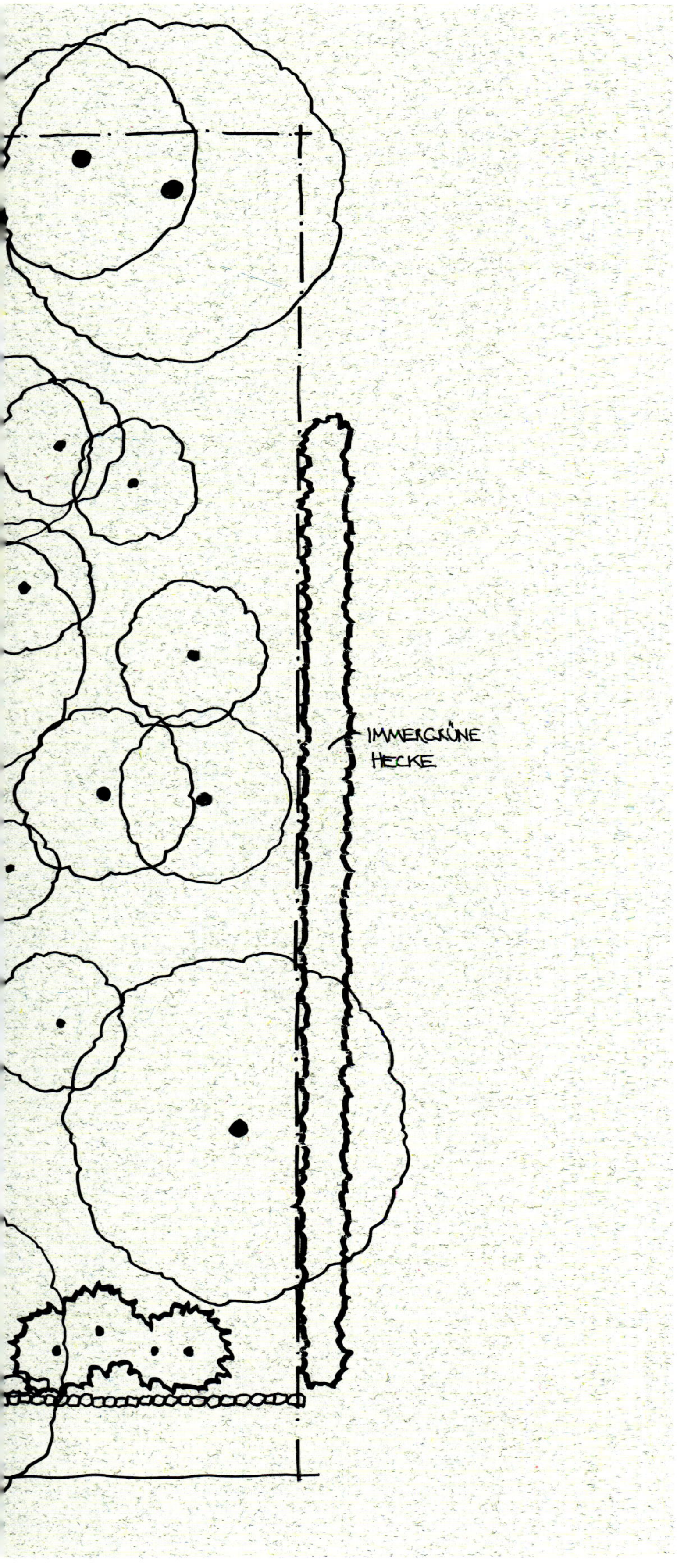

Basisplan

Unser zwei Hektar großes Grundstück liegt auf einer Klippe mit Blick auf Boston, das etwa dreizehn Kilometer entfernt ist. Unser Haus, ein graues Jagdhaus aus Stuck, das 1926 erbaut wurde, ist nach Westen ausgerichtet. Hinter unserem Haus fällt das Gelände nach Osten in einer Reihe von Terrassen ab, die wir kürzlich von Unterholz gesäubert haben, um unseren Garten anzulegen. Im Norden des Hauses liegen ein paar Steinhaufen, einer davon ist viereinhalb Meter hoch. Sie bilden die Grenze unseres Besitzes. Im Süden des Hauses liegt Wald, ein hoher Baldachin aus Laub.

Da es ein so vielseitiges Grundstück ist, das viele archetypische Orte beherbergt, zeigt es einige der Voraussetzungen, mit denen sich viele Leser beim Design ihres eigenen Gartens konfrontiert sehen mögen. Ich nehme im Buch auf diesen Basisplan Bezug, wenn ich meine Designmethode erkläre.

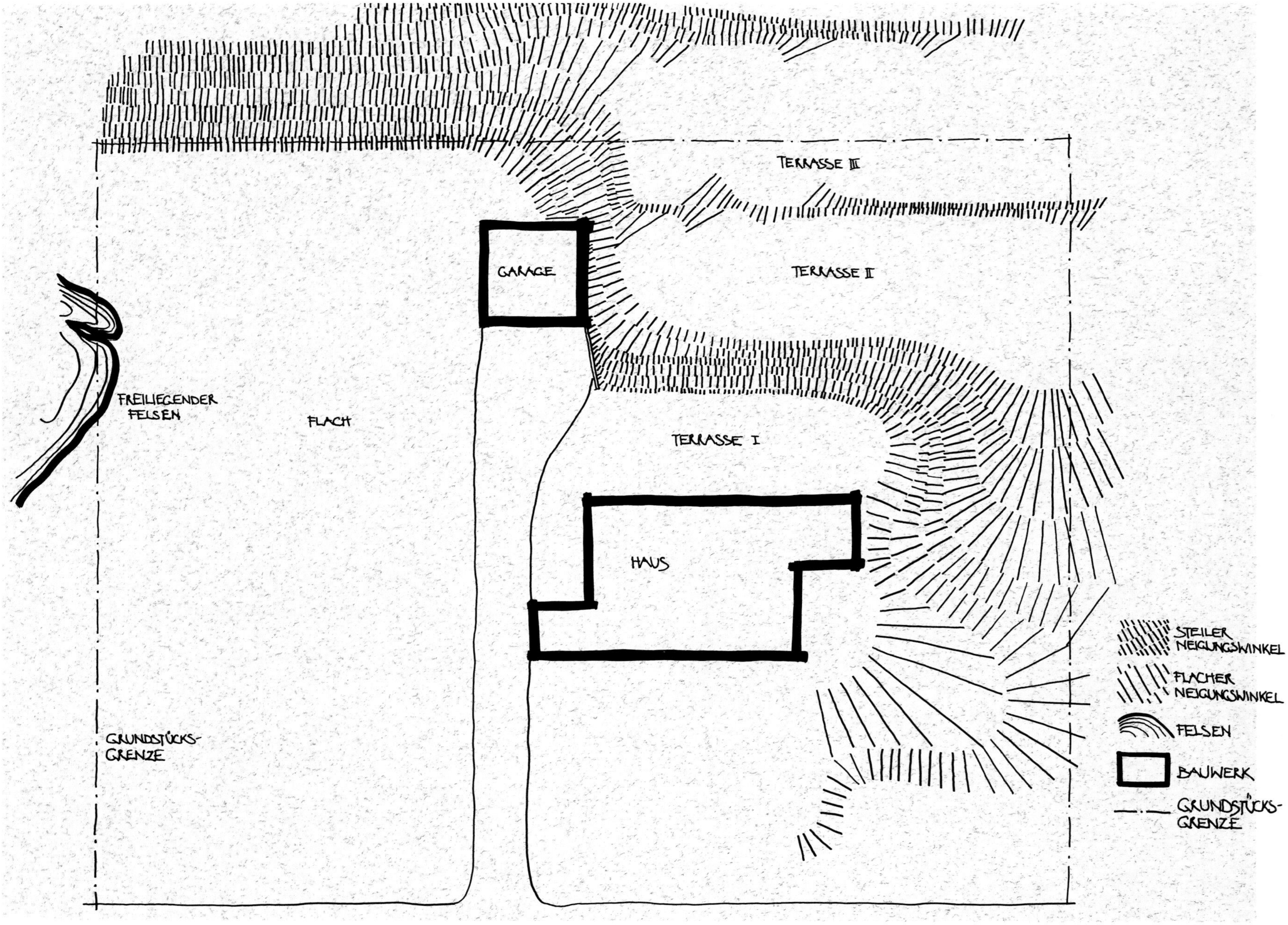

Neigungsplan

Nehmen Sie einen Stock, einen Baum oder eine Person als Anhaltspunkt, schätzen Sie die vertikale Neigung Ihres Geländes und halten Sie diese in Ihrem Basisplan fest. Verwenden Sie eine Konturlinie pro dreißig Zentimeter Geländeabfall, tragen Sie die Neigung auf Ihr Zeichenpapier ein. Wenn die Neigung drei Meter breit ist und eineinhalb Meter hoch, zeichnen Sie fünf Reihen von Linien in etwa 60 cm Abstand. Dann übertragen Sie diese Information auf Pauspapier, um einen fertigen Winkelplan zu erhalten. Füllen Sie die Konturlinien mit kurzen Bleistiftstrichen in der Richtung aus, in der Wasser fließen würde. Setzen Sie die Linien enger zusammen, wenn Sie eine steile Neigung zeigen wollen und weiter auseinander, um eine flachere Neigung zu markieren. Legen Sie diesen Neigungsplan unter Ihren Basisplan, damit Sie die Form Ihres Geländes im Auge haben, wenn Sie Ihren Garten zeichnen.

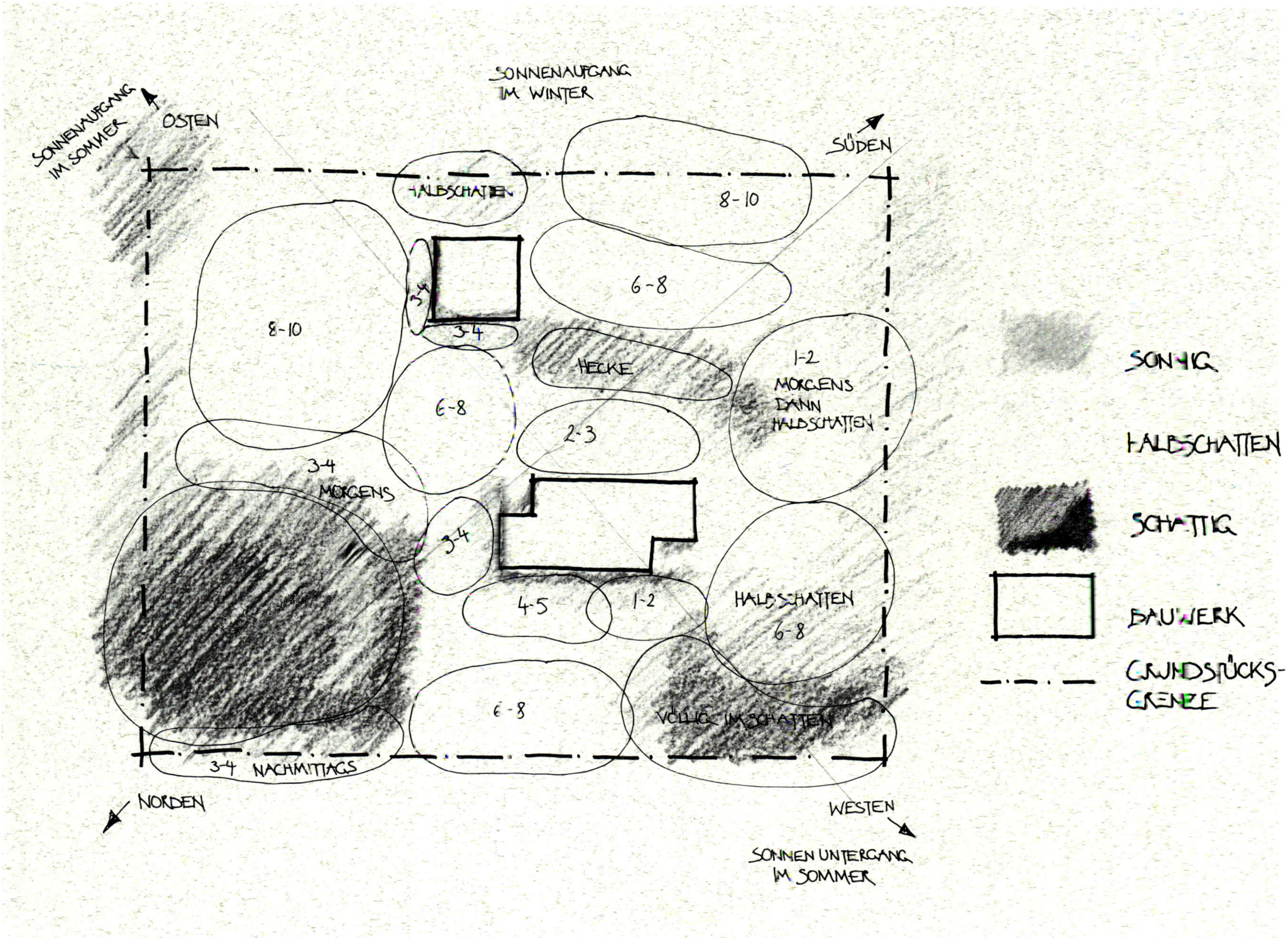

Sonnendiagramm

Tragen Sie auf Ihrem Überblick oder Ihrem Basisplan die sonnigen, halbschattigen oder schattigen Bereiche Ihres Geländes ein. Es ist durchaus auch hilfreich für die Auswahl von Pflanzen, die Zeit der täglichen Sonneneinstrahlung auf Ihrem Grundstück nach Jahreszeiten zu erfassen.

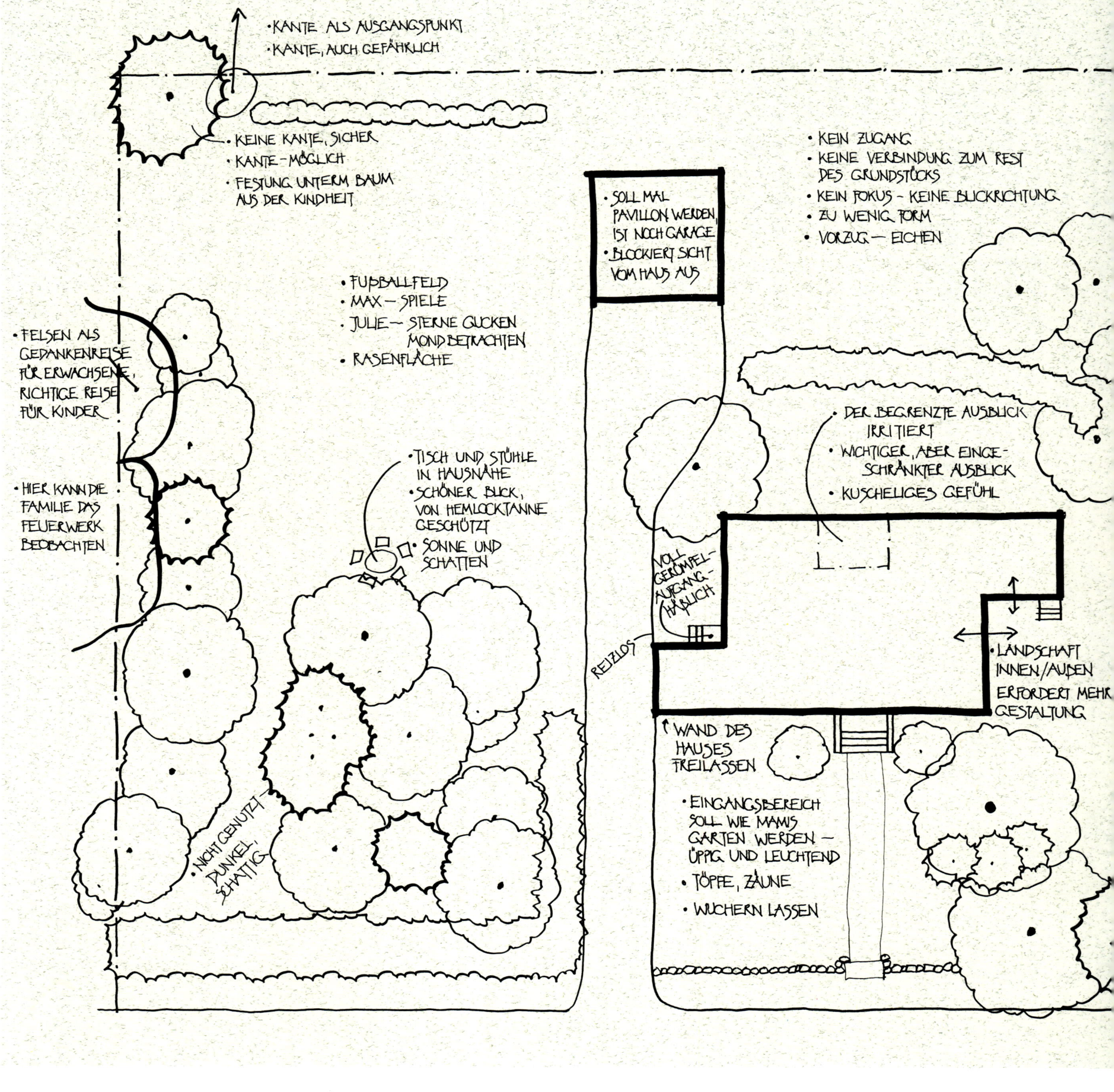

• KANTE ALS AUSGANGSPUNKT
• KANTE, AUCH GEFÄHRLICH
• KEINE KANTE, SICHER
• KANTE – MÖGLICH
• FESTUNG UNTERM BAUM AUS DER KINDHEIT
• KEIN ZUGANG
• KEINE VERBINDUNG ZUM REST DES GRUNDSTÜCKS
• KEIN FOKUS – KEINE BLICKRICHTUNG
• ZU WENIG FORM
• VORZUG – EICHEN
• SOLL MAL PAVILLON WERDEN, IST NOCH GARAGE
• BLOCKIERT SICHT VOM HAUS AUS
• FUßBALLFELD
• MAX – SPIELE
• JULIE – STERNE GUCKEN MOND BETRACHTEN
• RASENFLÄCHE
• FELSEN ALS GEDANKENREISE FÜR ERWACHSENE, RICHTIGE REISE FÜR KINDER
• DER BEGRENZTE AUSBLICK IRRITIERT
• WICHTIGER, ABER EINGESCHRÄNKTER AUSBLICK
• KUSCHELIGES GEFÜHL
• TISCH UND STÜHLE IN HAUSNÄHE
• SCHÖNER BLICK, VON HEMLOCKTANNE GESCHÜTZT
• SONNE UND SCHATTEN
• HIER KANN DIE FAMILIE DAS FEUERWERK BEOBACHTEN
VOLL GERÜMPEL – AUSGANG – HÄßLICH
REIZLOS
• LANDSCHAFT INNEN/AUßEN
ERFORDERT MEHR GESTALTUNG
WAND DES HAUSES FREILASSEN
• NICHT GENUTZT DUNKEL SCHATTIG
• EINGANGSBEREICH SOLL WIE MAMIS GARTEN WERDEN – ÜPPIG UND LEUCHTEND
• TÖPFE, ZÄUNE
• WUCHERN LASSEN

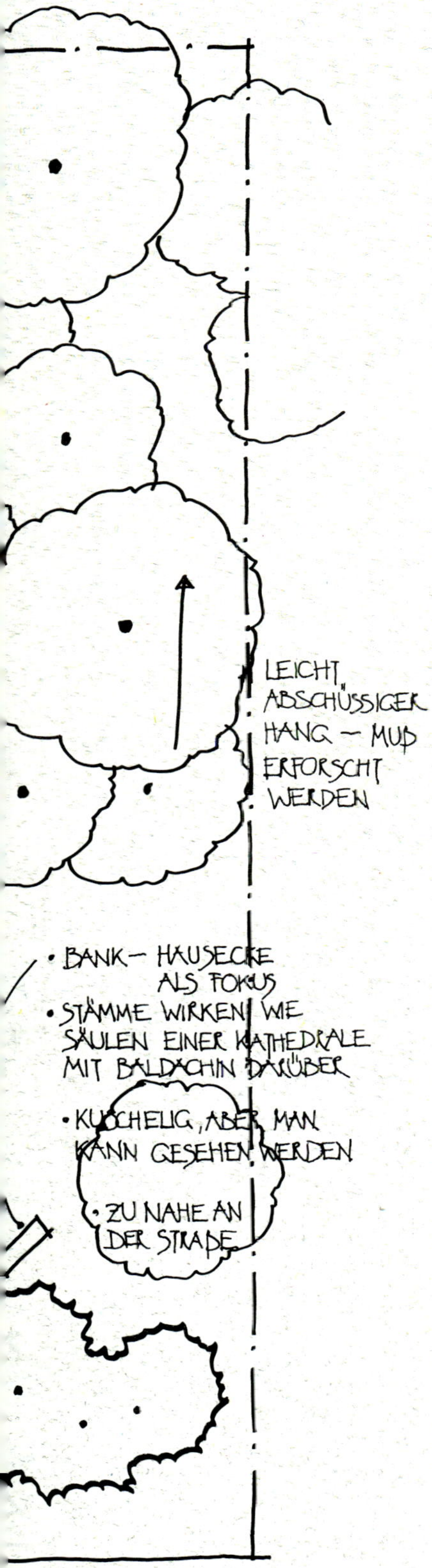

Grundstücksanalyseplan

Nehmen Sie alle Familienmitglieder auf eine Tour über Ihr Grundstück mit und bitten Sie jeden, sich zu äußern, wie er die verschiedenen Bereiche nützt; was er an jedem Bereich mag und was nicht. Dann machen Sie auf dem Basisplan eine Collage der Gedanken, Meinungen und Vorschläge und schauen während des Designprozesses immer wieder einmal darauf. Vergessen Sie auch die Haustiere nicht – notieren Sie sich, wo sie gerne liegen oder hocken.

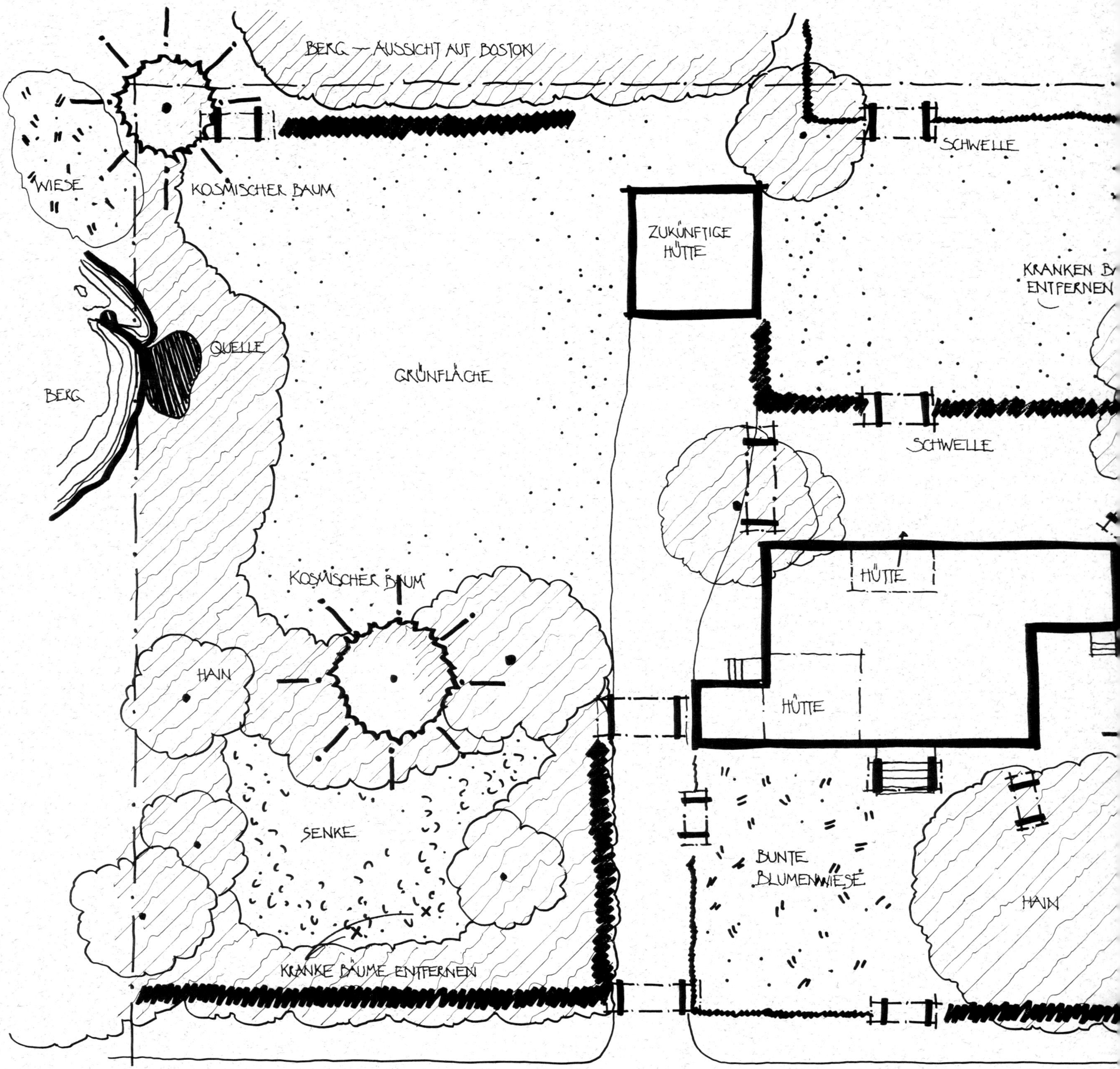

BERG — AUSSICHT AUF BOSTON
WIESE
KOSMISCHER BAUM
SCHWELLE
ZUKÜNFTIGE HÜTTE
KRANKEN B
ENTFERNEN
QUELLE
BERG
GRÜNFLÄCHE
SCHWELLE
KOSMISCHER BAUM
HÜTTE
HAIN
HÜTTE
SENKE
BUNTE BLUMENWIESE
HAIN
KRANKE BÄUME ENTFERNEN

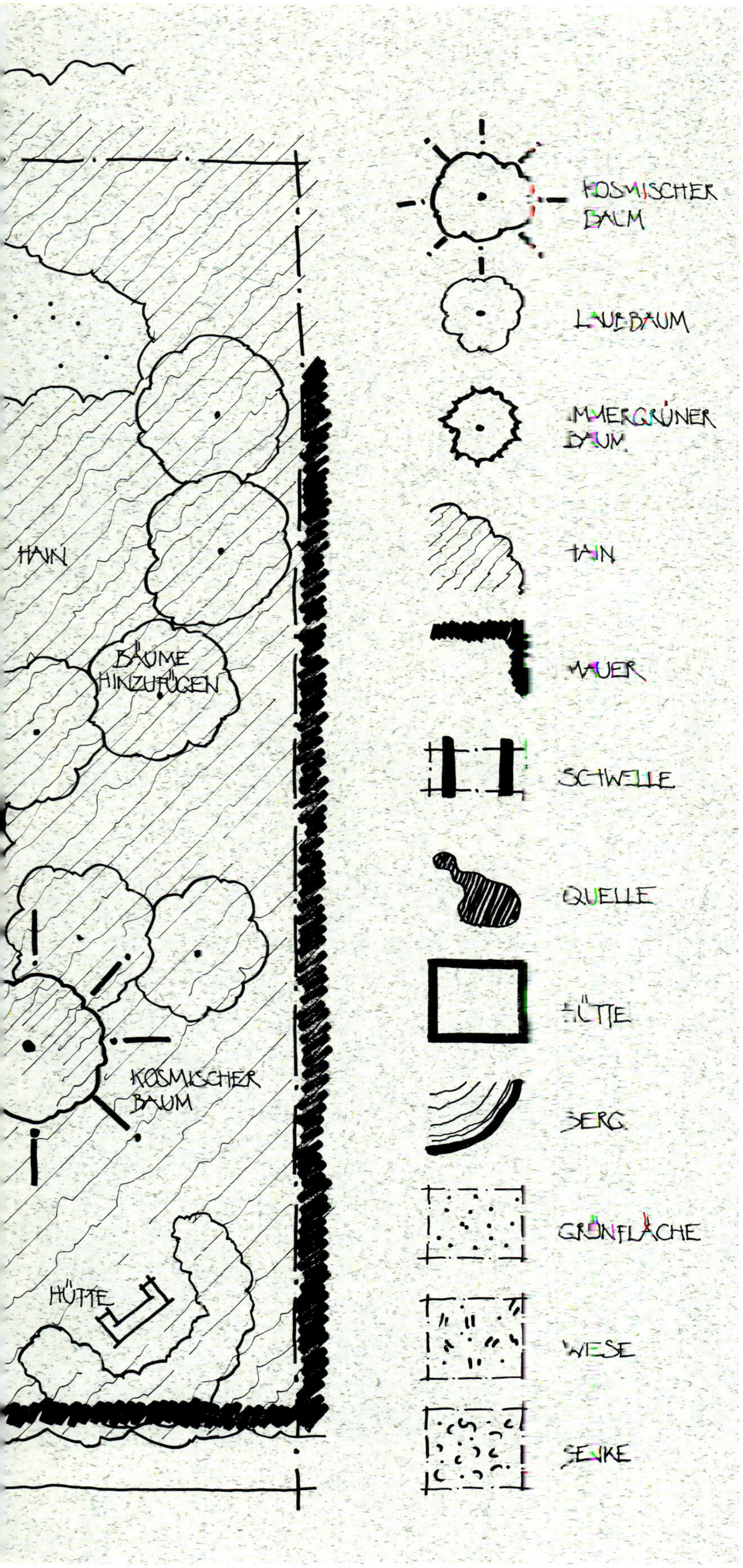

Plan der Grundelemente

Halten Sie auf Ihrem Basisplan die verschiedenen Grundelemente fest, so wie sie auf Ihrem Grundstück auftreten. Lokalisieren Sie alle vorhandenen Bäume und Gebüsche, hüttenähnliche Räume in Ihrem Haus und draußen, Einfriedungen einschließlich Mauern, Trennwänden, Beeten, Rabatten und Umfriedungen; Schwellen einschließlich Toren, Terrassen und Brücken; Wiesen einschließlich Blumenwiesen, Grünflächen und Senken; Hügel und Quellen auf Ihrem Grundstück. Dann stellen Sie sich vor, wohin Sie einige dieser Elemente setzen möchten – wo brauchen Sie eine Terrasse, eine Blumenrabatte, eine Grünfläche? Dieser Plan stellt den Beginn Ihres Gartendesigns dar.

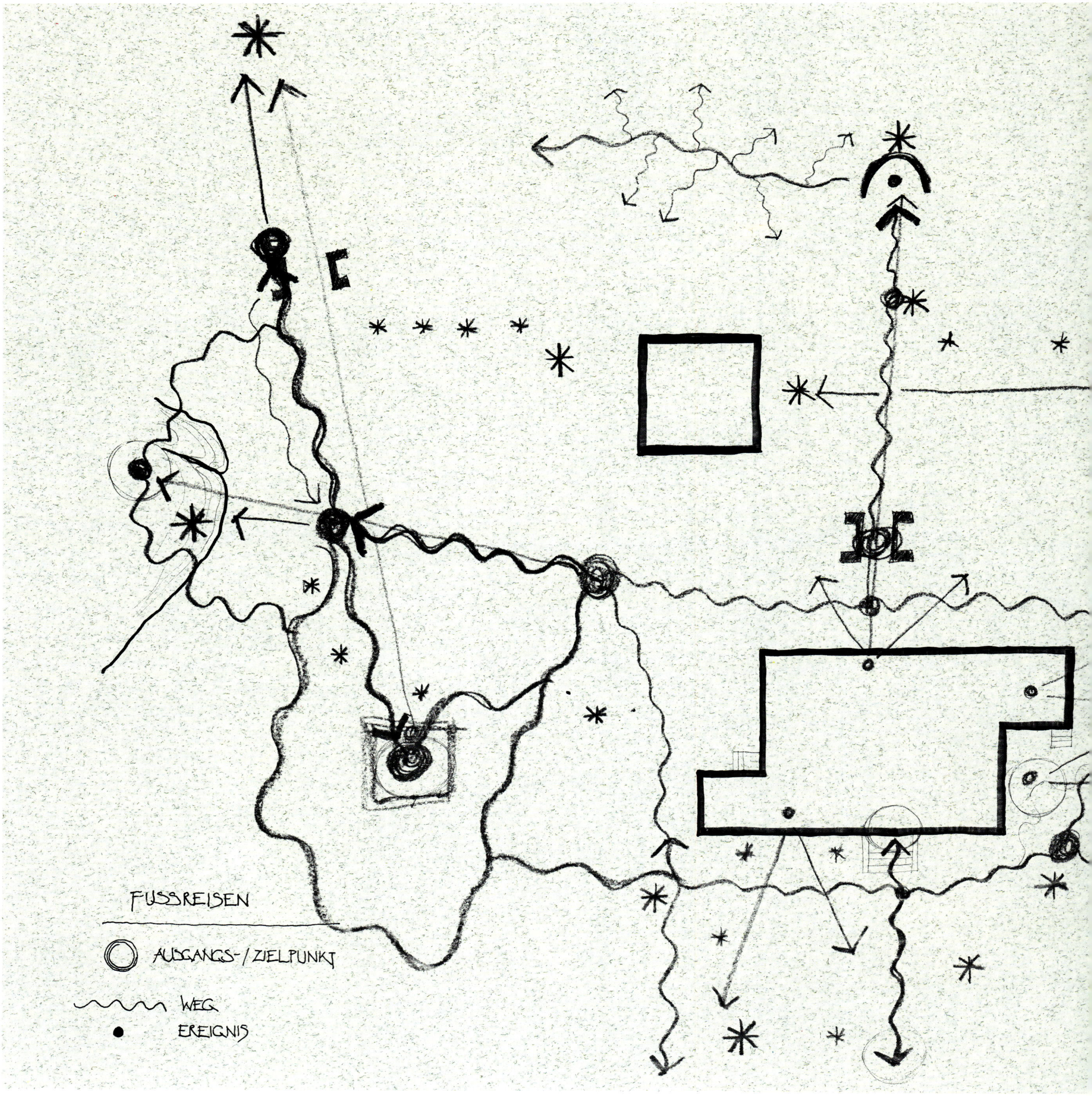
FUSSREISEN
AUSGANGS- / ZIELPUNKT
WEG
EREIGNIS

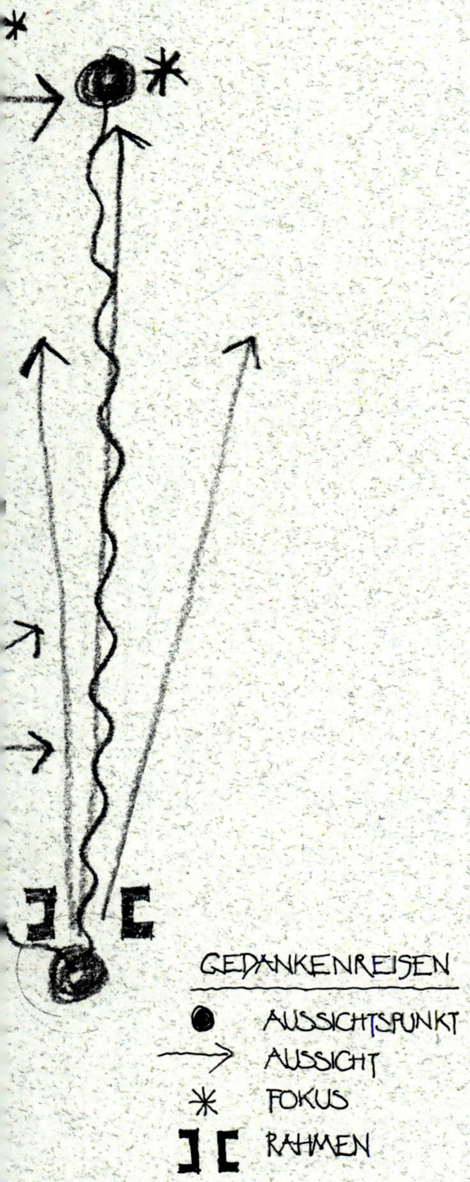

Plan für Fussreisen und Gedankenreisen

Nun müssen Sie die Wege entwerfen, denen Ihre Füße und Ihr Geist durch Ihren Garten folgen sollen. Zeichnen Sie zuerst die Fußreise, die Sie schon entworfen haben oder kreieren wollten. Markieren Sie Ausgangs- und Zielpunkt mit schwarzen Kreisen und Pfeilen. Kennzeichnen Sie die Promenaden und Wege mit einer dicken Linie und die weniger frequentierten Gehwege und Trampelpfade mit einer dünneren Linie. Machen Sie deutlich, ob der Weg geradeaus geht oder in Schlangenlinien.

Dann zeichnen Sie die Gedankenreisen ein, die es schon gibt, oder die Sie in Ihrem Garten schaffen wollen. Für jede Reise sollten Sie den Aussichtspunkt mit einem schwarzen Kreis, den Fokus mit einem Stern und den Blickwinkel jeder Aussicht mit Pfeilen markieren. Rahmen Sie jeden dieser Punkte mit dicken, parallelen Linien an der Stelle ein, an der er auf dem Grundstück vorkommt.

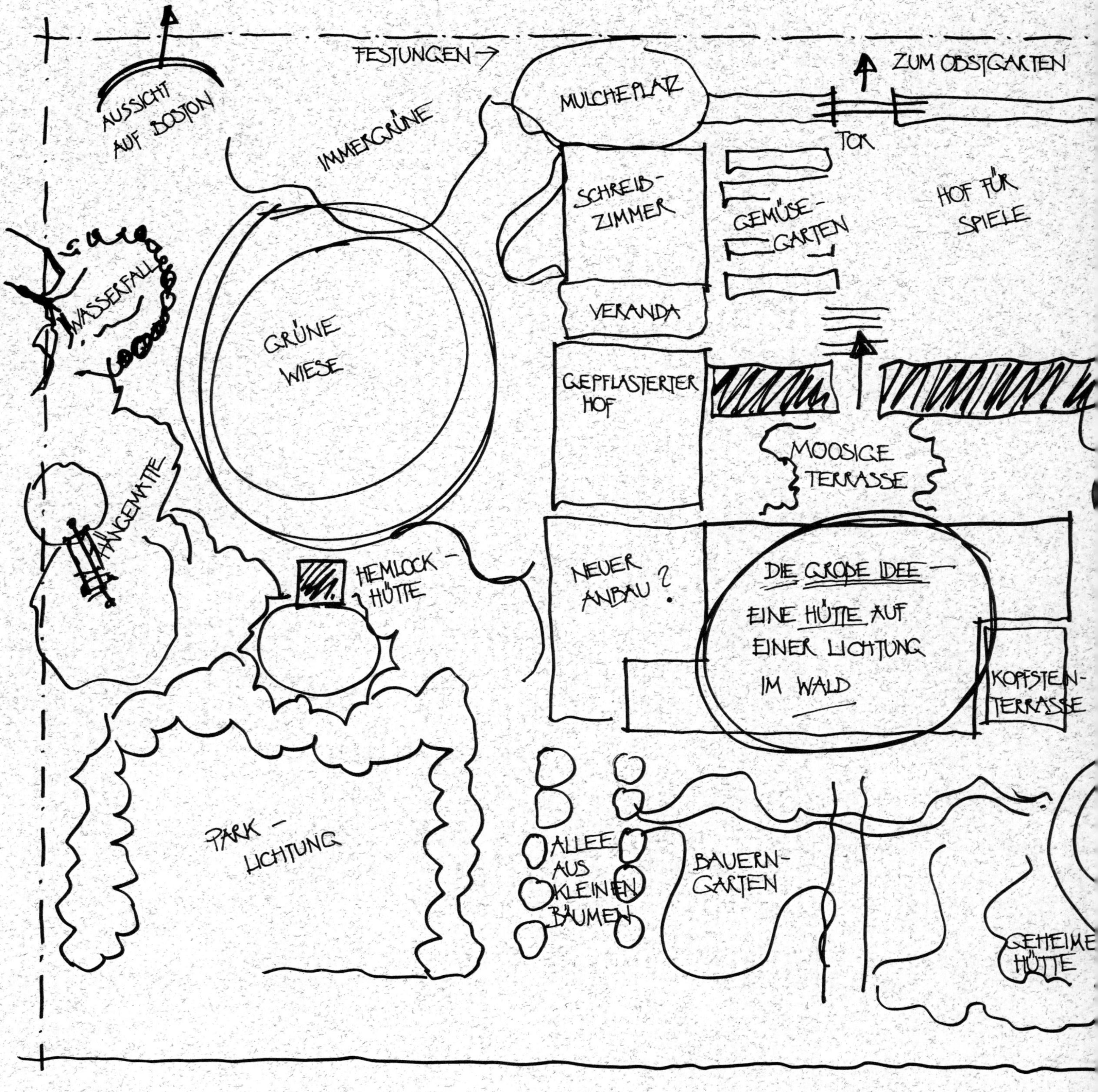
FESTUNGEN
AUSSICHT AUF BOSTON
IMMERGRÜNE
MULCHEPLATZ
ZUM OBSTGARTEN
TOR
SCHREIB-ZIMMER
GEMÜSE-GARTEN
HOF FÜR SPIELE
WASSERFALL
GRÜNE WIESE
VERANDA
GEPFLASTERTER HOF
MOOSIGE TERRASSE
HÄNGEMATTE
HEMLOCK-HÜTTE
NEUER ANBAU?
DIE GROßE IDEE –
EINE HÜTTE AUF EINER LICHTUNG IM WALD
KOPFSTEIN-TERRASSE
PARK-LICHTUNG
ALLEE AUS KLEINEN BÄUMEN
BAUERN-GARTEN
GEHEIME HÜTTE

Der Plan der grossen Idee

Der Plan der *großen Idee* ist eine schematische Zeichnung Ihrer grundlegenden Ideen für die verschiedenen Bereiche Ihres Gartens. Verwenden Sie die sprechendsten, klingendsten Namen, die Sie sich vorstellen können, halten Sie alle Ihre großen Ideen in den entsprechenden Teilen Ihres Grundstücks fest. Dann fangen Sie an, Ihren Ideen Form zu verleihen, indem Sie schauen, wie sie wirken, wenn sie im Plan eingezeichnet sind, entweder aus der Vogelperspektive oder als eine Reihe von Skizzen. Dieser Plan stellt die Grundlage für Ihren Hauptdesignplan dar.

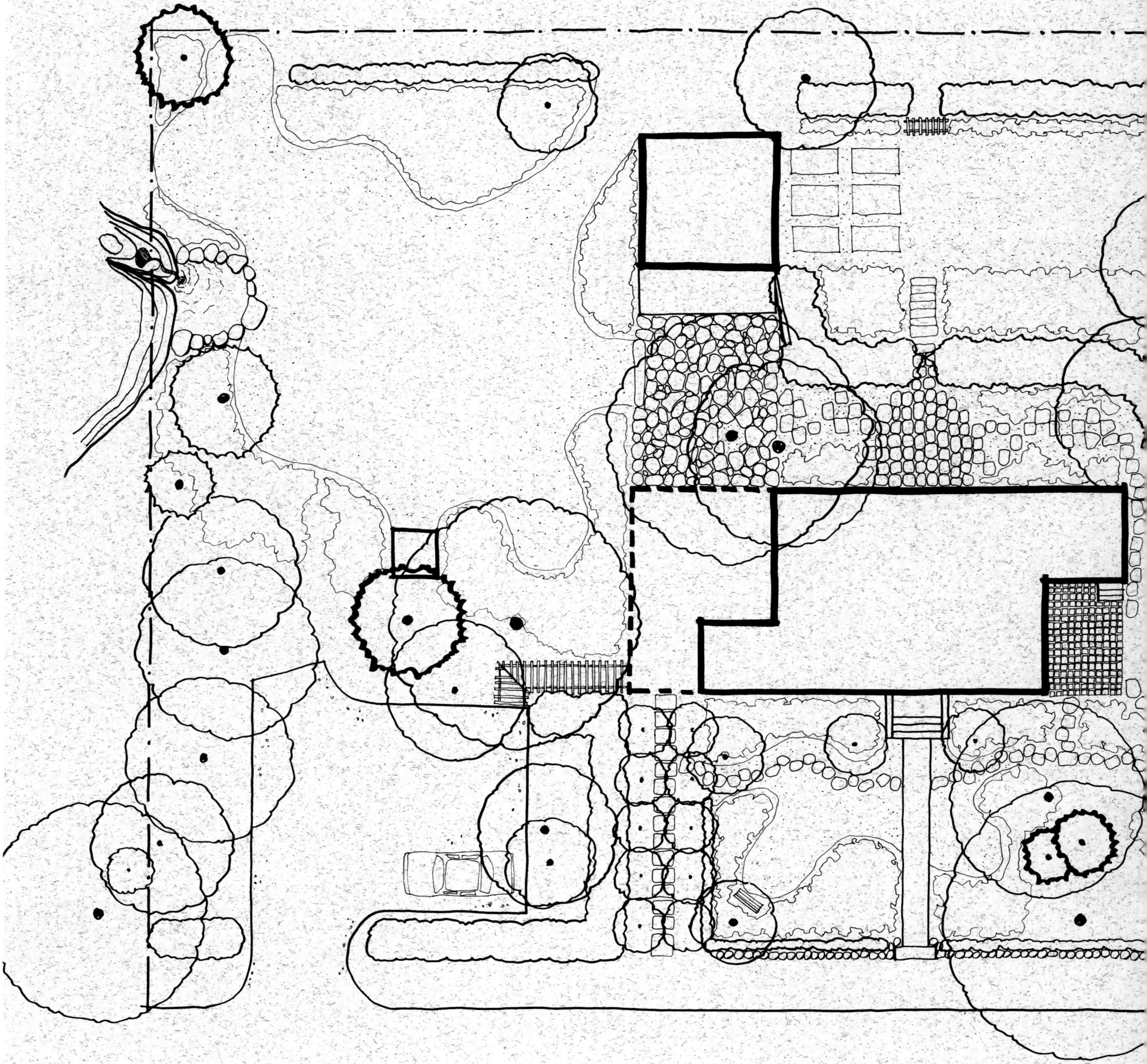

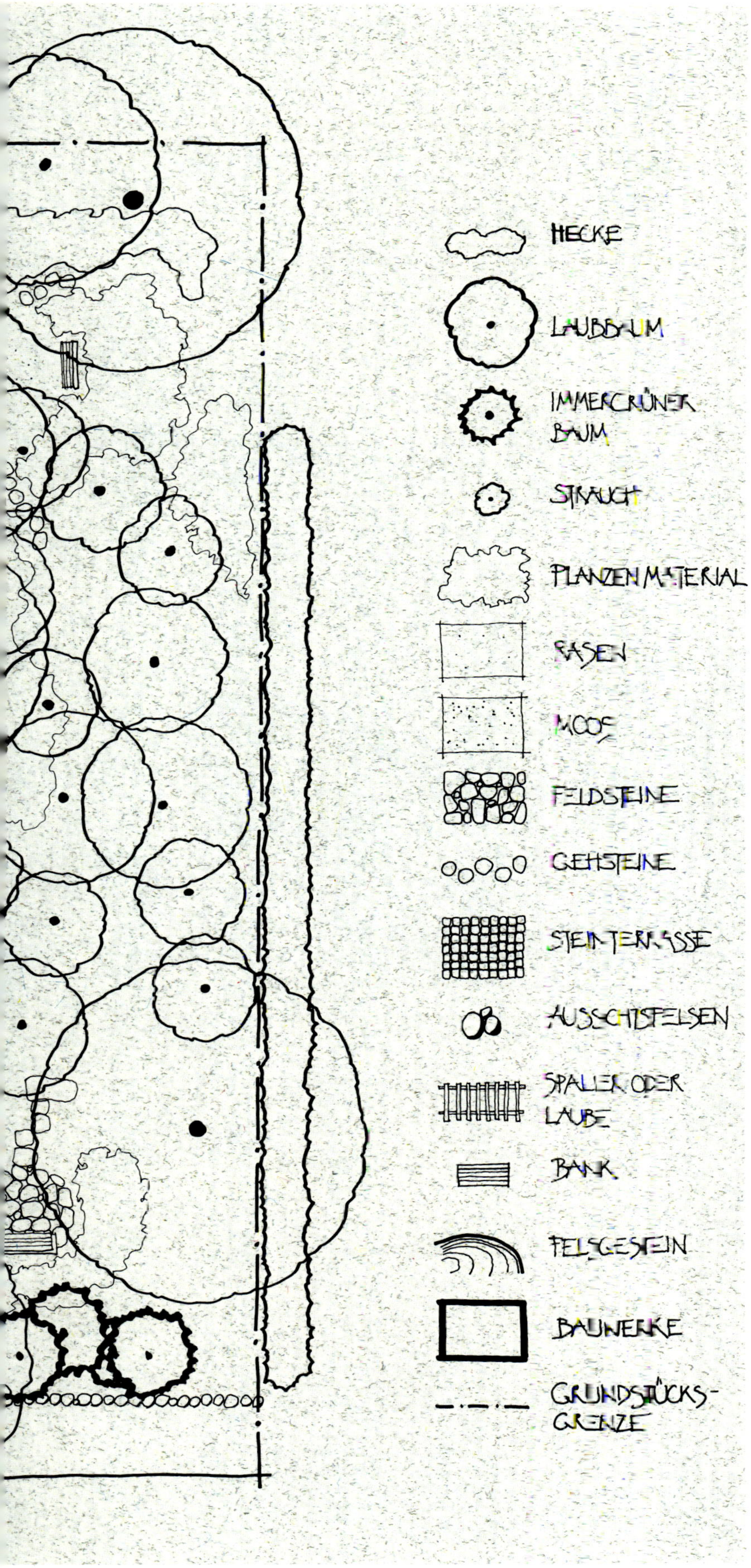

Hauptdesignplan

Dieser Plan enthält genügend Informationen, um tatsächlich mit dem Bau Ihres inneren Gartens zu beginnen. Spüren Sie den wichtigen Höhepunkten des vorausgehenden Planes nach und zeichnen Sie einen Hauptdesignplan mit neuen Wegen, Terrassen, Pflanzungen, Bänken, Hecken, Zäunen oder Mauern und Anziehungspunkten, so wie Sie sich diese vorstellen. Machen Sie kleine Skizzen, die verschiedene Entwürfe für die einzelnen Bereiche darstellen, und geben Sie Ihrer Hand die Freiheit, auf die Bilder zu reagieren, die Ihnen in den Sinn kommen. Denken Sie daran, daß sich dieser Plan mit den Jahren immer wieder verändern wird, während Ihre Bedürfnisse und Ihre Situation – ja Ihr Leben – sich ständig verändern.

Bibliographie

I. Natürliche und geheiligte Landschaften

Berger, Pamela. *The Goddess Obscured.* Boston: Beacon Press, 1985.

Crowe, Sylvia, and Mary Mitchell. *The Pattern of Landscape.* Chichester, England: Packard Publishing, 1988.

Devereux, Paul, John Steele, and David Kubrin. *Earthmind: A Modern Adventure in Ancient Wisdom.* New York: Harper & Row, 1989.

Eliade, Mircea. *From Primitives to Zen.* New York: Harper & Row, 1977.

Gadon, Elinor W. *The Once and Future Goddess.* San Francisco: Harper & Row, 1989.

Hamerton, Philip Gilbert. *Landscape.* Boston: Roberts Brothers, 1885.

Higuchi, Tadahiko. *The Visual and Spatial Structure of Landscapes.* Cambridge, Mass.: M.I.T. Press, 1983.

Hiss, Tony. *The Experience of Place.* New York: Alfred A. Knopf, 1990.

Hoskins, William George. *The Making of the English Landscape.* London: Penguin Books, 1986.

Knoepflmacher, Ulrich Camillus, and Georg Bernhard Tennyson. *Nature and the Victorian Imagination.* Berkeley: University of California Press, 1977.

Layton, Robert. *Uluru: An Aboriginal History of Ayers Rock.* Canberra, Australia: Aboriginal Studies Press, 1989.

Lynch, Kevin. *Managing the Sense of a Region.* Cambridge, Mass.: M.I.T. Press, 1976.

– *Site Planning.* Cambridge, Mass.: M.I.T. Press, 1984.

Norberg-Schulz, Christian. *Genius Loci / Towards a Phenomenology of Architecture.* New York: Rizzoli, 1980.

Olsen, Carl, ed. *The Book of the Goddess / Past and Present.* New York: Crossroad, 1983.

Shepard, Paul. *Man in the Landscape.* College Station: Texas A&M University Press, 1991.

Tuan, Yi-Fu. *Topophilia: A Study of Environmental Perceptions, Attitudes and Values.* Englewood Cliffs, N.J.: Prentice-Hall, 1974.

II. Bilder, Metaphern, Bedeutung

Alexander, Christopher, et al. *A Pattern Language.* New York: Oxford University Press, 1977.

Arieti, Silvano. *Creativity: The Magic Synthesis.* New York: Basic Books, 1976.

Arnheim, Rudolf. *Art and Visual Perception.* Berkeley: University of California Press, 1974 (dt.: Kunst und Sehen. Eine Psychologie des schöpferischen Auges. Berlin 1978).

– *Toward a Psychology of Art.* San Francisco: University of California Press, 1966.

– *Visual Thinking.* Berkeley: University of California Press, 1969.

Bachelard, Gaston. *The Poetics of Reverie.* Boston: Beacon Press, 1960

– *The Poetics of Space.* Boston: Beacon Press, 1960 (dt.: Poetik des Raumes, Frankfurt 1994).

Bloomer, Kent C., and Charles W. Moore. *Body, Memory and Architecture.* New Haven, Conn.: Yale University Press, 1977.

Campbell, Joseph. *The Mythic Image.* Princeton, N.J.: Princeton University Press, 1974.

– *The Power of Myth.* New York: Doubleday, 1988 (dt.: Die Kraft der Mythen. Zürich 1994).

Caudwell, H. *The Creative Impulse.* London: Macmillan, 1953.

Eliade, Mircea. *The Sacred and the Profane.* New York: Harcourt, Brace, 1959 (dt.: Das Heilige und das Profane. Vom Wesen des Religiösen. Frankfurt 1990).

– *The Two and the One.* New York: Harper & Row, 1962.

Guidoni, Enrico. *Primitive Architecture.* New York: Abrams, 1978.

Jung, Carl G. *Man and His Symbols.* New York: Doubleday, 1964 (dt.: Der Mensch und seine Symbole. Düsseldorf 1995).

– *Memories, Dreams, Reflections.* New York: Pantheon Books, 1961 (dt.: Erinnerungen, Träume, Gedanken. Düsseldorf 1988).

– *Modern Man in Search of a Soul.* New York: Harcourt, Brace & World, 1933.

Koestler, Arthur. *Insight and Outlook.* Lincoln: University of Nebraska Press, 1949.

Kubie, Lawrence S. *Neurotic Distortion of the Creative Process.* New York: The Noonday Press, 1958.

Langer, Susanne K. *Feeling and Form.* New York: Charles Scribner's Sons, 1953.

Mahler, Margaret S., et al. *The Psychological Birth of the Human Infant.* New York: Basic Books, 1975.

Merton, Thomas. *Contemplation in a World of Action.* Garden City, N.Y.: Doubleday Image Books, 1973 (dt.: Im Einklang mit sich und der Welt. Zürich 1992).

Miller, Alice. *The Untouched Key.* New York: Doubleday, 1988 (dt.: Der gemiedene Schlüssel. Frankfurt 1991).

Rykwert, Joseph. *On Adam's Hut in Paradise.* Cambridge, Mass.: M.I.T. Press, 1981.

Santayana, George. *The Sense of Beauty.* New York: Dover Publications, 1955.

Singer, Jerome L. *The Inner World of Daydreaming.* New York: Harper & Row, 1966.

Sommer, Robert. *The Mind's Eye: Imagery in Everyday Life.* New York: Dell, 1978.

Storr, Anthony. *Solitude: A Return to the Self.* New York: Ballantine Books, 1988 (dt.: Die schöpferische Einsamkeit. Das Geheimnis des Genies. Rastatt 1990).

III. Geschichte und Theorien des Gartenbaus

Agnelli, Marella. *Gardens of the Italian Villas.* New York: International Publications, 1987 (dt.: Verzauberte Welten. Italienische Gärten und Villen. Herford 1988).

Brookes, John. *Gardens of Paradise: The History and Religion of the Great Islamic Gardens.* New York: Meredith Press, 1987.

Bye, Arthur Edwin, Jr. *Art into Landscape / Landscape into Art.* Mesa, Ariz.: PDA Publishers, 1983.

Cartwright, Julia. *Italian Gardens of the Renaissance.* London: Smith, Elder, 1914.

Clifford, Derek. *A History of Garden Design.* New York: Praeger, 1963.

Crowe, Sylvia, and Sheila Haywood. *The Gardens of Mughul India.* London: Thames & Hudson, 1972.

Fukuda, Kazuhiko. *Japanese Stone Gardens.* Tokyo: Charles E. Tuttle, 1970.

Halprin, Lawrence. *Works by Lawrence Halprin.* Tokyo: Process Architecture, 1978.

Hayakawa, Masao. *The Garden Art of Japan.* Tokyo: Weatherhill / Heibonsha, 1973.

Hensel, Margaret. *English Cottage Gardening for American Gardeners.* New York: W. W. Norton, 1992.

Hisamatsu, Shin'ichi. *Zen and the Fine Arts.* Tokyo: Kodansha International, 1971.

Howett, Catherine, ed. *Abstracting the Landscape: The Artistry of Landscape Architect A.E. Bye.* University Park: Pennsylvania State University, 1990.

Itoh, Teiji. *Space and Illusion in the Japanese Garden.* New York: Weatherhill / Tankosha, 1965 (dt.: Die Gärten Japans. Köln 1985).

Jekyll, Gertrude. *Colour Schemes for the Flower Garden.* Suffolk, England: Antique Collectors' Club, 1982.

Jellicoe, Geoffrey, and Susan Jellicoe. *Landscape of Man: Shaping the Environment from Prehistory to the Present Day.* New York: Thames & Hudson, 1987.

Karson, Robin. *Fletcher Steele, Landscape Architect.* New York: Abrams, 1989.

King, Ronald. *The Quest for Paradise: A History of the World's Gardens.* New York: Mayflower Books, 1979.

Kuck, Loraine. *The World of the Japanese Garden.* Tokyo: Walker / Weatherhill, 1968.

Lacey, Stephen. *The Startling Jungle: Colour and Scent in the Romantic Garden.* London: Penguin Books, 1986 (dt.: Der duftende Garten. Vorschläge für Anbau und Pflege wohlriechender Pflanzen. Köln 1992).

Lawrence, Sidney, and George Foy. *Music in Stone: Great Sculpture Gardens of the World.* New York: Scala Books, 1984.

Lehrman, Jonas. *Earthly Paradise: Garden and Courtyard in Islam.* Berkeley: University of California Press, 1980.

MacDougall, Elisabeth B., and Richard Ettinghausen, eds. *The Islamic Garden.* Washington, DC: Dumbarton Oaks, 1976.

Moynihan, Elizabeth B. *Paradise As a Garden.* New York: George Braziller, 1979.

Nitschke, Gunter. »Ma, the Japanese Sense of Place«. *Architectural Design,* March 1966.

Page, Russell. *The Education of a Gardener.* New York: Random House, 1983.

Schwenk, Theodor. *Sensitive Chaos.* New York: Schocken Books, 1978 (dt.: Das sensible Chaos. Strömendes Formenschaffen in Wasser und Luft. Stuttgart 1995).

Scott-James, Anne. *The Cottage Garden.* London: Michael Joseph, 1979.

– *The Language of the Garden.* England: Penguin Books, 1984.

Shepherd, John C., and Geoffrey Jellicoe. *Italian Gardens of the Renaissance.* Princeton, N.J.: Princeton Architectural Press, 1986.

Slawson, David. *Secret Teachings in the Art of Japanese Gardens.* Tokyo: Kodansha International, 1987.

Thacker, Christopher. *The History of Gardens.* Berkeley: University of California Press, 1979.

Turner, Tom. *English Garden Design.* England: Antique Collector's Club, 1986.

Wagenknecht-Harte, Kay. *Site + Sculpture.* New York: Van Nostrand Reinhold, 1989.

IV. Ausgewählte Nachschlagewerke für Gärtner

Dirr, Michael A. *Manual of Woody Landscape Plants.* Champaign, Ill.: Stipes, 1983.

Hobhouse, Penelope. *Colour in the Garden.* Boston: Little, Brown, 1985 (dt.: Farbe im Garten. Stuttgart 1986).

Hudak, Joseph. *Gardening with Perennials Month by Month.* New York: Quadrangle / New York Times, 1976.

Jellicoe, Geoffrey, and Susan Jellicoe, eds. *The Oxford Companion to Gardens.* New York: Oxford University Press, 1986.

Mabberley, David John. *The Plant-Book: A Portable Dictionary of the Higher Plants.* New York: Cambridge University Press, 1987.

Wilkison, Elizabeth, and Marjorie Henderson. *The House of Boughs: A Sourcebook of Garden Designs, Structures and Suppliers.* New York: Viking Penguin, 1985.

Yang, Linda. *The City Gardener's Handbook: From Balcony to Backyard.* New York: Random House, 1990.

Ortsangaben zu den Fotografien

S. 2–4: Little Thakeham, Sussex, England
S. 6: Bickleigh, Devon, England
S. 8/9: Wells Cathedral, Wells, England
S. 10: Little Thakeham, Sussex, England
S. 13: Knightshayes Court, Tiverton, England
S. 14: Korin-in, Daitoku-ji Temple, Kyoto, Japan
S. 15: Nanzen-ji Temple, Kyoto, Japan
S. 16: Privatgarten bei Boston, Massachusetts
S. 17: Thuya Garden, Northeast Harbor, Maine
S. 18: Privatgarten, Emmaus, Pennsylvania
S. 19: Privatgarten, Malvern, Pennsylvania
S. 22: Medersa ben Youssef, Marrakesch, Marokko
S. 23: Villa Balbianello, Lenno, Villa Melzi, Bellagio, Italien; Castle Drogo, Drewsteignton, England
S. 24: Dartington Hall, Totnes, Devon, England
S. 25: Villa Carlotta, Tremezzo, Italien
S. 27: Minnesota
S. 29: The Garden House, Yelverton, England
S. 30: Aspet, Cornish, New Hampshire
S. 31: Villa Melzi, Bellagio, Italien
S. 32: Saiho-ji Temple, Kyoto, Japan
S. 33: Chasma Shahi, Srinagar, Kashmir, Indien
S. 34: Dal-See, Srinagar, Kashmir
S. 37: Naumkeag, Stockbridge, Massachusetts
S. 38: Occidental Arts and Ecology Center, Occidental, California
S. 40: Naumkeag, Stockbridge, Massachusetts
S. 41: Coleton Fishacres, Kingswear, England
S. 43: Aspet, Cornish, New Hampshire
S. 44: Privatgarten, Armonk, New York
S. 46: Zion National Park
S. 47: Privatgarten, New Aspen, Colorado
S. 48: Kanadische Wildnis
S. 50: Thuya Garden, Northeast Harbor, Maine
S. 51: Devon, England
S. 52: Hotel Mamounia, Marrakesch, Marokko
S. 53: Cornwall, England
S. 54/55: Bodysgallen Hall, Wales
S. 56/57: Privatgarten, New Hampshire
S. 58: Privatgarten, Seattle, Washington
S. 59: Knightshayes Court, Tiverton, England
S. 61: Central Devon, England
S. 62/63: Villa Serbelloni, Bellagio, Italien
S. 65: Privatgarten, Armonk, New York
S. 66: Pacific Crest Trail, Washington
S. 69: Privatgarten bei Aspen, Colorado
S. 70: Occidental Arts and Ecology Center, Occidental California
S. 72: Little Thakeham, Sussex, England
S. 73: Jasnaja Poljana, Tula, Rußland
S. 74: Villa Melzi d'Eril, Bellagio, Italien
S. 76: Kyoto, Japan
S. 77: Saiho-ji, Kyoto, Japan
S. 78/79: Naumkeag, Stockbridge, Massachusetts
S. 80: Mississippi Plantation
S. 83: Cornwall, England
S. 84/85: Saiho-ji, Kyoto, Japan
S. 86: Yabunouchi-Teeschule, Kyoto
S. 87: Saiho-ji, Kyoto
S. 88: Jasnaja Poljana, Tula, Rußland
S. 90: Monticello, Charlottesville, Virginia
S. 91: Devon, England
S. 92: Naumkeag, Stockbridge, Massachusetts
S. 93: Privatgarten, New Hampshire
S. 94: Villa Serbelloni, Bellagio, Italien
S. 96: The Garden House, Yelverton, England
S. 98: Yabunouchi-Teeschule, Kyoto, Japan
S. 99: Kaiservilla Katsura, Kyoto
S. 100: Thuya Garden, Northeast Harbor, Maine
S. 101: Nova Scotia
S. 102: Irland
S. 105: Yabunouchi-Teeschule, Kyoto, Japan
S. 106: Jardin Majorelle, Marrakesch, Marokko
S. 107: Mallory Court, Cheshire, England
S. 108: Privatgarten bei Boston
S. 109: Castle Drogo, Drewsteignton, England

S. 111: Hog's Back, Guildford, England
S. 112/113: Little Thakeham, Sussex, England
S. 114: Knightshayes Court, Tiverton, England
S. 115: Villa Melzi d'Eril, Bellagio, Italien
S. 116: Allerton Park, Monticello, Illinois
S. 118: Kaiservilla Katsura Rikyu, Kyoto
S. 119: Privatgarten, Northeast Harbor, Maine
S. 120/121: Naumkeag, Stockbridge, Massachusetts
S. 122: Bloedel Reserve, Bainbridge Island, Washington
S. 123: Paley Park, New York City
S. 124: Naumkeag, Stockbridge, Massachusetts
S. 125: Daitoku-ji Temple Compound, Kyoto
S. 126: Oregon
S. 127: The Conservatory Garden, Central Park, New York City
S. 128/129: Naumkeag, Stockbridge, Massachusetts
S. 132: Privatgarten, Northeast Harbor, Maine
S. 133: Privatgarten bei Boston
S. 134/135: Sairai-ji, Kyoto
S. 136/137: Privatgarten, Northeast Harbor, Maine
S. 138: Privatgarten, New Hampshire
S. 140: Los Angeles
S. 141: Villa Melzi d'Eril, Bellagio, Italien
S. 142: Kaiservilla Katsura, Kyoto
S. 143: Privatgarten, Wales
S. 145: Mallory Court, Cheshire, England
S. 146, 148: Knightshayes Court, Tiverton, England
S. 149: Little Thakeham, Sussex, England
S. 150/151: Jardin Majorelle, Marrakesch, Marokko
S. 152: Naumkeag, Stockbridge, Massachusetts
S. 153: Monticello, Charlottesville, Virginia
S. 154/155: Aspet, Cornish, New Hampshire
S. 156: Charlottesville, Virginia
S. 157: Thuya Garden, Northeast Harbor, Maine
S. 158: Privatgarten bei Washington, D.C.
S. 159: Kiftsgate Court, Gloustershire, England
S. 160: Mallory Court, Cheshire, England
S. 161–163: Daitoku-ji Temple Compound, Kyoto
S. 165: Dartington Hall, Devon, England
S. 166: Shoden-ji, Kyoto
S. 168: Luftaufnahme, Virginia
S. 171: Kaiservilla Katsura, Kyoto
S. 172: Sairai-ji, Kyoto
S. 173: Bloedel Reserve, Bainbridge Island, Washington
S. 174: Privatgarten, Rockport, Maine
S. 176: Privatgarten, Nova Scotia
S. 178: Garten in einem Bürogebäude, Boston
S. 180/181: Monticello, Charlottesville, Virginia
S. 183: Privatgarten bei Boston
S. 184: Boston Public Garden, Boston
S. 186: Tenshin-en, Museum of Fine Arts, Boston
S. 186/187: Privatgarten bei Boston
S. 188/189: Landschaft in Virginia
S. 190: Privatgarten bei Santa Fe, New Mexico
S. 191: Privatgarten, Mendocino, California
S. 192: Sussex, England
S. 194/195: Butchart Gardens, British Columbia
S. 196: Oxford, England
S. 197: Williamsburg, Virginia
S. 198: Aspet, Cornish, New Hampshire
S. 199: Cornwall, England
S. 202: New Place, Straford-on-Avon, England
S. 204/205: Isabella Stewart Gardner Museum, Boston
S. 206/207: Saiho-ji, Kyoto
S. 208: Kiftsgate Court, Gloucestershire, England
S. 209: Privatgarten, Berkeley, California
S. 212, 213: Privatgarten bei Boston
S. 214: Privatgarten, New Hampshire
S. 215: Ontario, Canada
S. 216–218: Privatgarten bei Boston
S. 221: Privatgarten, New Hampshire
S. 222: Privatgarten bei Boston
S. 225–227: Naumkeag, Stockbridge, Massachusetts
S. 228/229: Privatgarten, New Hampshire
S. 230/231: Privatgarten bei Boston
S. 232/233: The Arnold Arboretum of Harvard University, Boston